Aya Nagaoka

JAPANISCHES PAPIERHANDWERK

Haupt
GESTALTEN

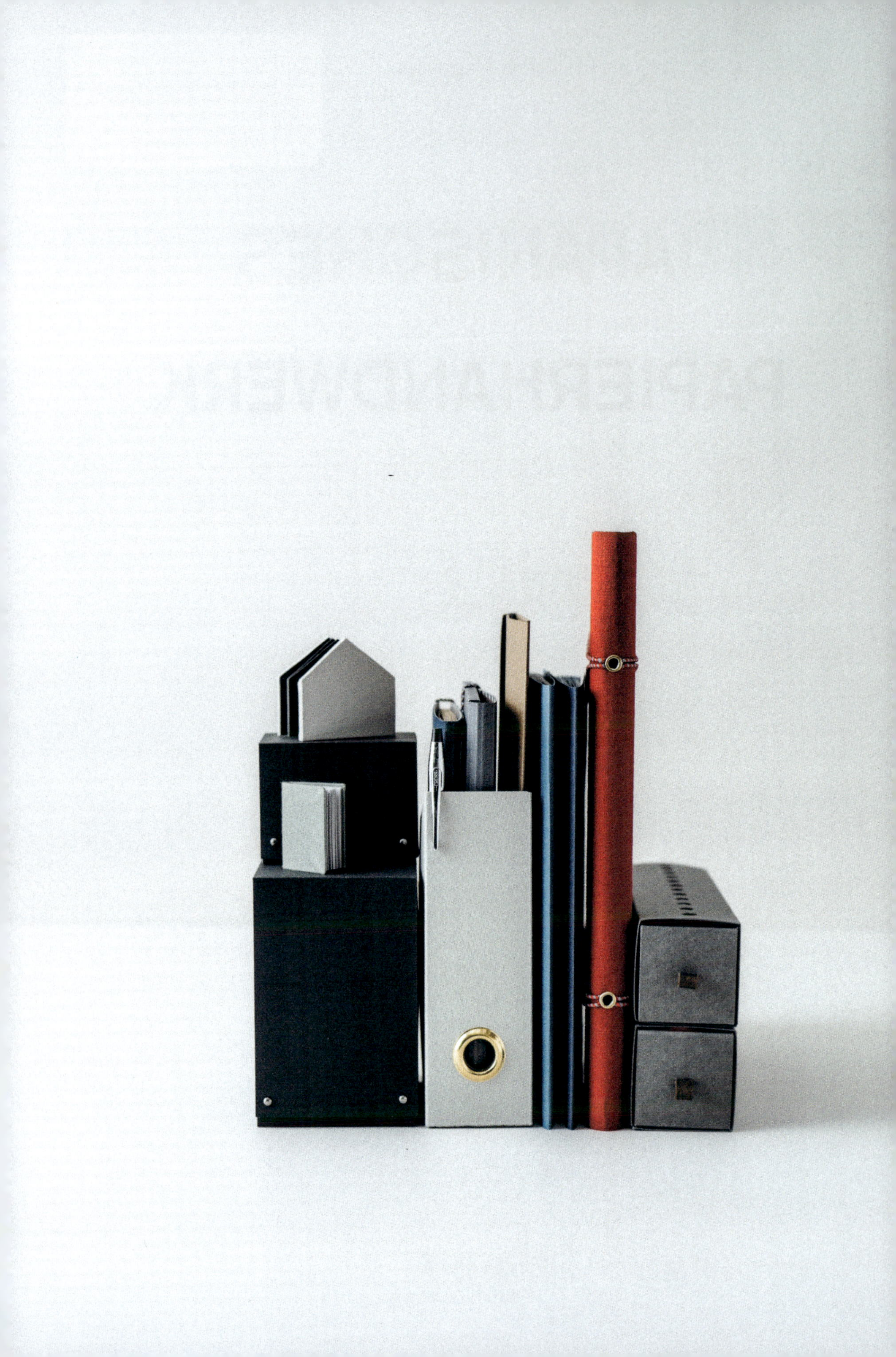

Aya Nagaoka

JAPANISCHES PAPIERHANDWERK

SCHREIBEN, ORDNEN, AUFBEWAHREN

30 PROJEKTE

Haupt Verlag

INHALT

1. TECHNIKEN

2. SCHREIBEN

3. ORDNEN

4. AUFBEWAHREN

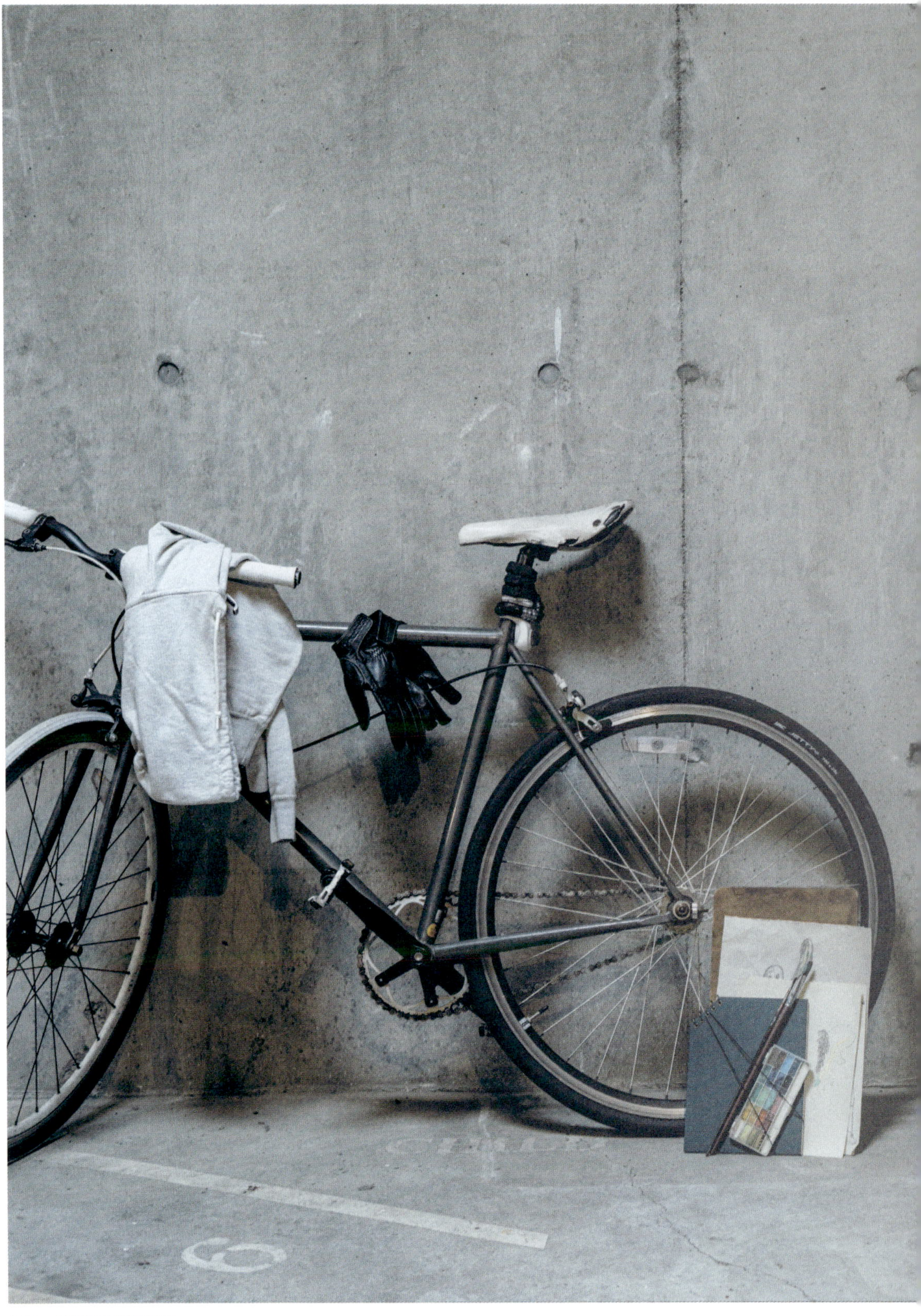

#08 SKIZZENBUCH

Papier ist in unserem Leben allgegenwärtig.

Als Kinder bannen wir unsere Welt mit Malkreiden auf Papier. Bei der Einschulung steckt man uns Bleistifte und Schulhefte in den Ranzen. Auf den Uni-Abschluss bereiten wir uns mit Karteikarten vor. Ordner und Haftnotizen begleiten uns in unserem Arbeitsalltag. Dinge, die uns zur Pflege unserer Hobbys inspirieren, sammeln wir in Pappschachteln. Unsere Erinnerungen halten wir in Fotoalben fest.
Papier und Papierwaren sind aus unserem Leben nicht wegzudenken. Und weil sie allgegenwärtig sind, sollten wir auch Freude daran haben. Wenn Sie je eine Schachtel, eine Mappe, ein Album oder dergleichen in einer Auslage gesehen und gedacht haben: „Wenn ich das nur hätte!“, dann können Sie sich Ihren Wunsch jetzt erfüllen und dabei Farben wählen, die Ihnen gefallen, und Formen, die Ihnen praktisch erscheinen. Sie können nun allem Ihren eigenen Stempel aufdrücken.
Dieses Buch enthält 30 handgefertigte Papeterie-Objekte zum Schreiben, Ordnen und Aufbewahren. Manche sind einfach anzufertigen und in ein paar Stunden fertig, für andere braucht es ein paar Tage Zeit. Mit den grundlegenden Herstellungstechniken sind wir alle vertraut: Schneiden, Falten und Kleben. Papier bietet sich zum Basteln geradezu an. Je mehr Papierobjekte Sie anfertigen, umso mehr Spaß werden Sie daran haben, und je öfter Sie die Gegenstände verwenden, umso mehr werden Sie daran hängen. Beim Schneiden, Falten und Kleben kommen Geist und Seele zur Ruhe. Bringen Sie mehr Freude in Ihren Alltag und geben Sie der japanischen Kunst des Papierfaltens eine Chance.

Aya Nagaoka

1. TECHNIKEN

WIE VERWENDE ICH DIESES BUCH?

Dieses Buch enthält Projekte mit unterschiedlichen Schwierigkeitsgraden. Je weiter Sie blättern, umso anspruchsvoller gestaltet sich die Anfertigung, doch Sie müssen das Buch nicht von vorne bis hinten durcharbeiten, sondern können Projekte aus jedem Teil des Buches wählen. Erfahrene Gestalter/-innen können Formate und Designs nach eigenen Wünschen entwerfen. Wenn Sie noch nie Papeterie-Objekte hergestellt haben, rate ich Ihnen, sich zunächst mit den Begriffen und Techniken (Schneiden, Falten, Kleben, Einschlagen usw.) vertraut zu machen und erst dann zu den Projekten überzugehen.

Für jedes Projekt gibt es eine Liste mit den benötigten Materialien inklusive aller relevanten Mengen- und Größenangaben (alle Maße sind in Millimetern angegeben). Binnenmaße finden Sie in den Konstruktionszeichnungen und Anleitungen; weitere Informationen zu Papierarten und -stärken auf S. 14–15 („Materialien"). Bei der Anfertigung der Objekte orientieren Sie sich zunächst an den Konstruktionszeichnungen. Sie enthalten sämtliche Maßangaben zum jeweiligen Projekt sowie Falzlinien, Schnittlinien und Angaben zur Platzierung von Ösen oder Nieten. Es werden folgende Symbole verwendet:

Bergfalte (die Außenseite der Falte): ....
Talfalte (die Innenseite der Falte): _._._._
Klebelasche/Bereich, auf den Klebstoff aufzutragen wird:
Laufrichtung des Papiers: ⟺
Einheiten: mm

Unter „Anleitung" finden Sie für jedes Projekt zusätzlich eine Schritt-für-Schritt-Anleitung. Zu den grundlegenden Techniken (Schneiden, Falten, Kleben, Einschlagen usw.) siehe S. 16–21. Weitere Informationen zu den benötigten Werkzeugen finden Sie auf S. 12–13 („Werkzeuge"). Für die meisten Projekte wird PVA-Kleber, Stärkeleim oder Stärkepaste verwendet. Stärkeleim können Sie zu Hause herstellen (siehe unten); Stärkepaste ist übers Internet erhältlich.

Hinweis zu Klebstoffen:
- PVA-Kleber: Besonders geeignet ist spezieller Buchbinderleim.
- Stärkekleber: Eine 1 : 1 : 1 Mischung aus PVA-Kleber, Stärkepaste und Wasser.
- Stärkepaste: Für die Arbeit mit Japanpapier.

(Weitere Informationen hierzu: siehe S. 12–13: „Werkzeuge".)

BEGRIFFE

Bücher

Heft

Heft mit dünnem, nicht kartoniertem Einband

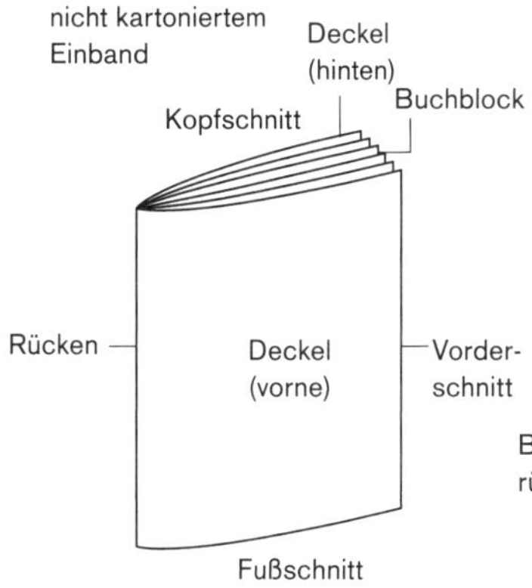

Hardcover/gebundenes Buch

Buch mit festem Einband und Schutzumschlag

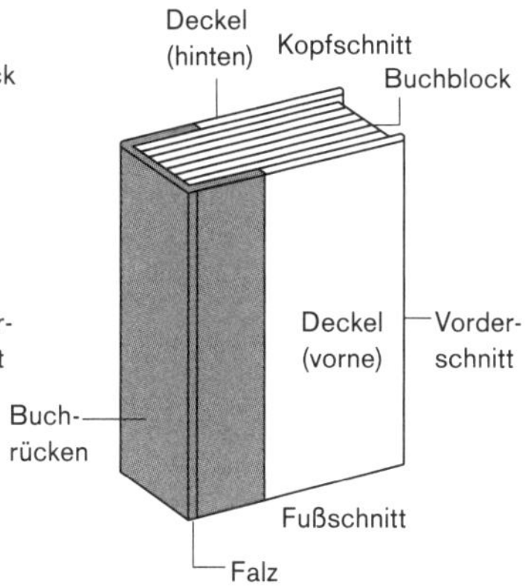

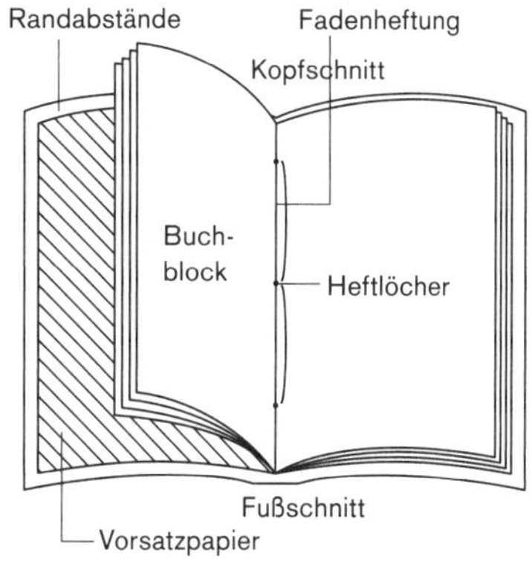

Kopfschnitt/Fußschnitt: Die Ober- bzw. Unterkante des Buchblocks.

Buchrücken: Die Seite, an der der Buchblock am Einband befestigt ist; beim Hardcover oft mit Gewebeband verstärkt.

Falz: Die Kerbe zwischen Buchrücken und Buchdeckel.

Vorderschnitt: Die Seite, die dem Buchrücken gegenüberliegt.

Fadenheftung: Verbindung der gefalzten Papierbogen mit einem Faden bzw. einer Naht.

Buchblock: Gesamtheit der gefalzten und gehefteten oder geklebten Blätter, die in den Buchdeckel eingehängt werden. Sie bilden das Innere des Buches und enthalten dessen Inhalt.

Heftlöcher: Vorgestochene Löcher, die das Heften der Bogen/Lagen beim Binden erleichtern.

Lage: Mehrere ineinandergelegte, gefalzte Blätter; Bestandteil des Buchblocks.

Randabstände: Die Abstände zwischen Vorsatzpapier und Buchdeckelrändern. Sie sollten auf allen drei Seiten gleich sein.

Vorsatzpapier: Das Papier, das auf die Innenseite der Buchdeckel geklebt wird.

Umschläge

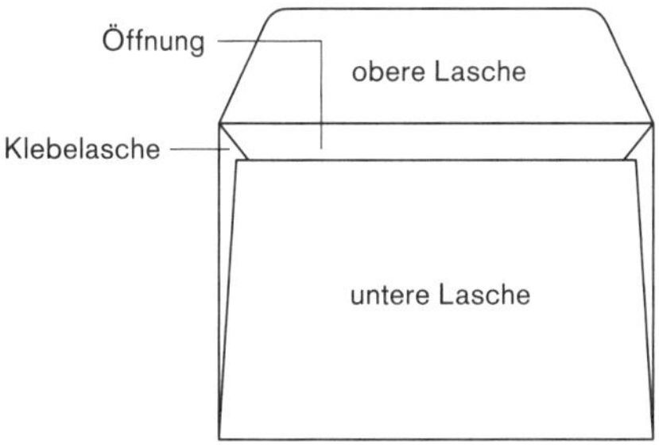

Schachteln

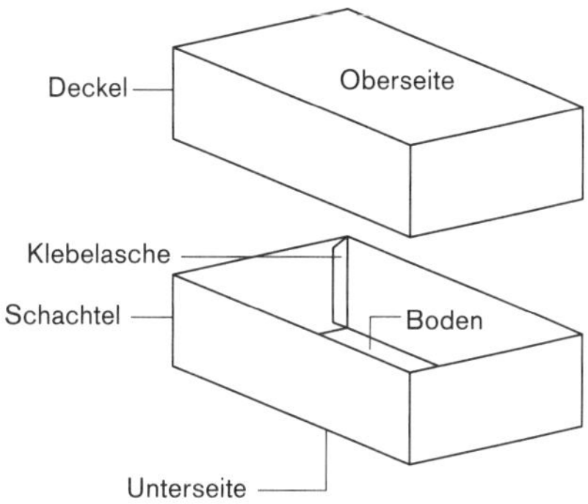

WERKZEUGE

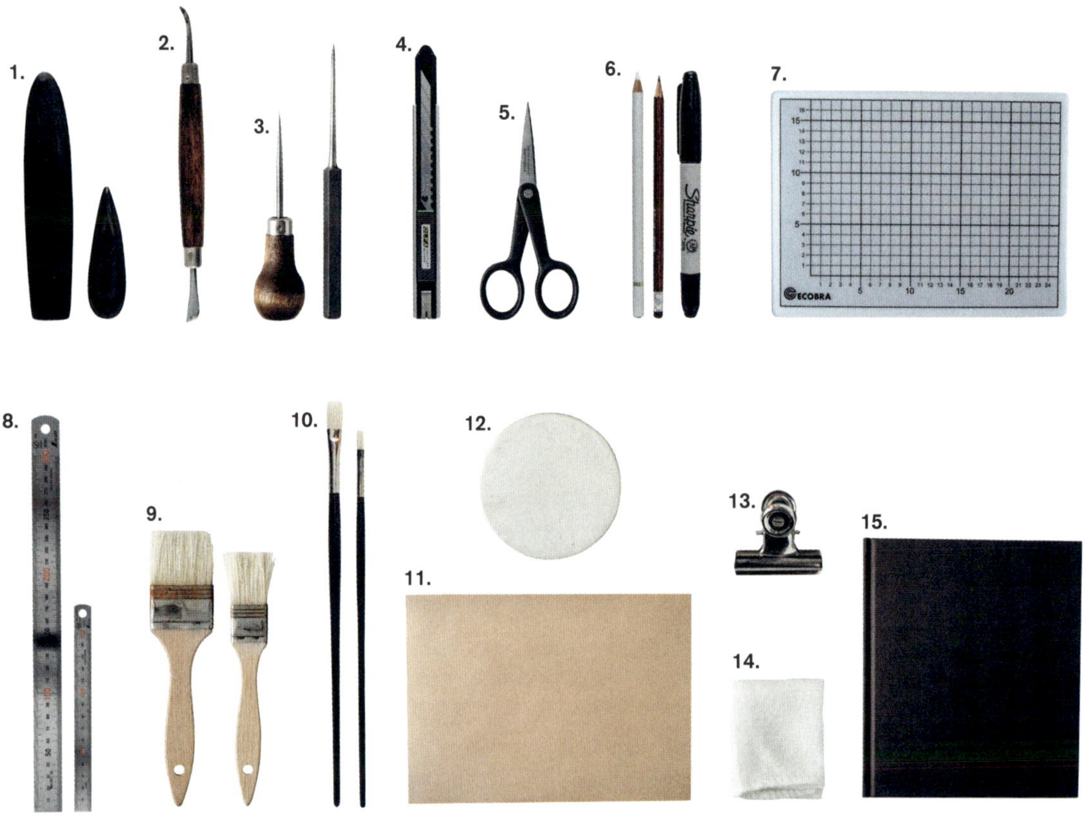

1. Falzbein: zum sauberen Falzen oder zum Einschlagen von Pappe/Karton mit Papier.

2. Anreißnadel: zum Anreißen von Falten.

3. Ahle: zum Vorstechen von Heftlöchern. Wenn Sie zum Einschlagen der Löcher einen Holzhammer verwenden, wählen Sie eine Ahle mit durchgehendem Metalldorn (rechts).

4. Cuttermesser: Universalwerkzeug zum Schneiden gerader Linien.

5. Schere: zum Abrunden von Ecken.

6. Schreibwerkzeuge: z. B. zum Anbringen von Markierungen oder Einzeichnen von Hilfslinien auf der Papierrückseite. Je nach Material verwende ich einen weißen Stift, einen Kuli oder einen Marker.

7. Schneidematte: schützt die Arbeitsplatte beim Schneiden mit dem Cuttermesser und besitzt eine praktische Maßeinteilung.

8. Metalllineal: zum genauen Messen.

9. Malerpinsel: breite Pinsel zum Auftragen von Klebstoff. Verwenden Sie jeweils Pinsel in geeigneter Breite.

10. Künstlerpinsel: schmale Pinsel zum punktgenauen Auftragen von Klebstoff.

11. Packpapier: schützt schönes Papier vor Beschädigung beim Einsatz von Werkzeugen.

12. Gewicht: zum Beschweren von Gegenständen, damit sie nicht verrutschen; etwa beim Heften und Kleben.

13. Mehrzweckklammern: zum temporären Zusammenhalten von Materialien. Zwei Klammern geben mehr Halt als eine.

14. Tuch: zum Glattstreichen von aufgeklebtem Papier.

15. Arbeitsunterlage: Ein dickes Hardcover oder ein Stück Holz als Unterlage erleichtert das Heften von Papierbogen oder das saubere Auftragen von Leim. Beide können auch als Gewichte benutzt werden.

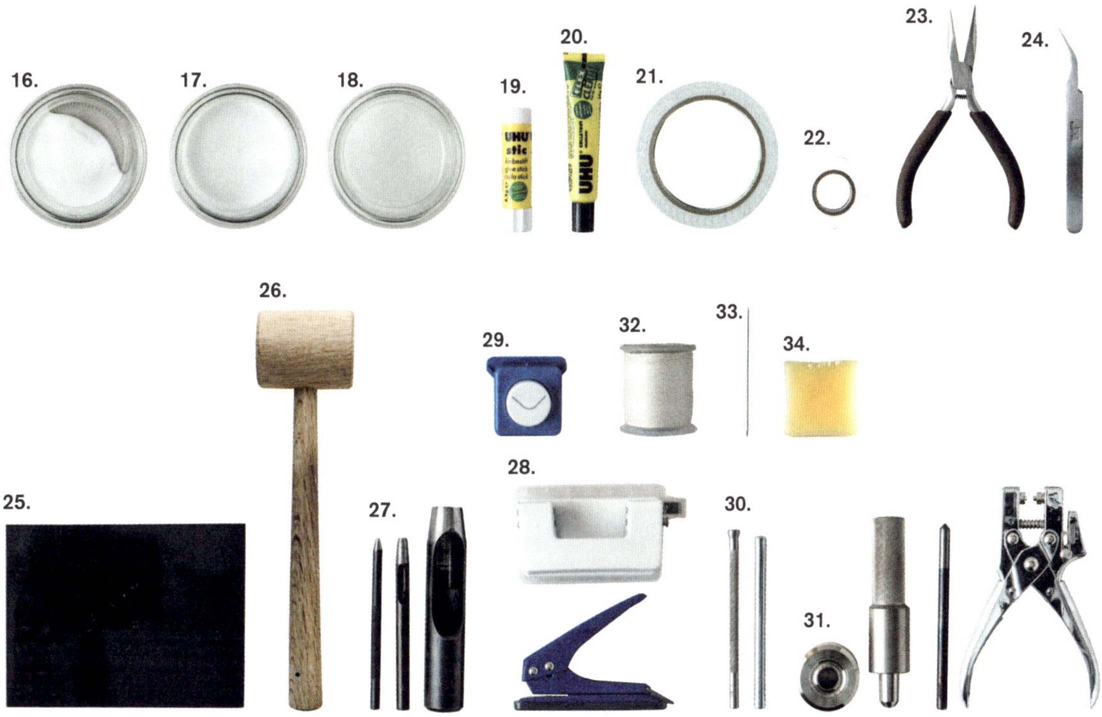

16. PVA-Kleber: Buchbinder verwenden speziellen PVA-Kleber: den Buchbinderleim. Für Klebeverbindungen, die stark strapaziert werden, eignet sich ein starker Klebstoff, der schnell abbindet.

17. Stärkeleim: 1 : 1 : 1 Mischung aus PVA-Kleber, Stärkepaste und Wasser.

18. Stärkepaste: geeigneter Klebstoff für die Arbeit mit Japan- oder handgeschöpftem Papier. Achtung: Stärkepaste trocknet langsam.

19. Klebestift: für kleinflächige Klebearbeiten.

20. Alleskleber: eignet sich für viele Materialien, aber nicht zum Verkleben von Papier.

21. Doppelseitiges Klebeband: Bei Bedarf ein praktischer Ersatz für PVA-Kleber oder Stärkepaste.

22. Kreppband: geeignet für temporäre Verbindungen.

23. Flachrundzange: eine für jede Hand zum Öffnen von Biegeringen.

24. Pinzette: für filigrane Arbeiten.

25. Gummimatte: strapazierfähige Unterlage bei der Arbeit mit einem Holzhammer.

26. Holzhammer: zum Einschlagen runder Löcher mit einer Ahle oder einem Locheisen und zum Fixieren von Nieten und Ösen.

27. Locheisen: Instrument zum Herausstanzen von Löchern in verschiedene Materialien. Wählen Sie ein Locheisen mit passendem Durchmesser für Ihr Werkstück.

28. Locher: zum Lochen von Papier dicht neben der Kante.

29. Eckenrunder: zum Abrunden von Ecken.

30. Nietwerkzeug: Verwenden Sie einen Nietsetzer und einen Amboss in der für die verwendeten Niete passenden Größe.

31. Ösenwerkzeuge: Am einfachsten lassen sich Ösen mit üblichen Durchmessern mit einer Ösenzange (rechts) anbringen. Wenn die Ösenzange nicht ausreicht, verwenden Sie einen Einschlagstempel und einen Amboss in geeigneter Größe.

32. Hanfgarn: Strapazierfähiges Hanfgarn ist ideal zum Heften.

33. Nähnadel: zum Heften von Papierbogen/-lagen. Verwenden Sie eine dicke, ziemlich stumpfe Buchbindernadel, um das Papier nicht zu beschädigen.

34. Bienenwachs: Damit der Faden nicht ausfranst, sollten Sie ihn vor dem Heften wachsen (siehe S. 20).

MATERIALIEN

Papier – Laufrichtung

Bei der Herstellung von Papier werden die Fasern meist in einer Richtung ausgerichtet – in der sogenannten Laufrichtung. Die Laufrichtung beeinflusst z. B., wie leicht oder schwierig sich das Papier in die eine oder andere Richtung falten lässt. Wird in diesem Buch eine bestimmte Laufrichtung empfohlen, ist dies durch einen Doppelpfeil in der Konstruktionszeichnung zum jeweiligen Projekt angegeben. ⟺

Die Laufrichtung von Papier bestimmen

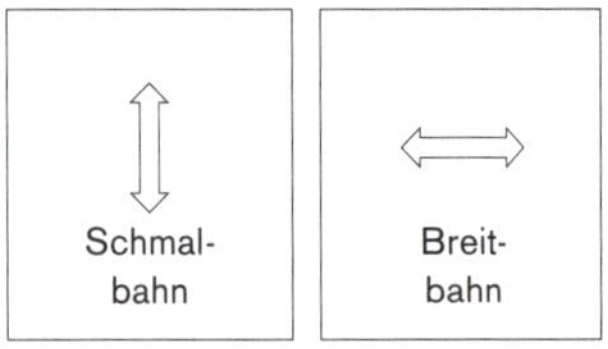

Im Handel findet man sogenannte Schmalbahn- (SB oder Long Grain-) oder Breitbahn- (BB oder Short Grain-)Papiere. Bei Schmalbahnpapieren verlaufen die Fasern parallel zur langen, bei Breitbahnpapieren parallel zur kurzen Seite. Auf der Papier-Verpackung ist die Laufrichtung in der Regel mit einem Pfeil angegeben.

Die Laufrichtung feststellen

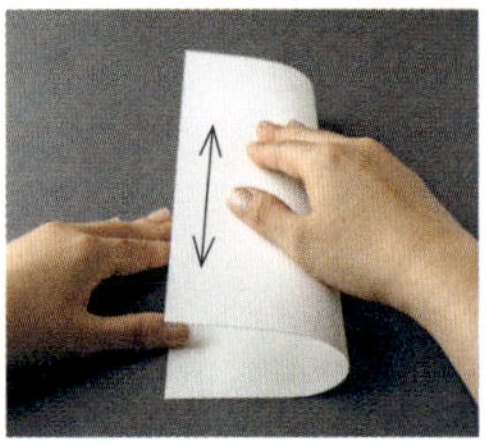

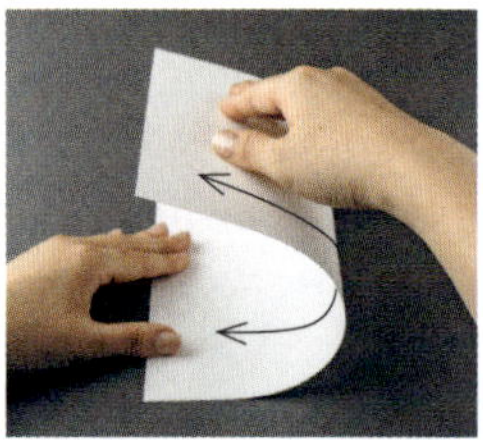

Die Laufrichtung eines Papierbogens lässt sich leicht anhand seiner Biegsamkeit bestimmen. In der Laufrichtung (links) lässt sich Papier leichter biegen als quer zur Laufrichtung (rechts).

Papier – Stärke/ Grammatur

Papier gibt es in unterschiedlichen Stärken. Wenn Sie Ihre Papeteriewaren selbst herstellen, haben Sie bei der Auswahl geeigneter Papiere die freie Wahl. Sie sollten jedoch bedenken, dass, je nach Objekt, ein zu dickes oder zu dünnes Papier die Arbeit erschweren kann. Die empfohlene Papierstärke für die einzelnen Projekte wird jeweils in der Materialliste angegeben.

Papiergewichte

circa 65 g/m^2	Dünndruckpapier, z. B. für Zeitungen oder Notizbücher
circa 80 g/m^2	gängiges Druckerpapier, z. B. für Zeitschriften und Flyer
circa 115 g/m^2	gängiges Papier für Werbeplakate
circa 150 g/m^2	Papier für Zeitschriftencover und CD-Hüllen
circa 210 g/m^2	Papier für Postkarten und Visitenkarten
circa 230 g/m^2	Halbkarton für dickere Postkarten, Sparbuchdeckel
circa 350 g/m^2	Karton für Verpackungsmaterial (z. B. für Kosmetika und Spirituosen)

Das Papiergewicht wird in Gramm pro Quadratmeter (Grammatur) angegeben. Je höher das Gewicht, desto dicker das Papier.

Kompositpapier

Für manche Projekte klebe ich zunächst unterschiedliche Papiere zusammen, etwa, um eine bestimmte Papierstärke zu erreichen oder bestimmte Effekte zu erzielen. Diese Papiere bezeichne ich als Kompositpapiere.

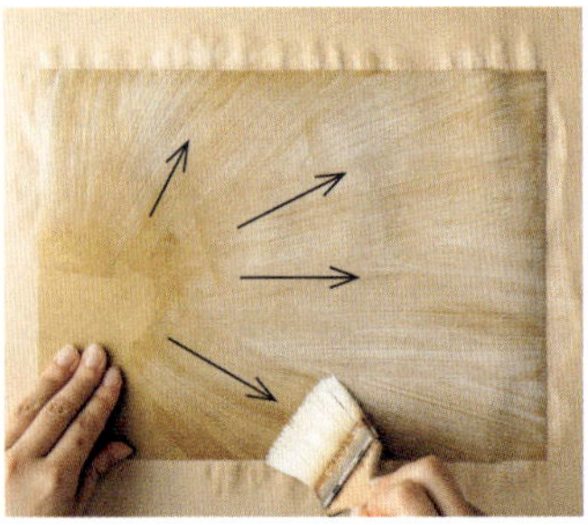

1. Auf die Rückseite eines Papierbogens gleichmäßig Stärkekleber auftragen. Bei Papieren unterschiedlicher Stärke den Klebstoff stets auf das dickere Papier auftragen.

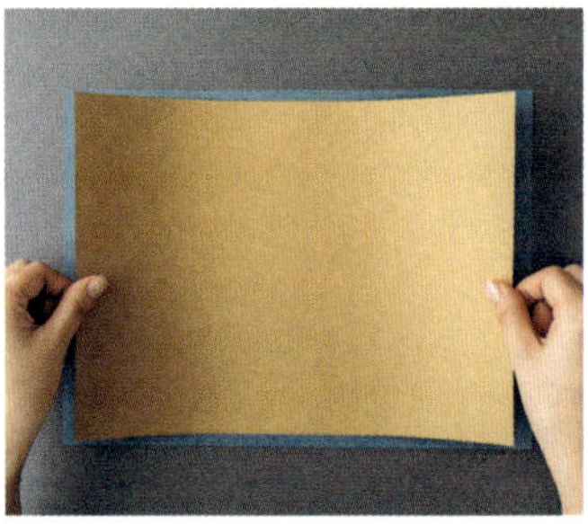

2. Den Bogen mit der eingeleimten Seite nach unten auf ein größeres Stück Papier legen, gut andrücken und glatt streichen. Gewichte auflegen und über Nacht trocknen lassen.

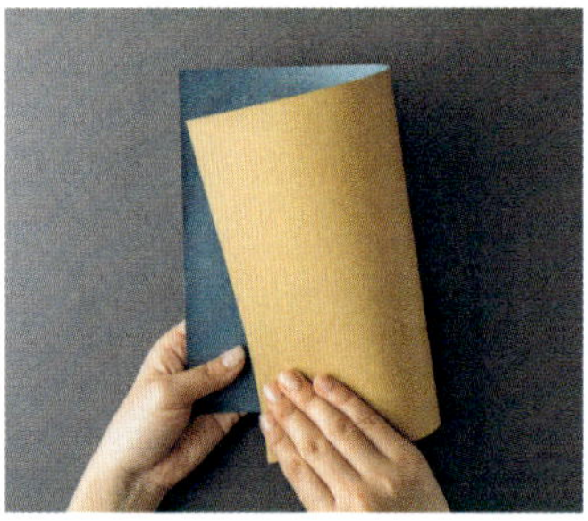

3. Wenn das Papier vollständig trocken ist, können Sie es auf die gewünschte Größe zuschneiden.

Achtung! Beim Verkleben von Papier kann es leicht zu Wölbungen kommen. Die besten Ergebnisse erzielen Sie, wenn Sie zügig arbeiten und das Papier gut andrücken und beschweren.

Papier-sorten

Die im Folgenden genannten Papiersorten habe ich für die Projekte in diesem Buch verwendet, Sie können aber auch gerne andere, ähnliche Papier Ihrer Wahl verwenden. Ich bevorzuge ungestrichenes Papier, d. h. Papier mit einer matten, ungeglätteten Oberfläche, weil es sich angenehm anfühlt und leicht verarbeiten lässt. Spezialpapiere und Karton erhalten Sie im Künstlerbedarf, Bucheinbandgewebe in Buchbindereien oder übers Internet.

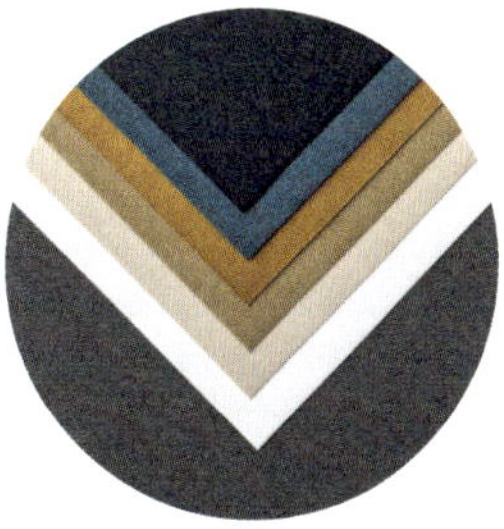

NT Rasha
Mein Universalpapier für die meisten meiner Projekte. Es lässt sich leicht verarbeiten und ist in einer Vielzahl von Farben und Größen erhältlich.

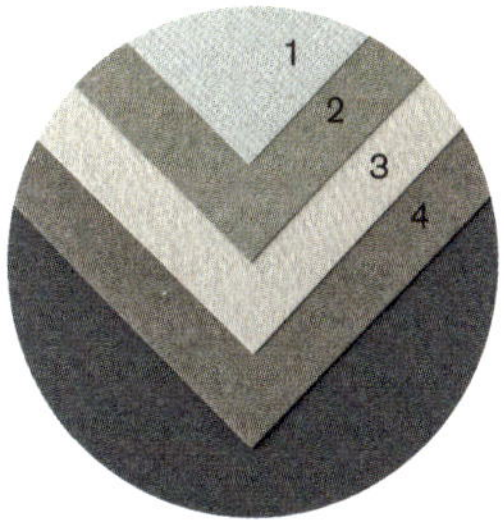

1. Jean Felt Papier mit filzartiger Textur
2. Sagotami erzeugt ein Gefühl von ländlicher Nostalgie
3. Mermaid Papier mit sanften Wellen
4. GA File dickes, leicht rustikal wirkendes Papier

Gemustertes Papier
Gemustertes Papier (z. B. Geschenkpapier) eignet sich als Vorsatzpapier oder z. B. zum Auskleiden von Schachteln. Ich verwende es auch als Bestandteil von Kompositpapier.

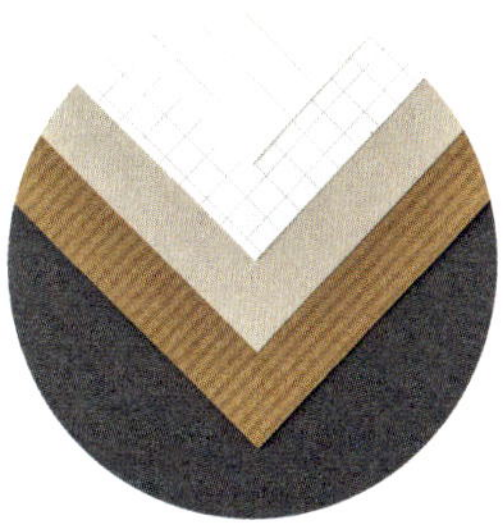

Notizbuchpapier
Für Notizbücher oder Memoblocks eignen sich Papiere, auf denen Sie gerne schreiben, also z. B. liniertes Papier, Millimeterpapier, Packpapier oder Hanfpapier.

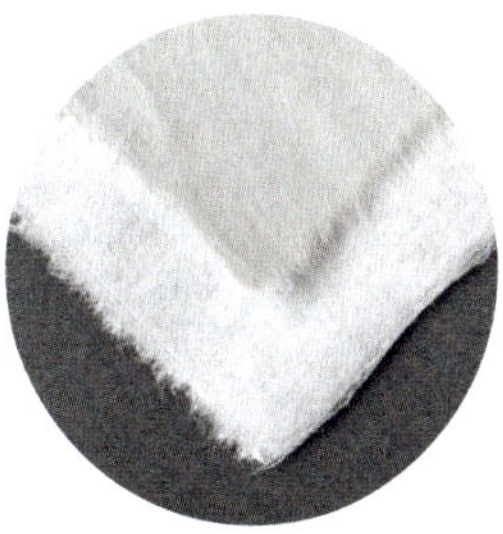

Japanpapier
Stark strukturiertes, handgeschöpftes Papier, das mit Stärkepaste verklebt wird. Beim Reißen entstehen interessante, ausdrucksstarke Kanten.

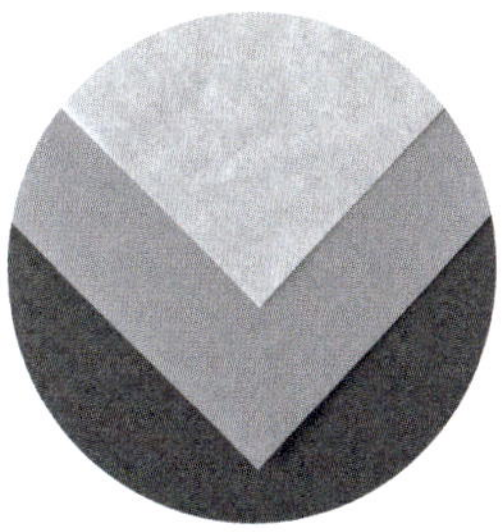

Transparentpapier
Z. B. Pauspapier oder Pergamentpapier. Vorsicht beim Verarbeiten; diese Papiere sind empfindlich.

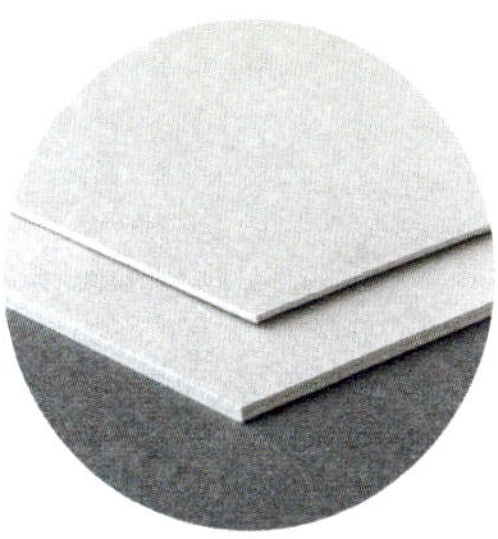

Karton
Dickes Papier, z. B. für Buchdeckel. Für die Projekte in diesem Buch benötigen Sie Karton in der Stärke von 1–2 mm.

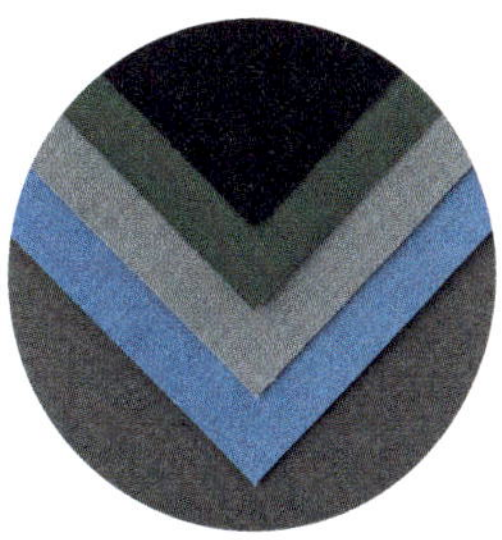

Bucheinbandgewebe
Bucheinbandgewebe besteht aus Webstoff, dessen Rückseite mit Papier kaschiert ist. Es wird hauptsächlich zum Binden von Büchern, aber auch zur Herstellung von Kartonagen und Papeterie verwendet.

SCHNEIDEN

Papier und Gewebe zuschneiden

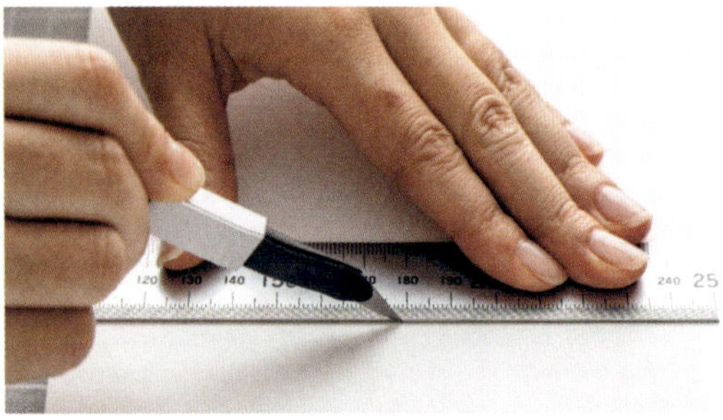

Das Cuttermesser wie einen Stift halten. Das Papier oder das Bucheinbandgewebe zum Zuschneiden mit der rechten Seite nach oben auf die Arbeitsunterlage legen und den Schnitt vertikal in Richtung Körper führen. Das Lineal dabei mit der nicht dominanten Hand fest aufdrücken.

Karton zuschneiden

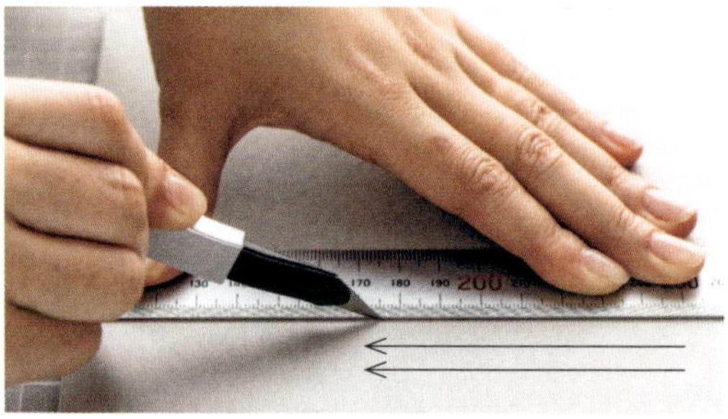

Den Karton anritzen und anschließend mit dem Cuttermesser schneiden. Dabei nicht zu viel Druck auf das Messer ausüben. Setzen Sie es lieber mehrmals an, statt zu versuchen, den Karton in einem Rutsch durchzuschneiden. Achten Sie darauf, dass die Klinge nicht zur Seite ausbricht.

Angefeuchtetes Japanpapier reißen

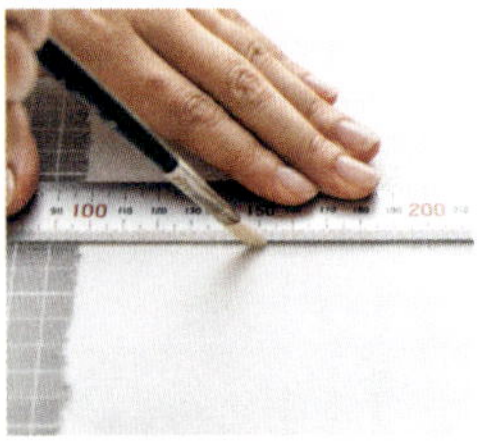

1. Ein Lineal an die gewünschte Risskante legen und das Papier mit einem zuvor in Wasser getauchten Pinsel anfeuchten.

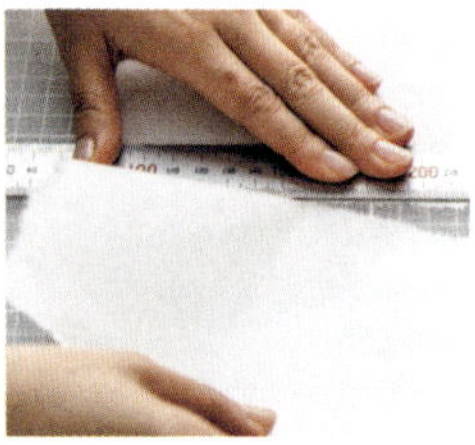

2. Das Papier zur Seite hin abreißen. Das Lineal dabei fest aufdrücken.

Löcher stanzen

Mit einem Locheisen:

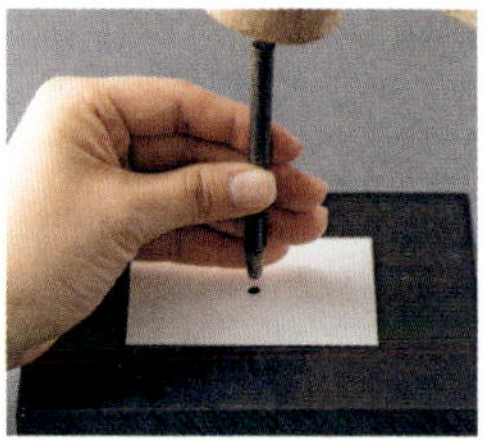

Das Locheisen aufsetzen und mit einem Holzhammer darauf schlagen.

Mit einem Locher:

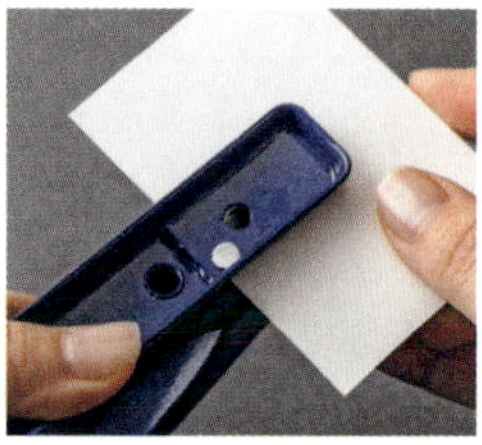

Die Positionierung der Löcher lässt sich besser kontrollieren, wenn Sie die untere Abdeckung abnehmen und den Locher umdrehen, sodass die Unterseite nach oben zeigt.

Ecken abrunden

Mit der Schere:

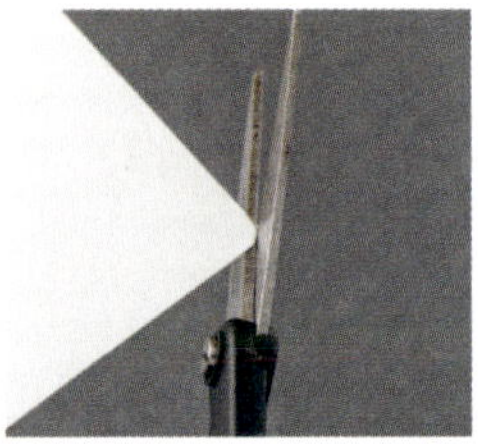

Vor dem Schneiden am besten mit einem Bleistift eine Hilfslinie ziehen.

Mit dem Eckenrunder:

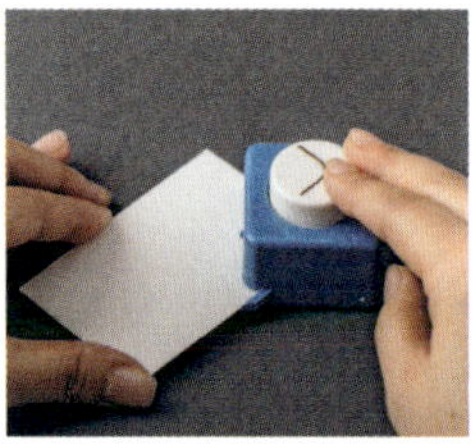

Damit lassen sich rechtwinklige Ecken schön gleichmäßig abrunden.

Schlitze schneiden

Schmale Schlitze (1 mm):

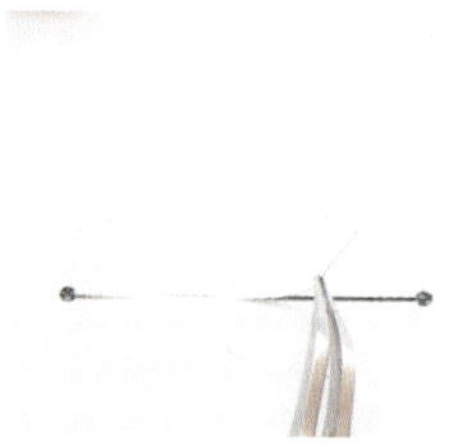

An beiden Enden ein Loch einstechen und von Lochmitte zu Lochmitte mit dem Bleistift eine Linie ziehen. Mit dem Cuttermesser auf beiden Seiten dicht der Linie entlangschneiden.

Breite Schlitze:

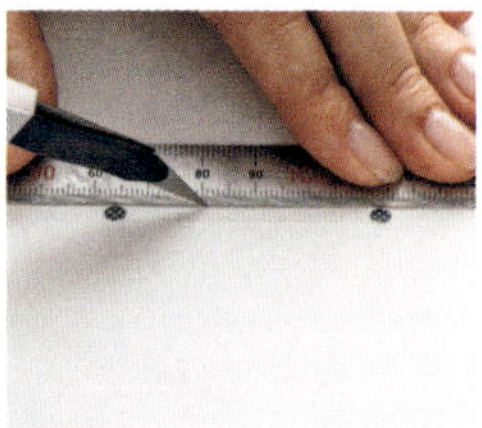

An beiden Enden ein Loch einstechen und mit dem Cuttermesser jeweils von Lochrand zu Lochrand schneiden.

FALTEN

Mit dem Falzbein

Für Papierstärken bis circa 115 g/m²

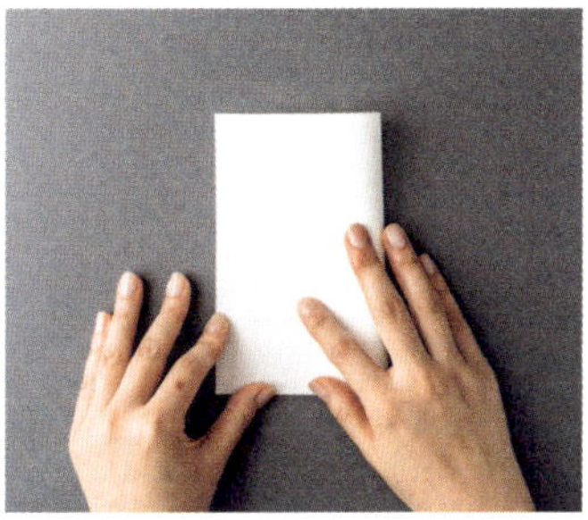

1. Das Papier vorsichtig umbiegen. Die Ecken mit der nicht dominanten Hand bündig ausrichten.

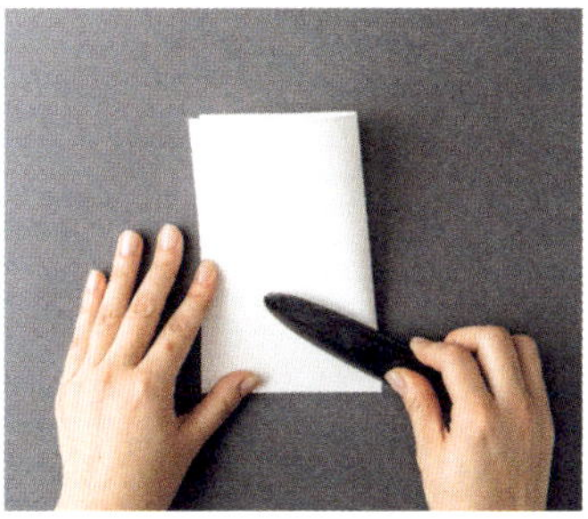

2. Die Ecken festhalten und das Falzbein mit der dominanten Hand in einem spitzen Winkel am unteren Ende der Falzkante anlegen.

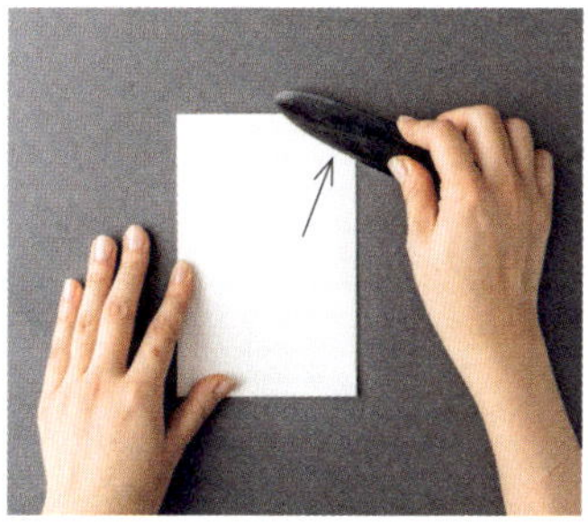

3. Das Falzbein mit gleichmäßigem Druck diagonal nach oben führen.

Mit Anreißen

Für Papierstärken von über 150 g/m² oder zur leichteren Bearbeitung kleinerer Flächen wie Klebelaschen.

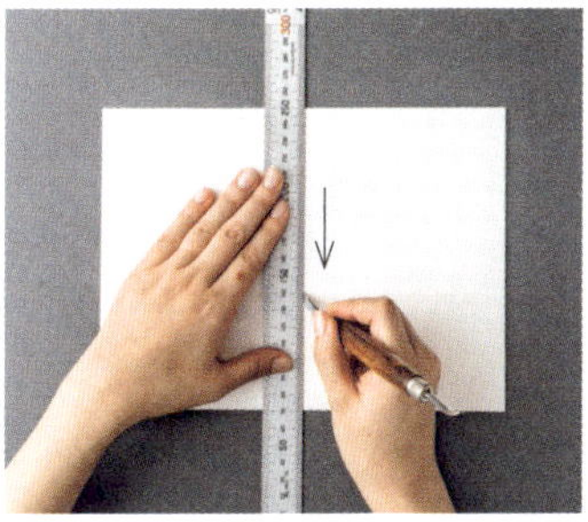

1. Ein Metalllineal an der Innenseite des künftigen Falzes (dem Tal) anlegen und den Falz mit einer Anreißnadel anreißen.

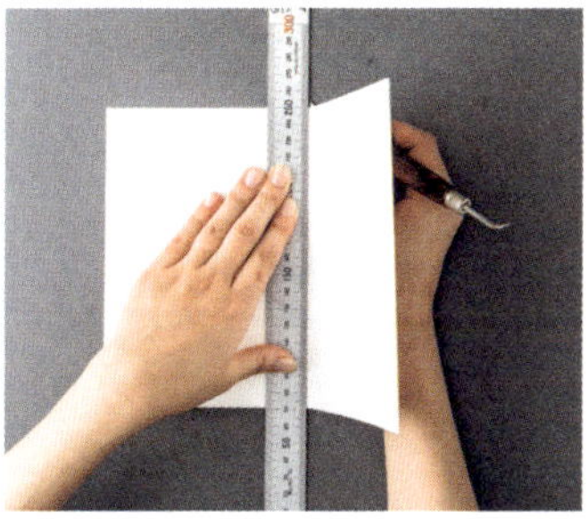

2. Das Lineal festhalten, die Anreißnadel unter das Papier legen und das Papier damit von unten anheben.

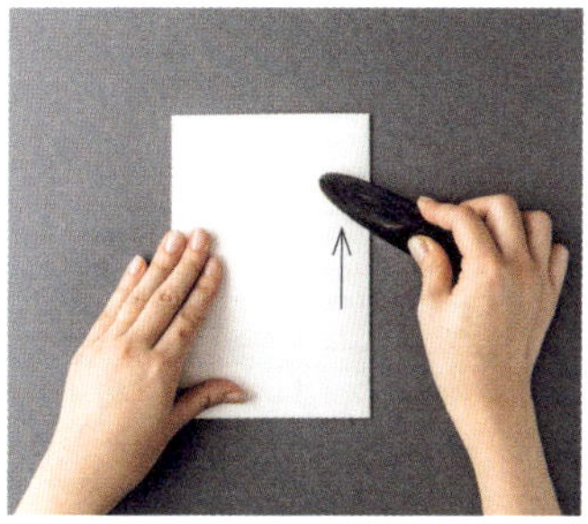

3. Das Lineal entfernen und die Falte mit dem Falzbein glatt streichen.

Durch Anfeuchten

Zur Glättung von Falten bei auf- oder ineinandergelegten Bogen wie einem Buchblock.

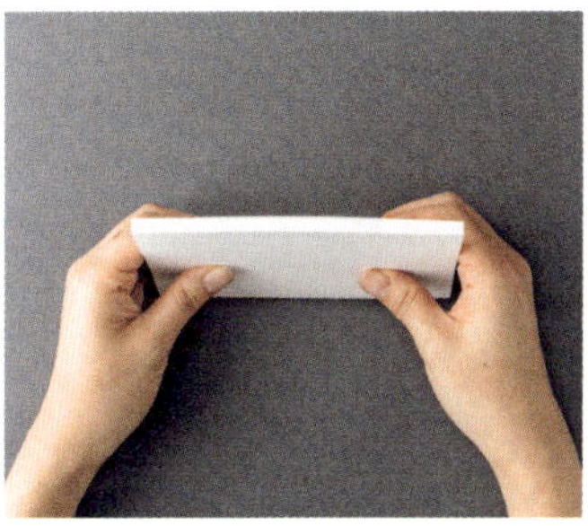

1. Die gefalteten Bogen so zusammenlegen und halten, dass die Falzkanten bündig liegen.

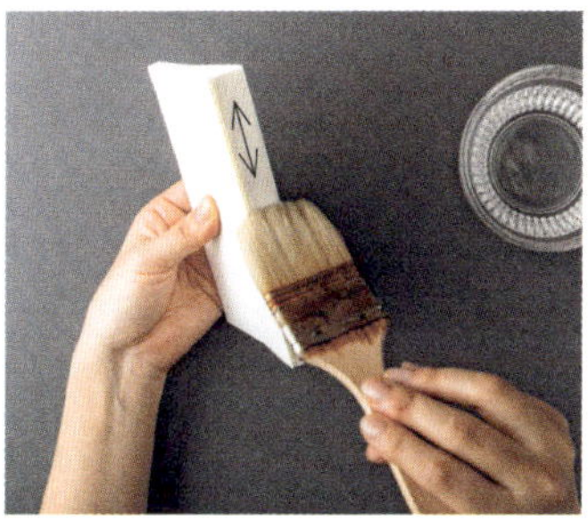

2. Die Falzkanten mit Wasser anfeuchten. Den Pinsel auf- und abbewegen, ohne Kopf- und Fußschnitt zu berühren.

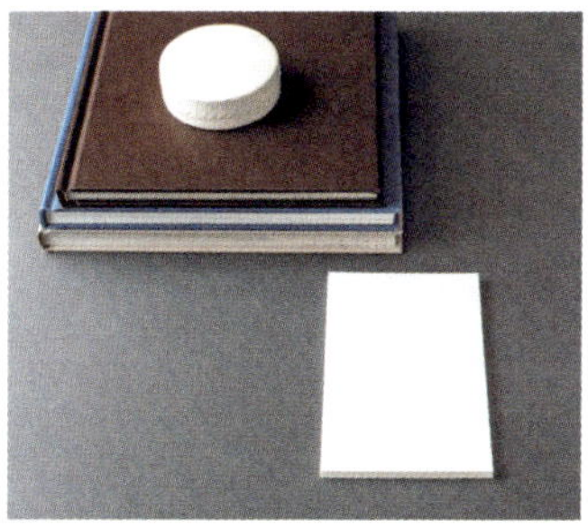

3. Den Papierstapel hinlegen und mit einem Gewicht beschweren. Nach dem Trocknen haben Sie saubere Falzkanten.

KLEBEN

(zu Klebstoffarten siehe S. 13.)

Klebstoff auftragen

Vorgehen beim Verkleben von Flächen, wie z. B. beim Aufkleben von Einbandpapier, Bucheinbandgewebe oder Vorsatzpapier.

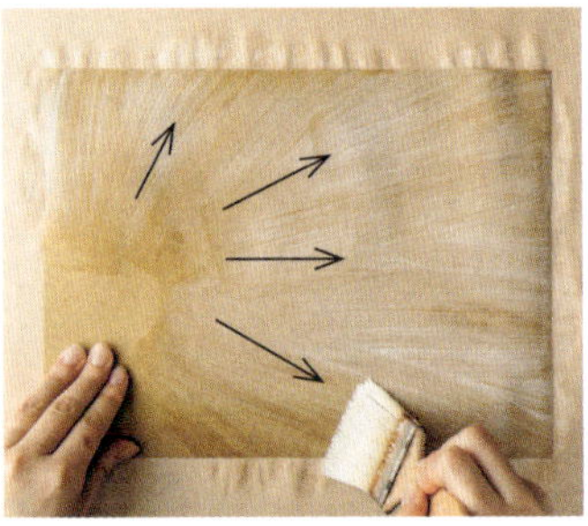

1. Den Klebstoff mit einem breiten Pinsel von innen nach außen auf die Rückseite des Papiers oder Gewebes auftragen. Das Papier dabei mit der nicht dominanten Hand festhalten.

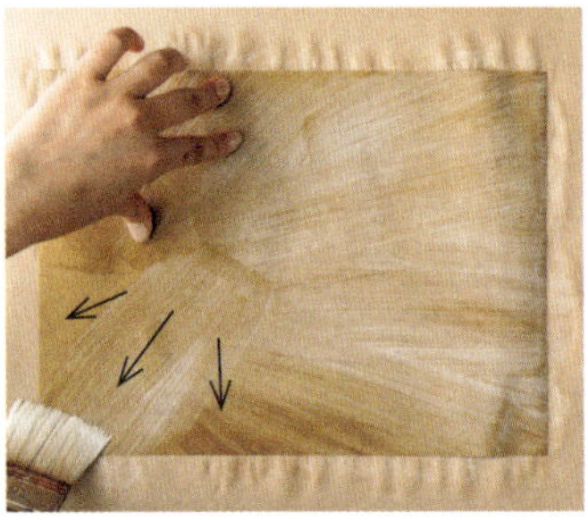

2. Das Papier an einer anderen Stelle festhalten und die verbliebene Lücke schließen.

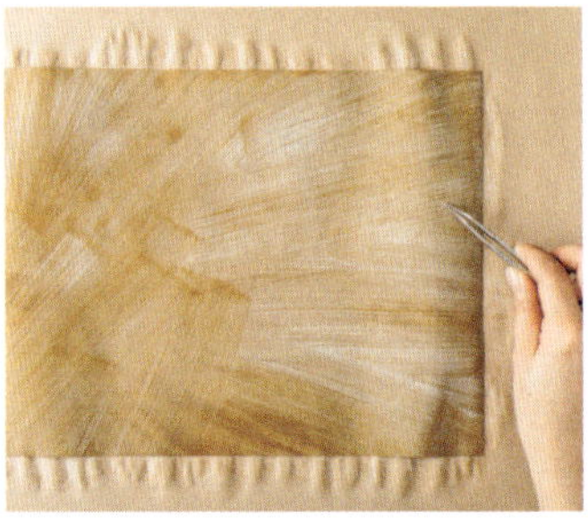

3. Leimklümpchen mit einem Tuch und Schmutzpartikel ggf. mit einer Pinzette entfernen. Noch einmal überprüfen, ob wirklich überall Klebstoff aufgetragen wurde.

Andrücken

Das gewählte Material aufkleben und gut andrücken. Hierfür mit einem Tuch von innen nach außen mit Druck über die gesamte Oberfläche streichen.

Flächiges Verkleben:

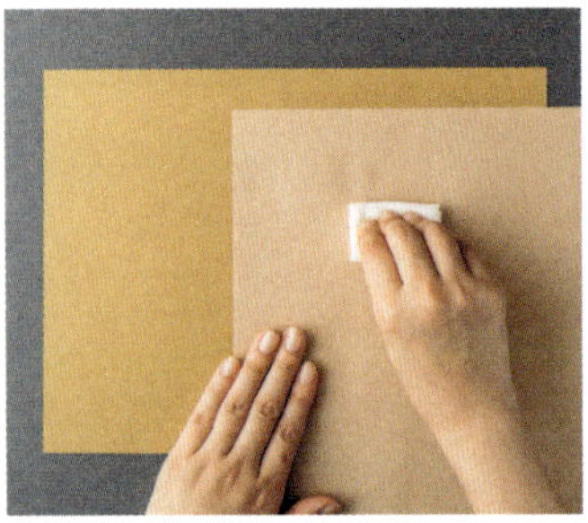

Ein Stück Packpapier auflegen und mit einem Tuch beidseitig über die verklebten Flächen streichen.

Verkleben auf einem Untergrund mit Falz:

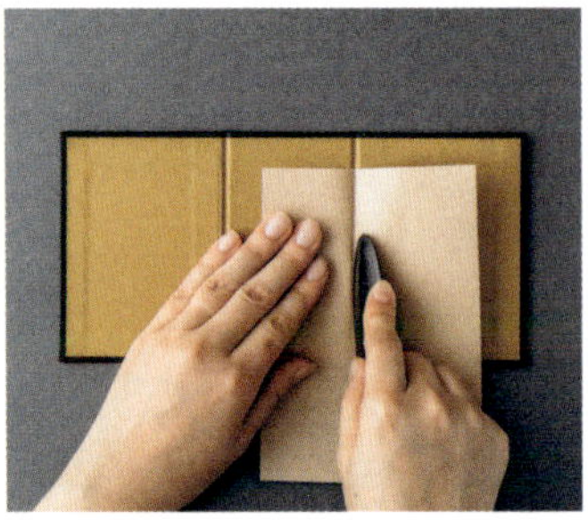

Ein Stück Packpapier auflegen und das aufgeklebte Material mit einem Falzbein in den Falz drücken.

Bekleben einer Schachtel:

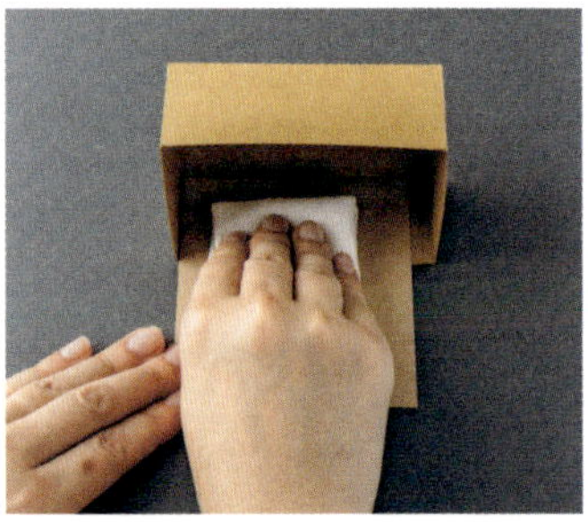

Packpapier in die Schachtel legen und das „Futter“ von innen mit einem Tuch glatt streichen. Bei Umschlägen genauso vorgehen.

Klebelaschen

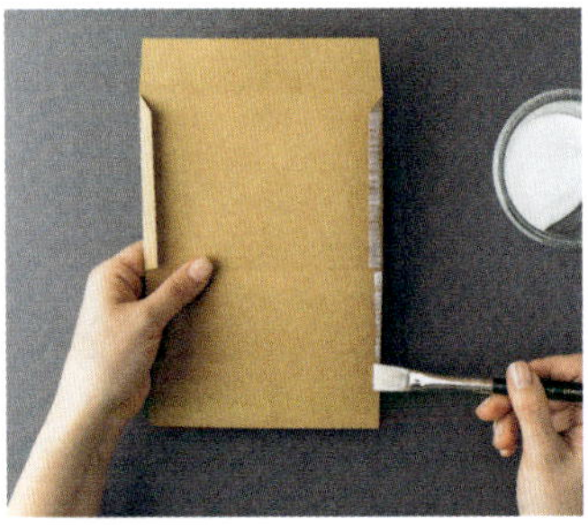

Klebstoff auf die Lasche und auf die entsprechende Stelle des Werkstücks auftragen.

Kleberand

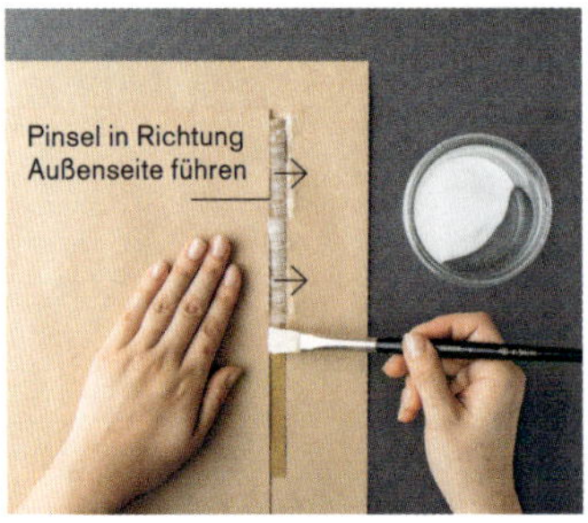

Das Werkstück mit Packpapier schützen und den Klebstoff an den gewünschten Stellen auftragen.

Gewichte auflegen

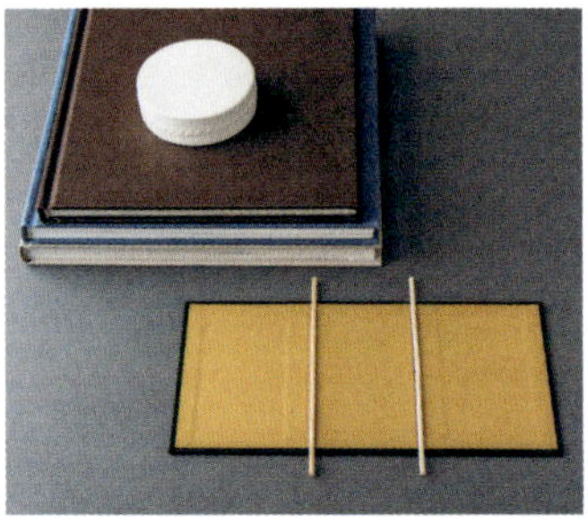

Das verklebte Werkstück zwischen zwei Lagen Packpapier oder Pappe legen und mit Büchern oder Gewichten beschweren. Enthält das Werkstück Falze, zuvor Stäbchen oder aufgerolltes Papier in die Vertiefungen legen.

EINSCHLAGEN

Karton einschlagen

Karton in Papier einschlagen, z. B. beim Beziehen von Buchdeckeln.

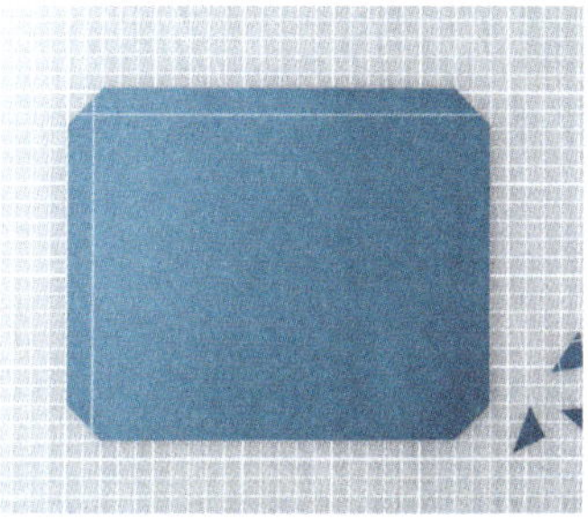

1. Auf der Rückseite des Papiers 15 mm neben der oberen und linken Kante Hilfslinien einzeichnen. Falze, falls vorhanden, mit einzeichnen. Alle Ecken schräg abschneiden (Dreieck mit 20 mm Grundlinie).

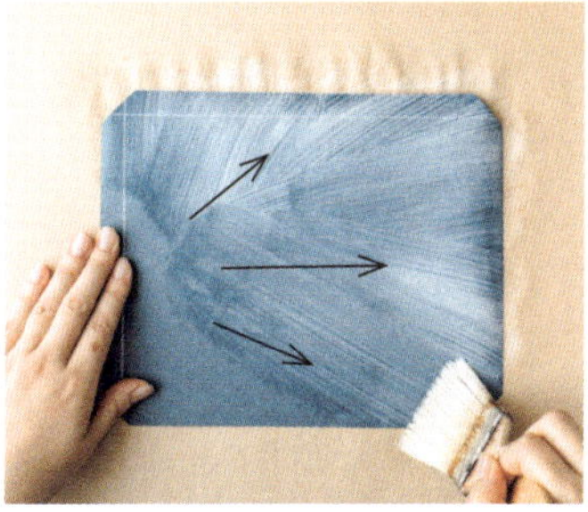

2. Stärkekleber gleichmäßig auf die Unterseite des Papiers auftragen. Vorsicht: Manche Papiere verziehen sich leicht.

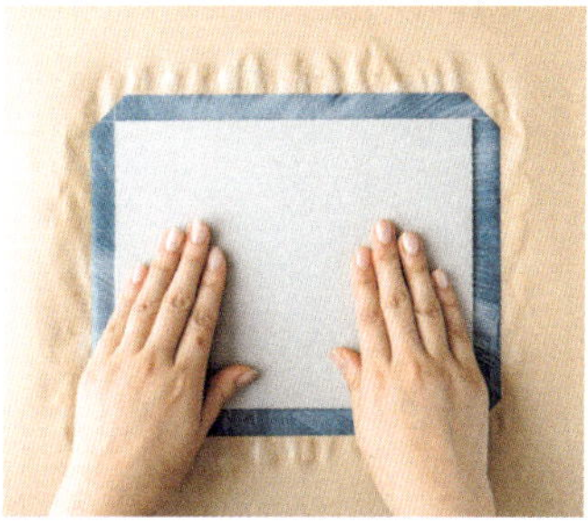

3. Den Karton an den Hilfslinien anlegen. Sie können sich Zeit lassen, um ihn exakt zu positionieren, denn der Stärkekleber bindet nicht sofort ab.

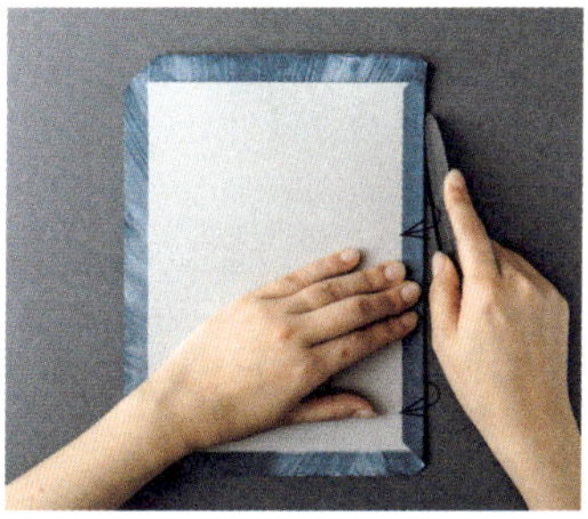

4. Das Papier zunächst oben und unten um den Karton schlagen. Halten Sie es beim Falzen und Kleben straff, damit es sich nicht wellt oder zu locker sitzt.

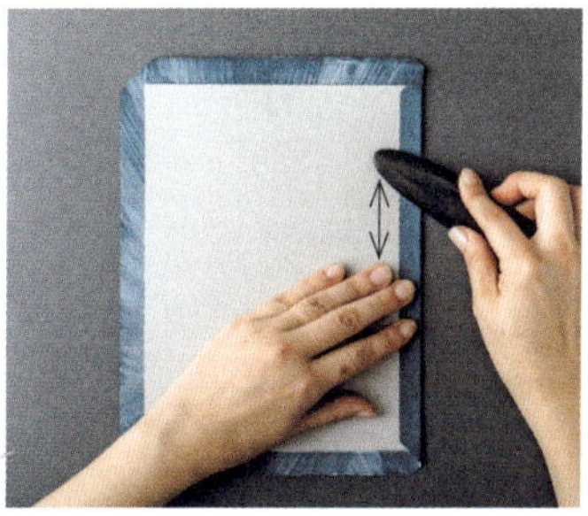

5. Die Kanten mit einem Falzbein gut andrücken und anreiben. Ggf. das Papier mit der Spitze des Falzbeins in die Falze drücken.

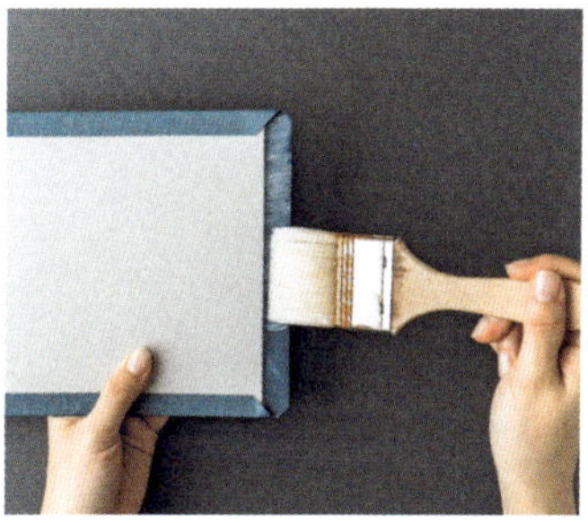

6. Sobald der Stärkekleber anfängt abzubinden, die linke und die rechte Lasche noch einmal leicht mit Klebstoff einstreichen.

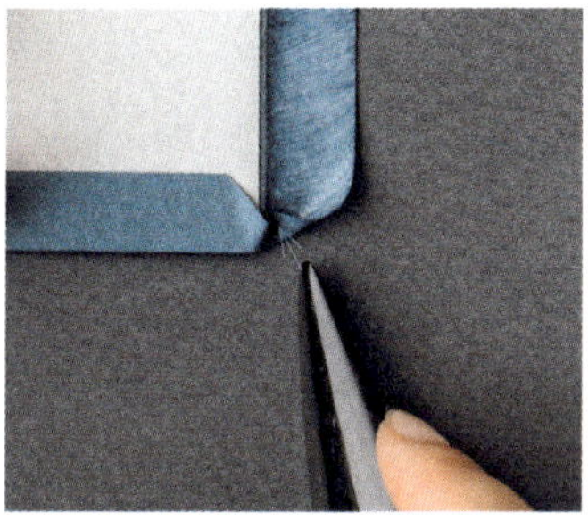

7. Um saubere Ecken zu erhalten, überstehende Kanten mithilfe des Falzbeins nach innen falten.

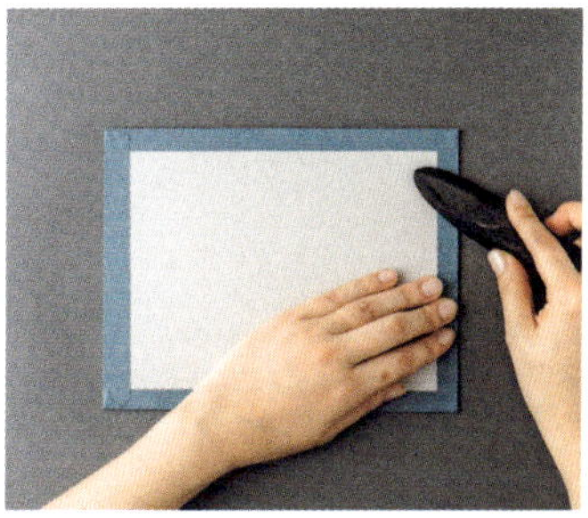

8. Die beiden verbliebenen Laschen um den Karton schlagen und mit dem Falzbein festdrücken.

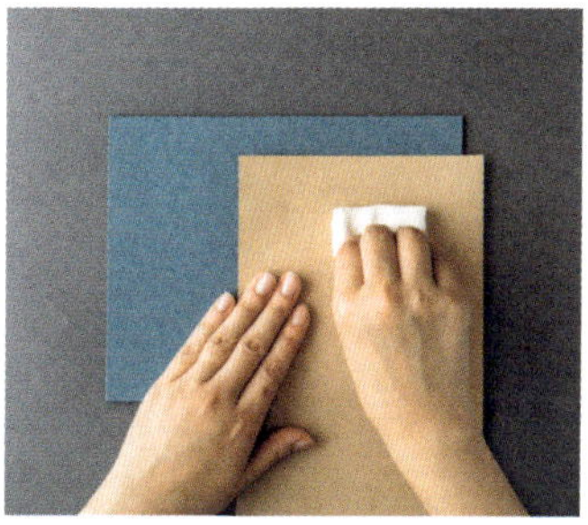

9. Den Buchdeckel umdrehen, ein Stück Packpapier auflegen und das Einbandpapier mit einem Tuch unter Druck gut anreiben. Wenn Sie zusätzlich Vorsatzpapier aufkleben möchten, tun Sie es jetzt. Den fertigen Buchdeckel mit einem Gewicht beschweren und über Nacht trocknen lassen.

HEFTEN

Heftlöcher vorstechen

In den Falz eines Buchblocks bzw. einer Lage:

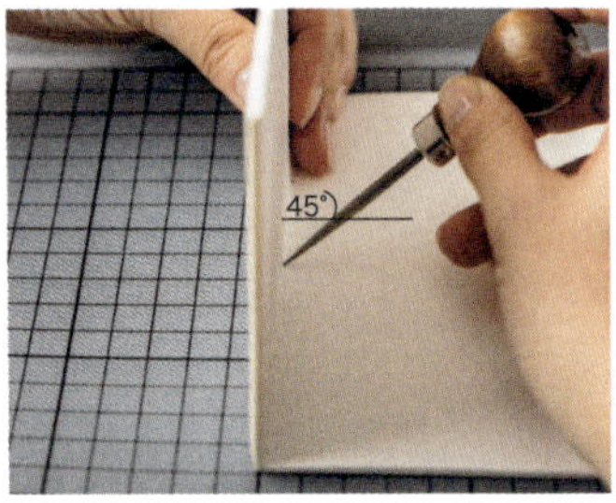

Den Buchblock/die Lage in einem rechten Winkel geöffnet halten, eine Ahle im 45-Grad-Winkel in den Falz setzen und alle Papierbogen durchstechen.

In den Buchblock (von oben nach unten):

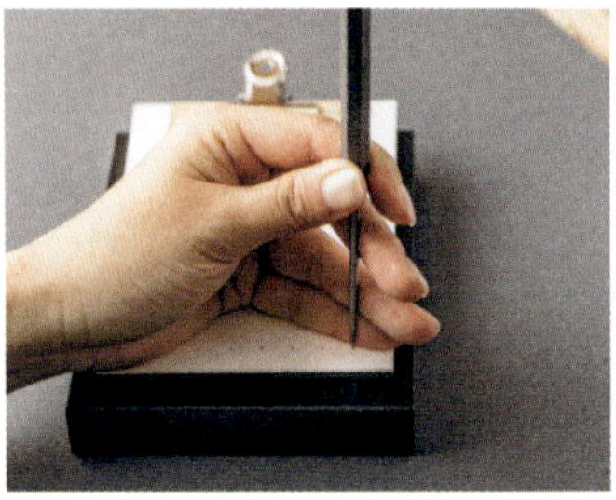

Wenn Sie den Buchblock von oben nach unten durchstechen möchten, setzen Sie die Ahle vertikal an und bearbeiten Sie sie mit einem Holzhammer, bis alle Papierlagen durchstochen sind.

Nadel und Faden vorbereiten

Faden wachsen:

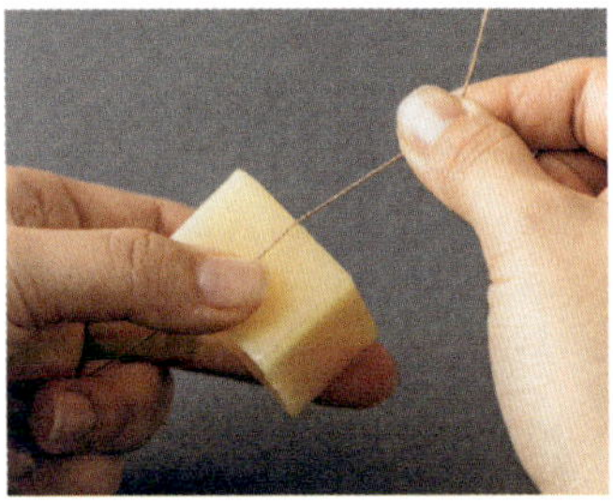

Einen Hanffaden zwei- oder dreimal über ein Stück Bienenwachs ziehen. Das Wachs verhindert, dass der Faden ausfranst und die Stiche sich lösen.

Einfädeln (Buchbinderknoten):

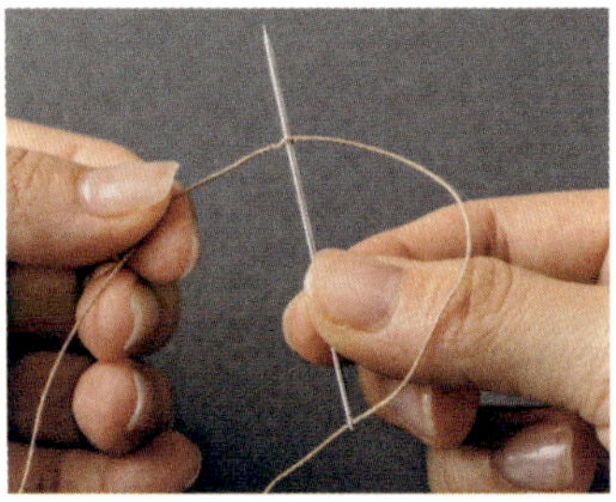

1. Den Faden durch das Öhr fädeln, etwa 50 mm durchziehen und mit der Nadelspitze durchstechen.

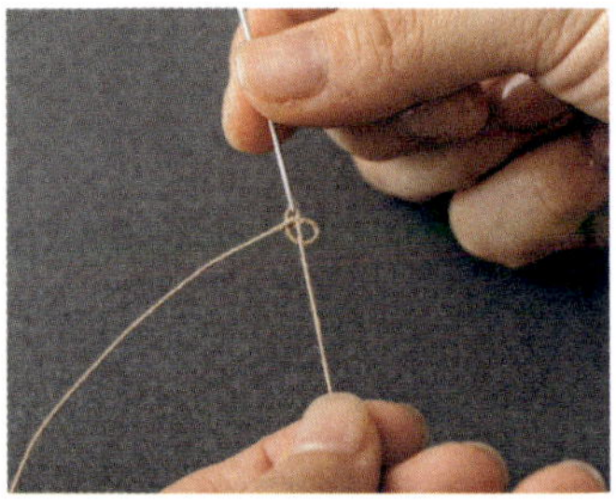

2. Den Faden durch Zug am längeren Fadenende festzurren.

Weitere Tipps

Positionierung:

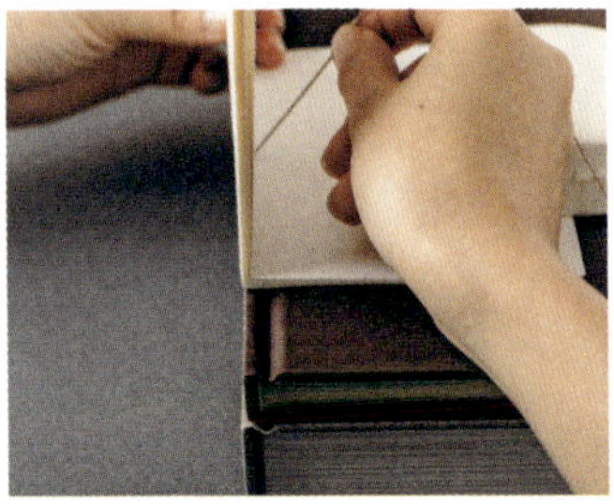

Sie können sich das Heften erleichtern, indem Sie den Buchblock/die Lage mit dem Rücken an die Kante einer erhöhten Fläche legen. Den Buchblock/die Lage mit einem Gewicht beschweren, damit er/sie nicht verrutscht.

Faden festziehen:

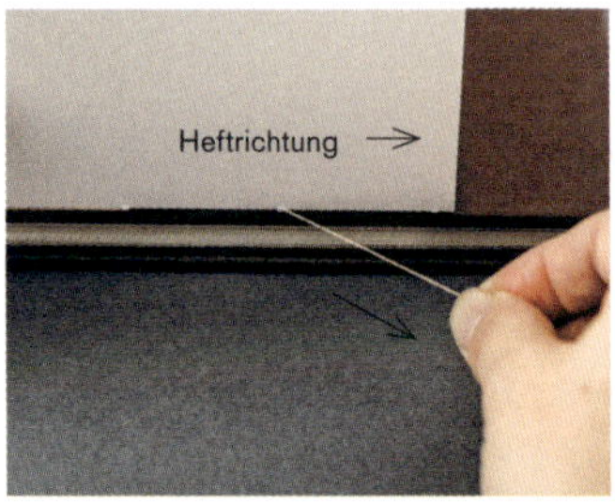

Beim Ausstechen der Nadel den Faden in Heftrichtung festzurren, damit die Naht schön fest wird.

Ein Falzbein verwenden:

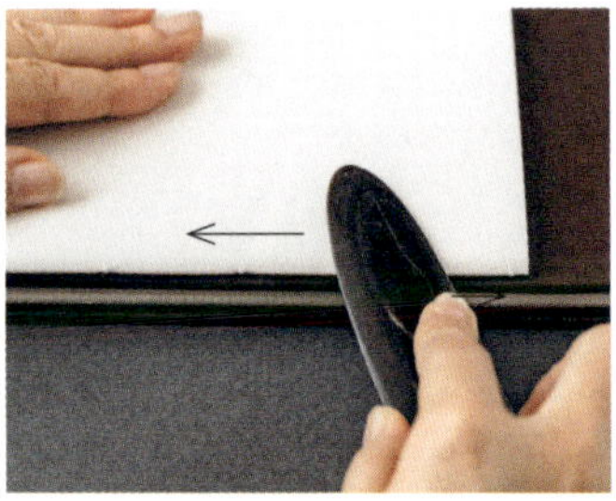

Nach dem Heften den Buchrücken mit der flachen Seite des Falzbeins glatt streichen.

SONSTIGES

Ösen anbringen

Mit Einschlagstempel und Amboss:

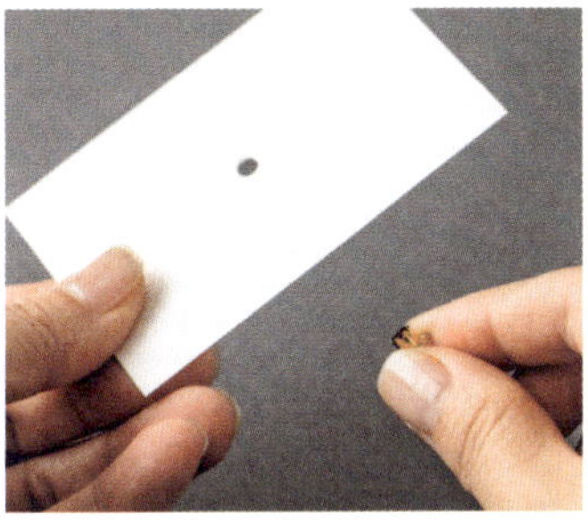

1. Ein Loch passender Größe stanzen, dann die Öse einsetzen.

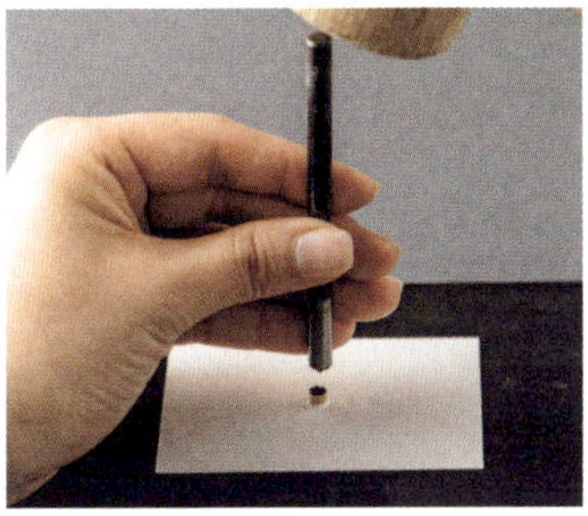

2. Den Einschlagstempel aufsetzen und die Öse mit einem Holzhammer einschlagen.

Mit einer Ösenzange:

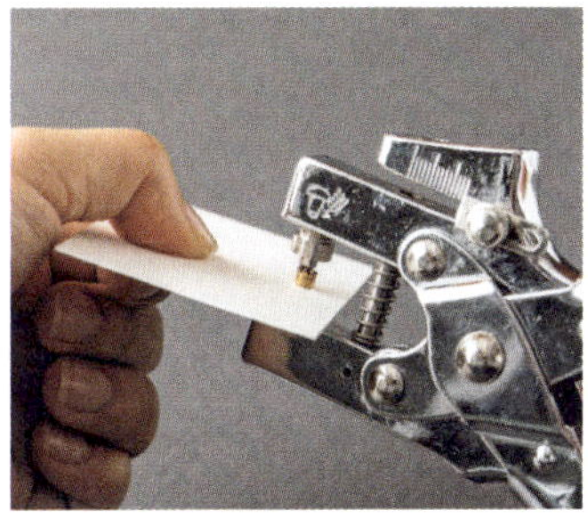

3. Das Loch stanzen, die Öse einsetzen und mit der Zange festknipsen.

Niete anbringen

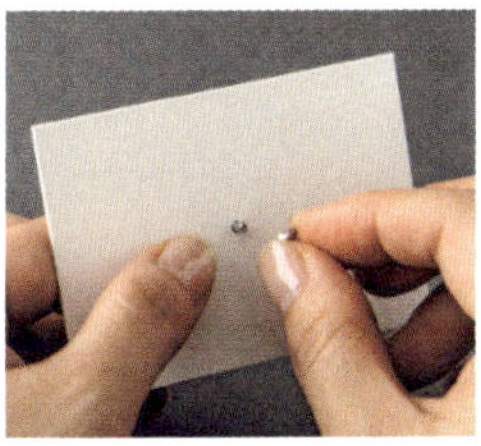

1. Ein Loch in passender Größe stanzen und den Niet einsetzen.

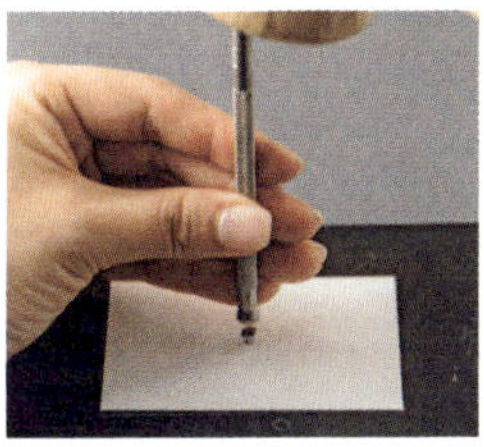

2. Den Nietsetzer auf den Niet setzen und den Niet so mit einem Holzhammer einschlagen.

Biegeringe einsetzen

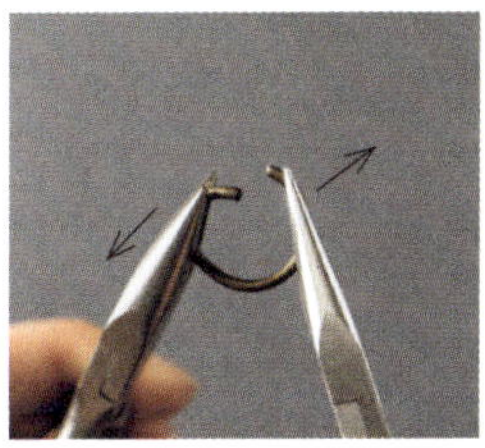

1. Den Ring mit zwei Flachrundzangen aufbiegen.

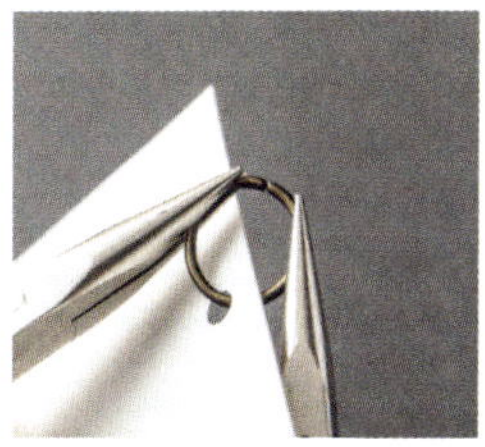

2. Den Ring durch das vorgestanzte Loch schieben und die Enden wieder zusammenbiegen. Achten Sie darauf, mit den Zangen nicht das Papier zu beschädigen.

Gummibänder anbringen

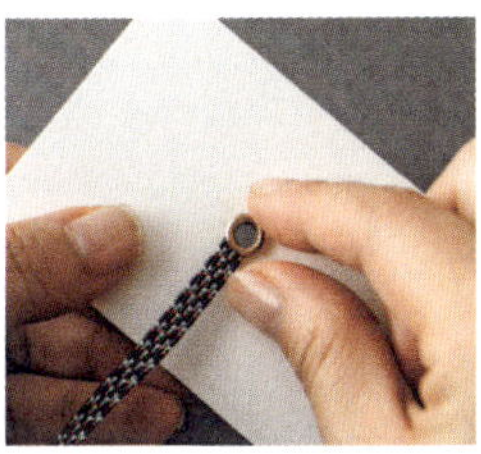

1. Ein Loch in das Werkstück stanzen, ein Gummiband durchziehen und eine Öse oder ein Niet einsetzen.

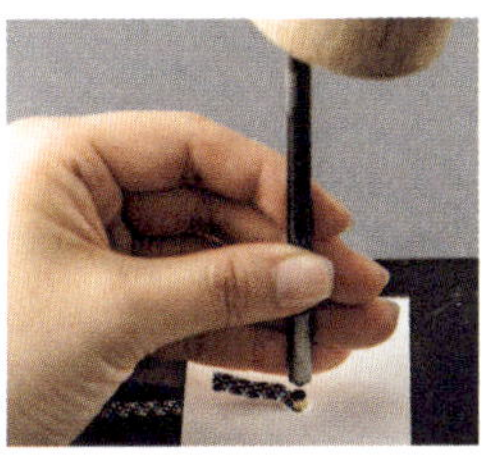

2. Die Öse oder den Niet einschlagen, um das Gummiband zu fixieren. Das Ende/die Enden auf 2–3 mm zurückschneiden.

(Anmerkung: Bevor Sie die Niete oder Ösen einschlagen, probieren Sie zuerst aus, ob sie richtig sitzen und das Gummiband in die gewünschte Richtung zeigt.)

Ausfransen verhindern

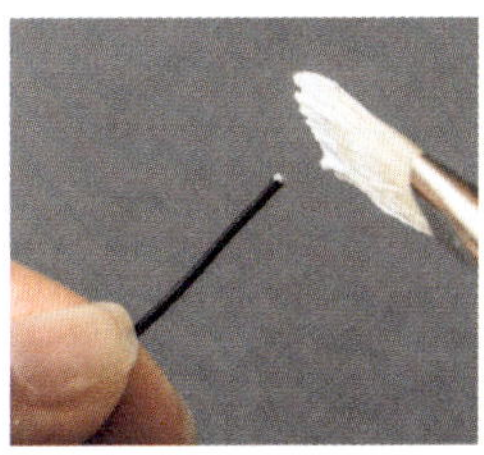

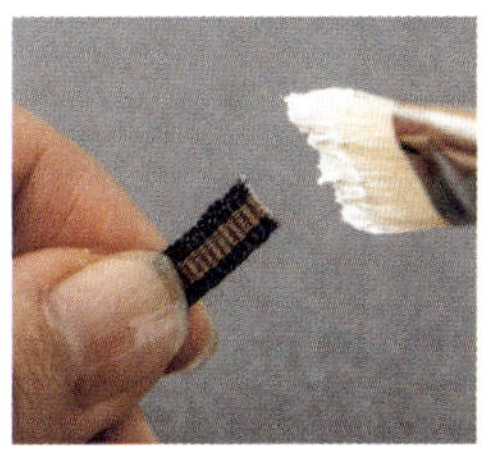

Mit dem Flachpinsel etwas Holzleim auf die Schnittstelle des Gummibands oder Bands auftragen. Das Band erst verwenden, wenn der Leim getrocknet ist.

2. SCHREIBEN

#01

NOTIZBUCH

Drei auf einen Streich

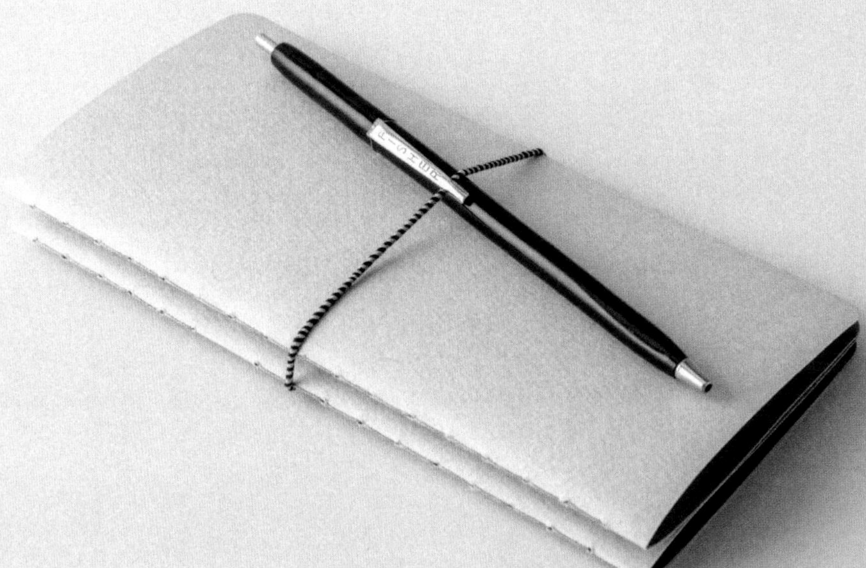

Dieses Notizbuch besteht aus drei fadengehefteten Büchlein unterschiedlicher Größe. Es passt in jede Handtasche und ist vielseitig verwendbar (z. B. zum Eintragen von Terminen, für To-do-Listen und für private Aufzeichnungen). Das Layout, die Anzahl der integrierten Büchlein und deren Proportionen können Sie nach Bedarf abwandeln.

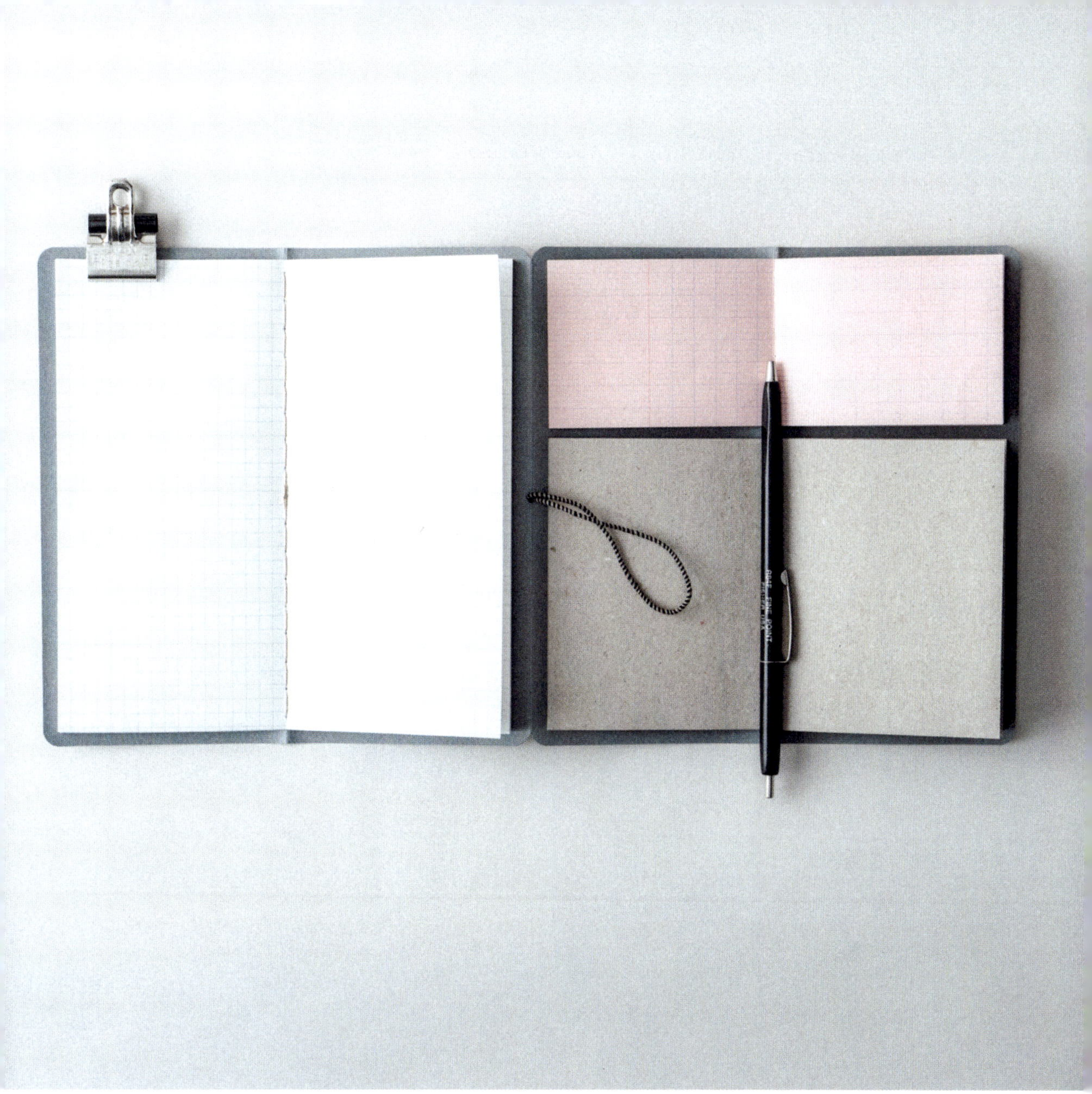

Materialien

- Deckel: 1 Bogen Papier (280 g/m^2), 180 × 368 mm
  (hier wurde ein Kompositpapier verwendet)
- Buchblock: 10–20 Bogen Drucker- oder Packpapier, 170 × 170 mm, 60 × 170 mm und 104 × 170 mm
- Hanfgarn: Gesamthöhe aller drei Notizbücher × 3
- Gummiband, ca. 170 mm lang

Größe

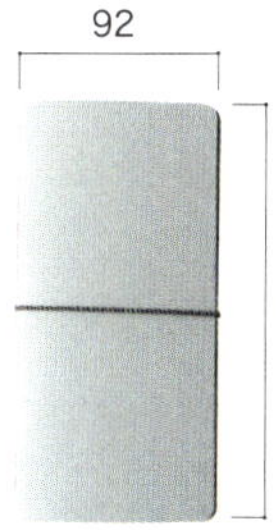

Konstruktionszeichnungen

Abb. A (Deckel)

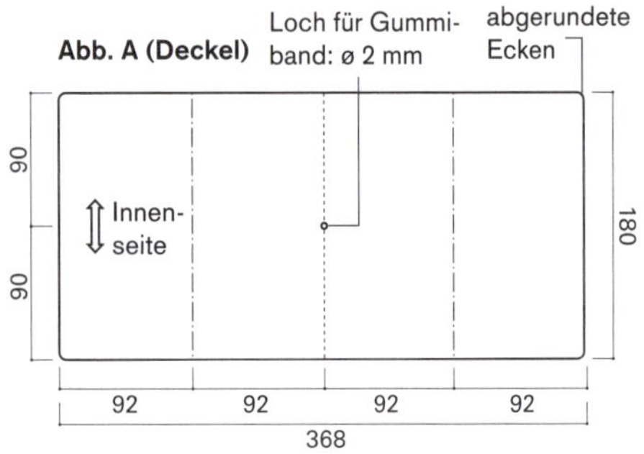

Abb. B (Buchblock)

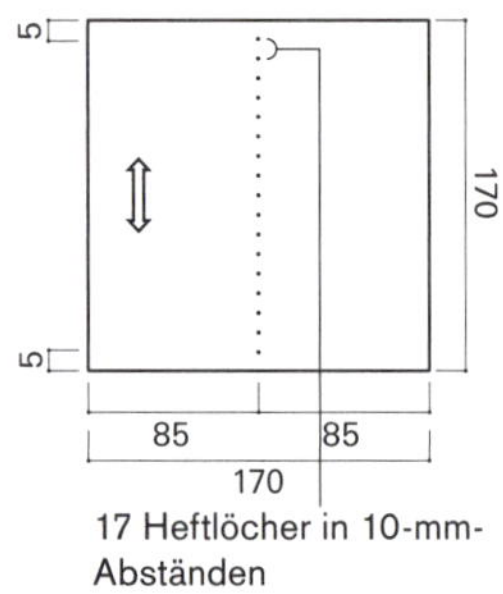

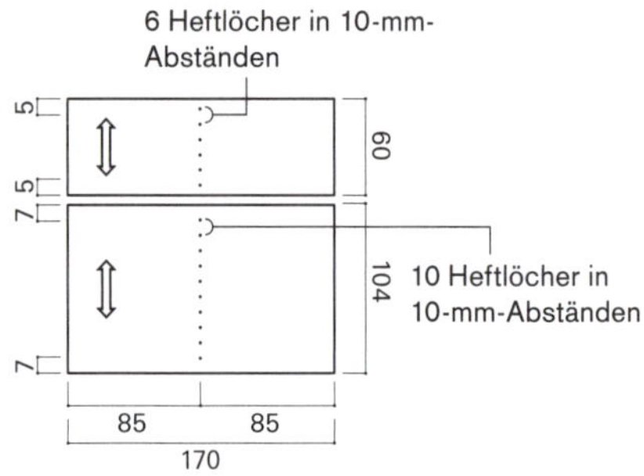

Abb. C (Heften)

Bei einer ungeraden Anzahl von Heftlöchern im mittleren Loch mit dem Heften beginnen; bei einer geraden Anzahl von Löchern in einem der beiden mittleren Löcher. Für z. B. 5 Heftlöcher (siehe Abb. rechts), verbinden Sie 1 und 9 mit einem Weberknoten um 5.

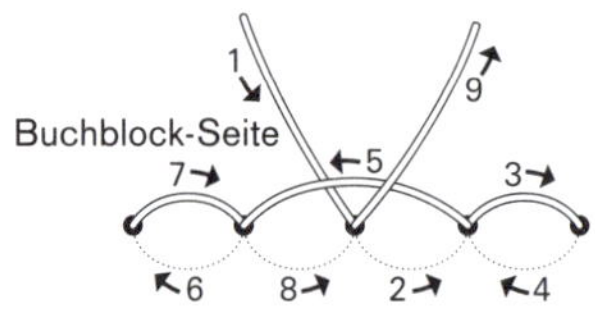

Anleitung

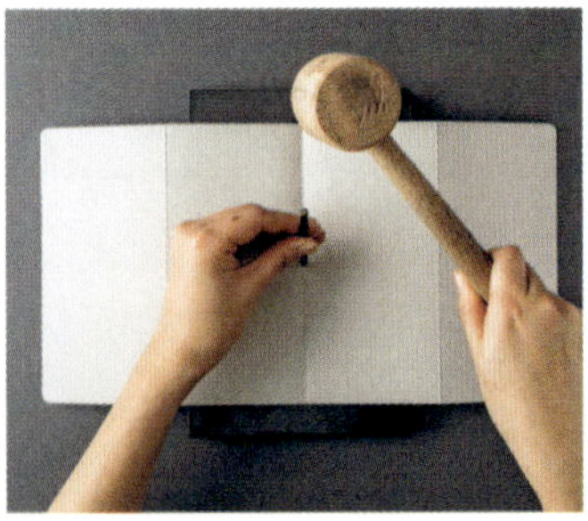

1. Den Deckel falzen. Die Ecken mit einem Eckenrunder abrunden und das Loch für das Gummiband stanzen (Abb. A).

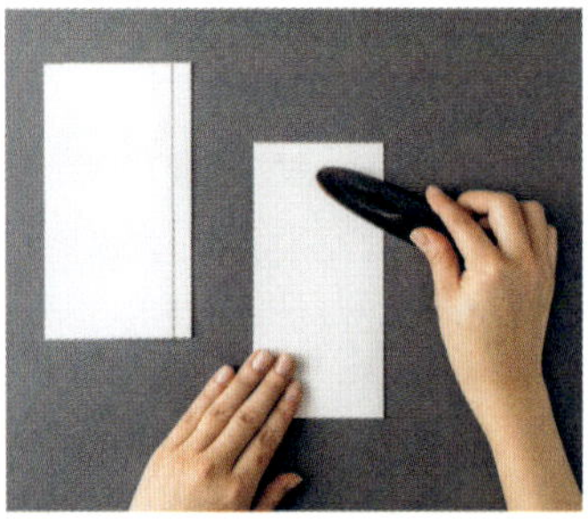

2. Die Papierbogen für den Buchblock falzen (siehe S. 17). Die Falten mit dem Falzbein flach streichen. Die Bogen wieder öffnen und ineinanderlegen.

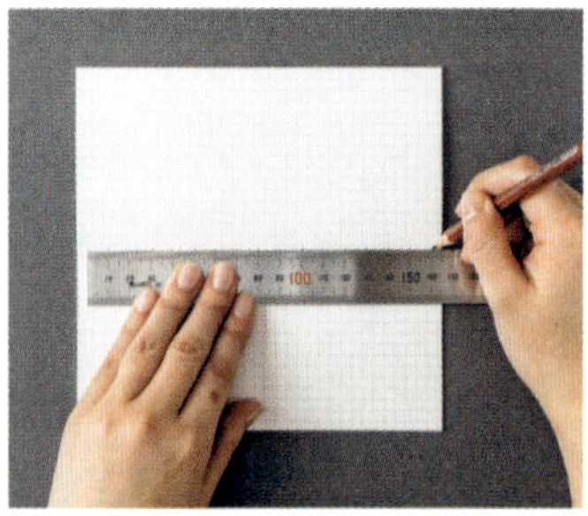

3. Die Markierungen für die Heftlöcher am Falz des innersten Bogens anbringen (Abb. B).

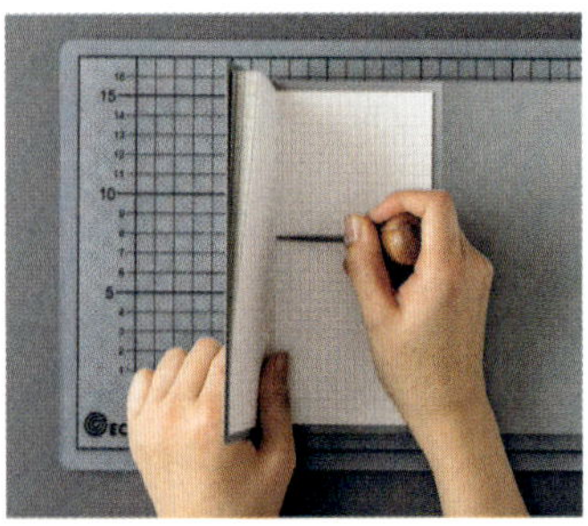

4. Den Buchblock in den Deckel legen und so ausrichten, dass die Randabstände überall gleich sind. Buchblock und Deckel im 90-Grad-Winkel halten und mit einer Ahle die Heftlöcher im 45-Grad-Winkel vorstechen.

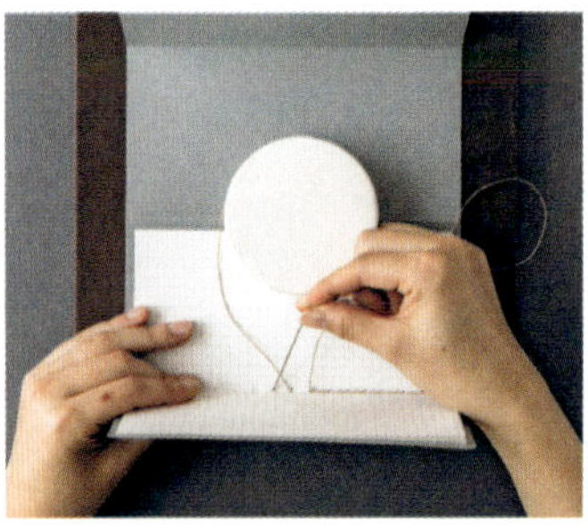

5. Den Buchblock in den Deckel heften (Abb. B; S. 20). Die beiden kleinen Notizbücher genauso arbeiten und einhängen (Schritte 2–5 wiederholen).

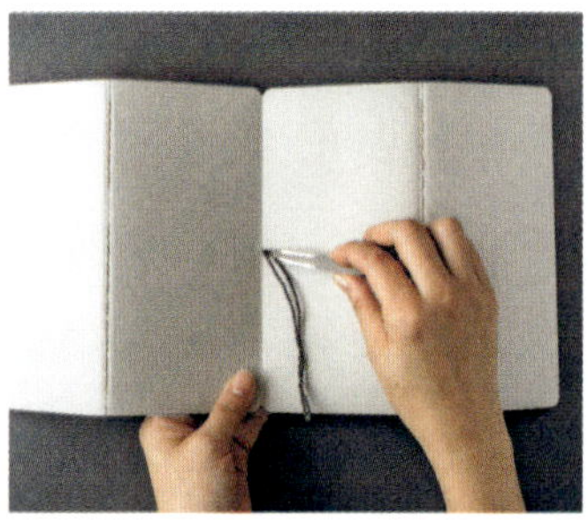

6. Das Gummiband zu einer Schlaufe legen und von außen durch das vorgestanzte Loch fädeln. Der Schlaufenknoten hält das Band an Ort und Stelle.

#02

BRIEFMAPPE MIT KLEMMSCHIENE

Die ideale Lösung für mehrseitige Briefe

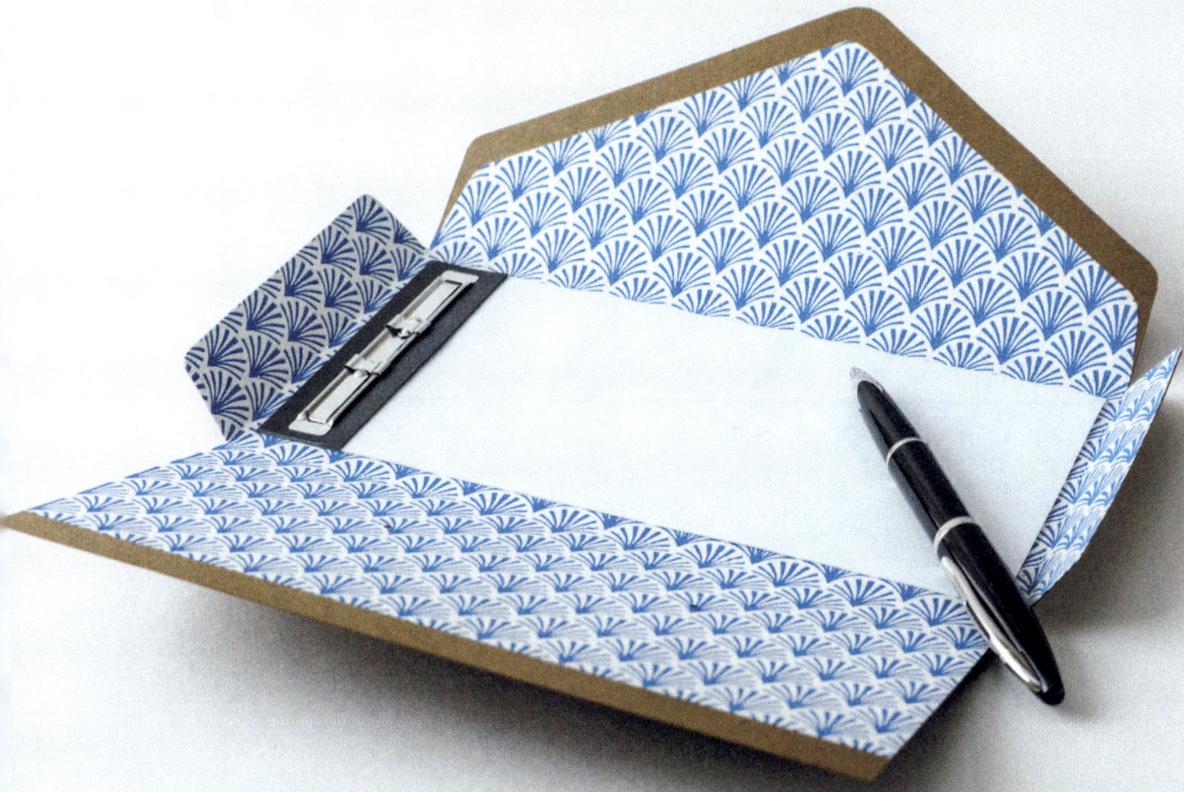

Brief und Umschlag bilden hier eine Einheit. Der mit einer Klemmschiene befestigte Brief wird durchgeblättert wie ein Notizblock. Besonders ansprechend wirkt die Briefmappe mit einem schlichten Außenumschlag und einem bunten Futterpapier, das erst beim Öffnen zum Vorschein kommt.

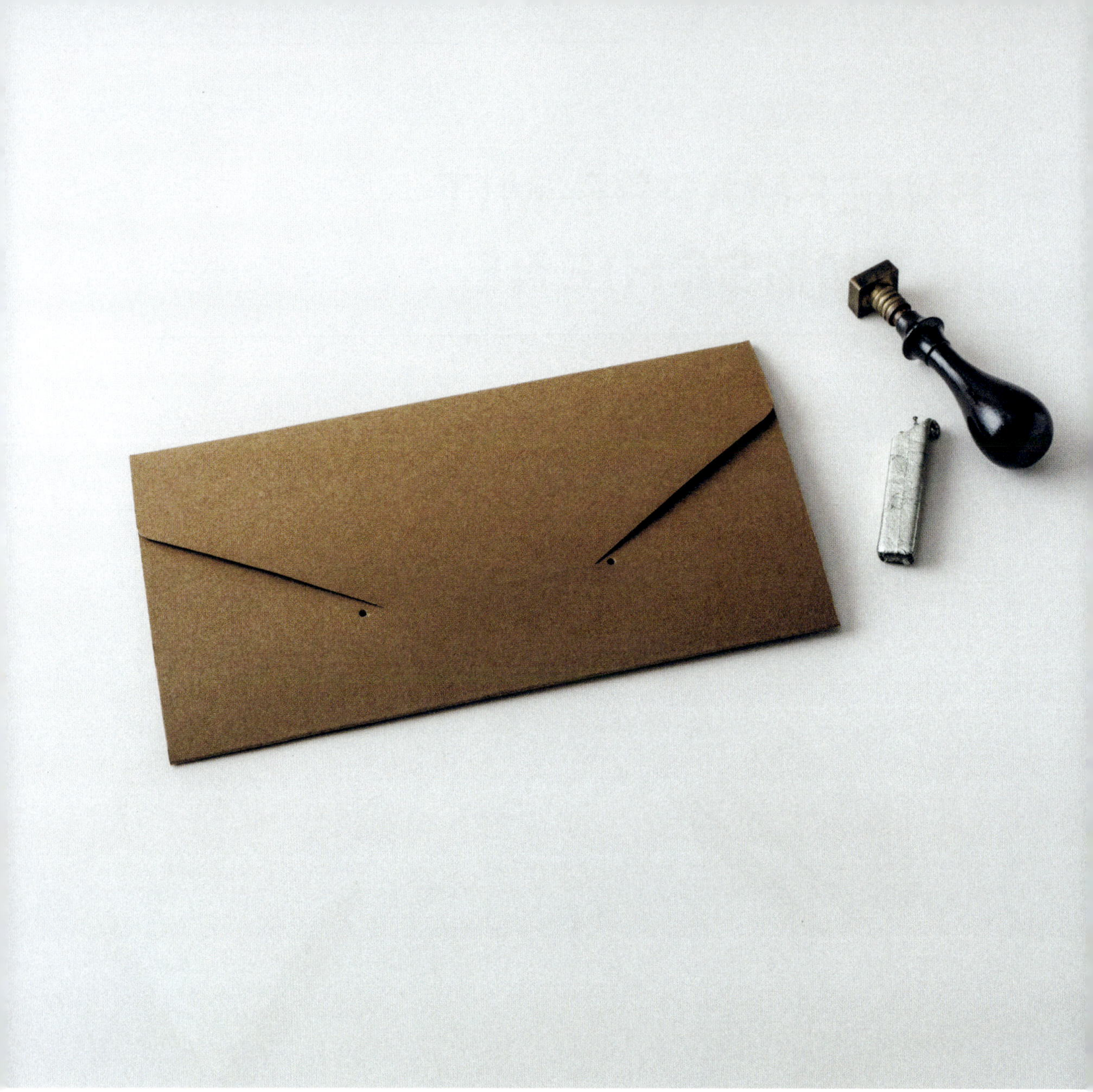

Materialien

- Umschlag: 1 Bogen Papier (230 g/m^2), 320 × 260 mm ⓐ
- Futter: 1 Bogen Papier (z. B. Geschenkpapier), 295 × 260 mm ⓑ
- Brief: 5–10 Bogen Papier, 100 × 200 mm ⓒ
- Kopfteil: 1 Bogen Papier, 100 × 60 mm ⓓ
- 1 Klemmschiene

Größe

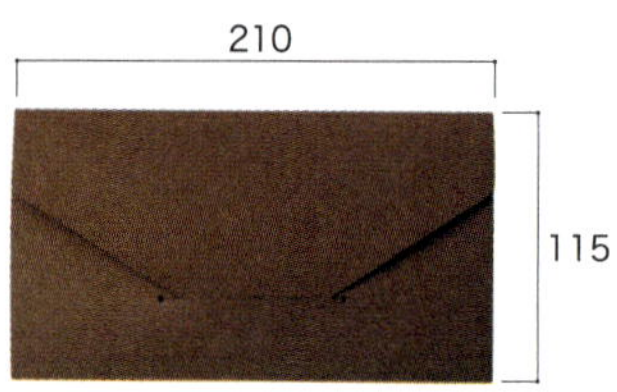

Konstruktionszeichnungen

Abb. A (Umschlag)

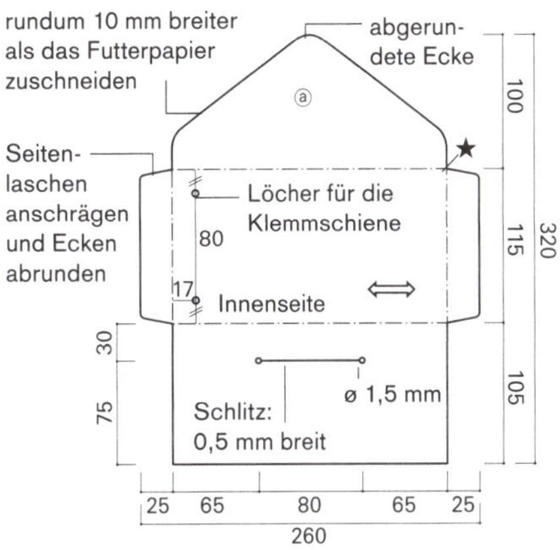

Abb. B (Futter)

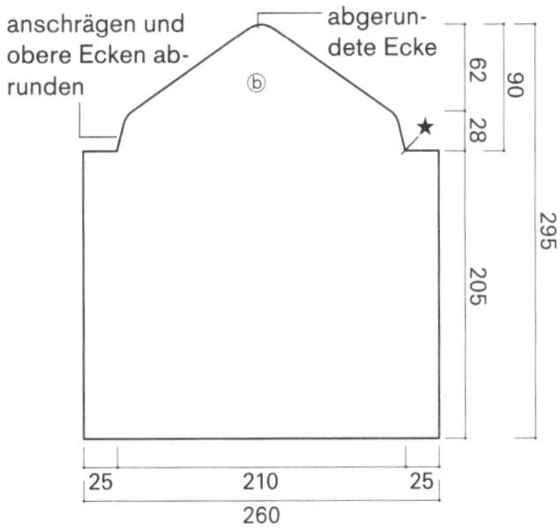

Abb C. (Kopfteil)

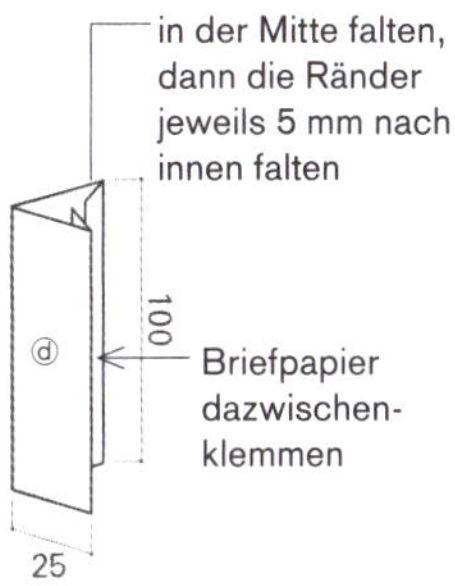

Anleitung

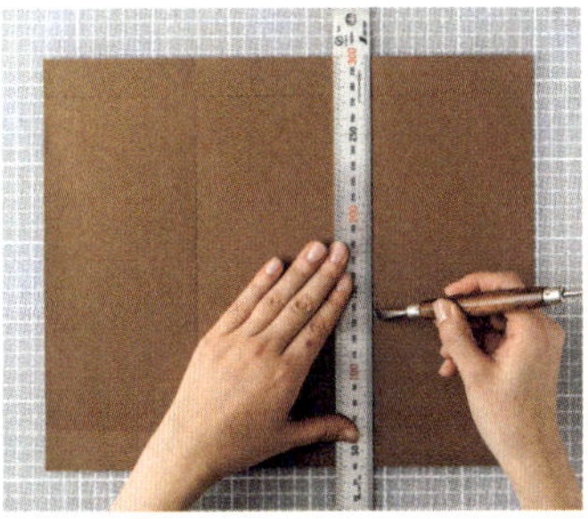

1. Die Falzlinien des Umschlagpapiers ⓐ anreißen und vorfalzen (Abb. A).

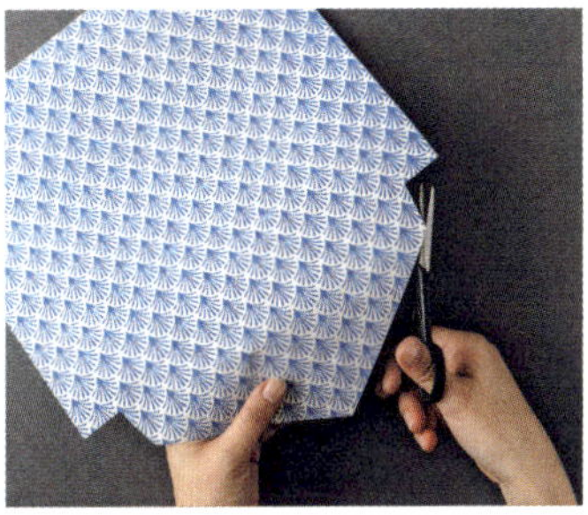

2. Das Futterpapier ⓑ zuschneiden (Abb. B). Die Ecken der Lasche mit der Schere abrunden.

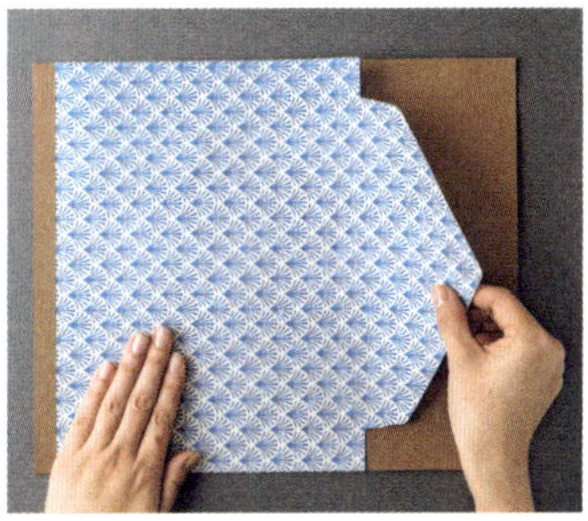

3. Stärkekleber auf die Innenseite des Umschlagpapiers und auf die Rückseite des Futters auftragen, das Futter an den eingezeichneten Markierungen ausrichten (Abb. A und B), aufkleben und glatt streichen. Mit einem Gewicht beschweren und über Nacht trocknen lassen.

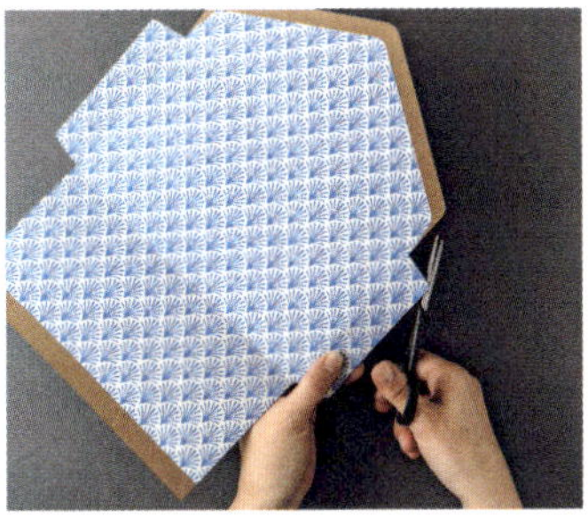

4. Die Ecken der Lasche mit der Schere abschneiden und abrunden (Abb. A).

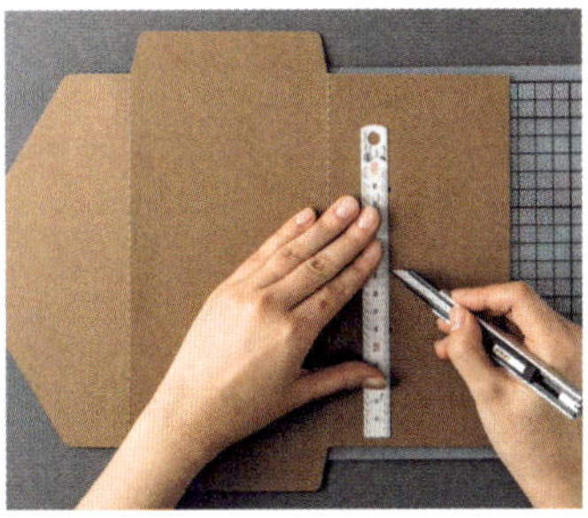

5. Einen Schlitz für die Lasche anbringen (siehe S. 16). Anschließend Löcher für die Klemmschiene stanzen (Abb. A).

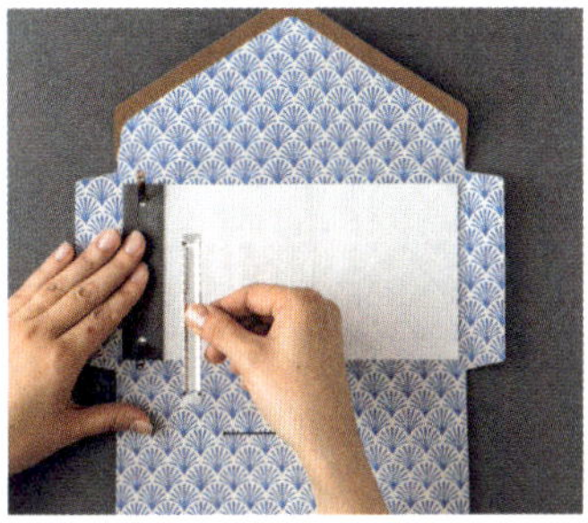

6. Das Briefpapier ⓒ in das gefaltete Kopfteil ⓓ stecken. Die Löcher für die Klemmschiene stanzen – entweder mit einem Locheisen oder einem Locher. Die Klemmschiene einsetzen.

#03

MEMOBLOCK

Ein Memoblock im Retro-Look

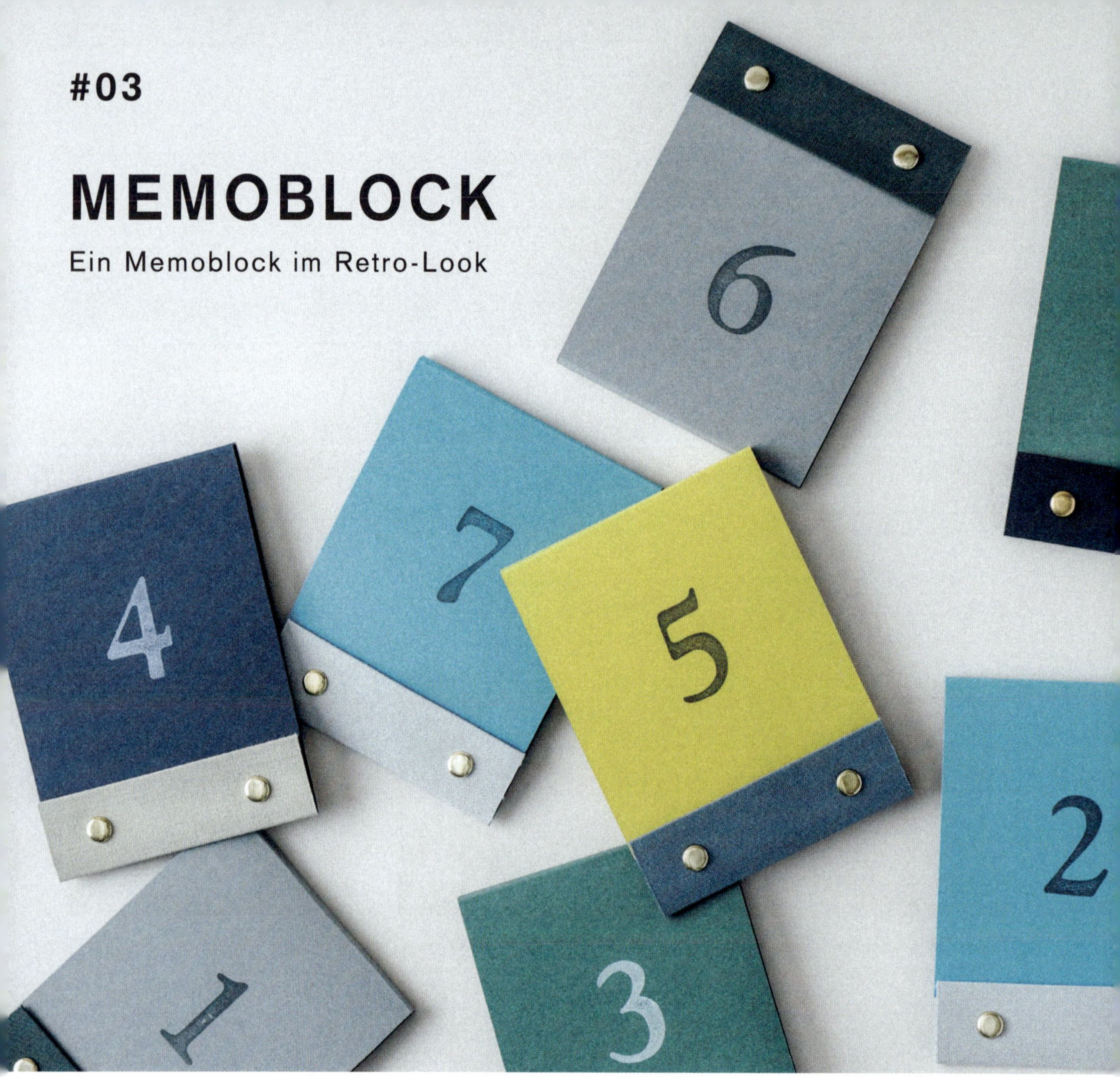

Dieser Memoblock sieht aus wie eine altmodische Streichholzschachtel. Die durch häufiges Öffnen und Schließen stark beanspruchte Befestigung ist mit Bucheinbandgewebe verstärkt. Die Blätter werden mit Musterbeutelklammern fixiert, sodass die Deckel immer wieder verwendet werden können, ein DIN-A4-Papier ergibt acht Bogen.

Materialien

- Deckel: 1 Bogen Papier (230 g/m^2), 85 × 240 mm
  (hier wurde Kompositpapier verwendet)
- Bucheinbandgewebe, 50 × 95 mm
- Buchblock: etwa 30 Bogen Papier (z. B. Druckerpapier), 105 × 74 mm (DIN-A7)
- 2 Musterbeutelklammern

Größe

Konstruktionszeichnungen

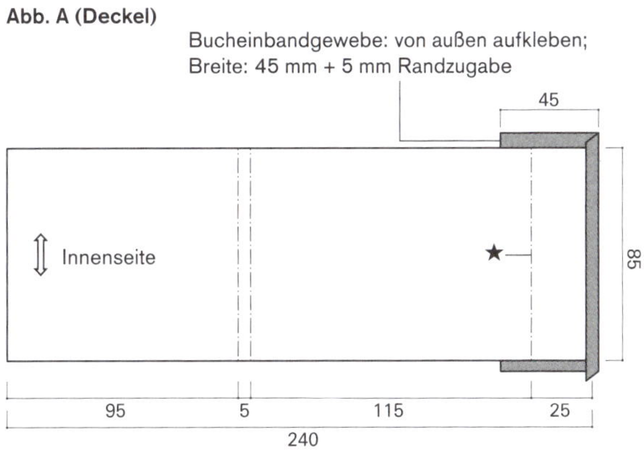

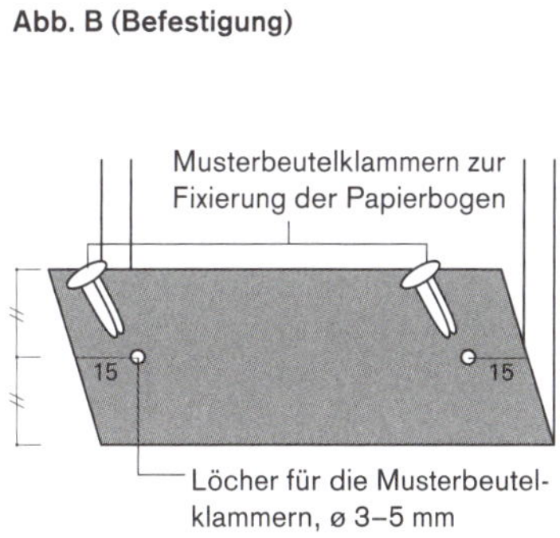

Anleitung

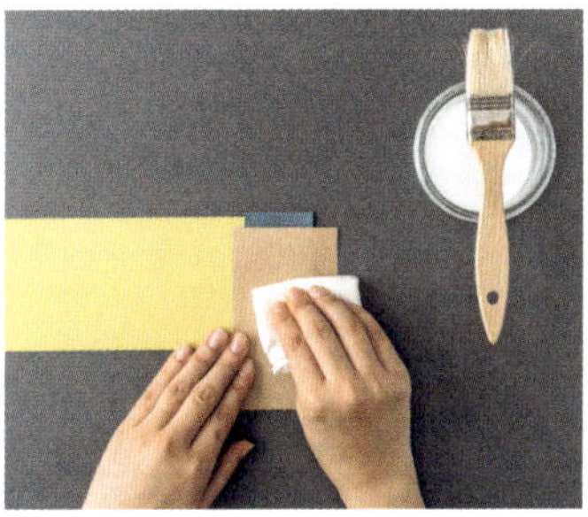

1. Stärkekleber auf die Rückseite des Bucheinbandgewebes auftragen, das Gewebe auf den Deckel kleben (Abb. A) und glatt streichen. Mit einem Gewicht beschweren und trocknen lassen.

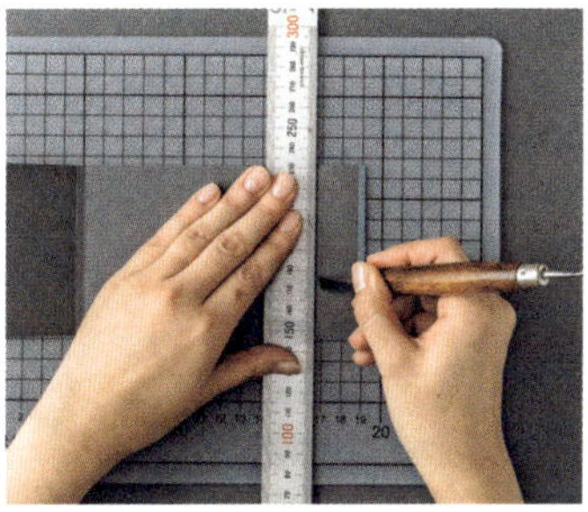

2. Das Bucheinbandgewebe bündig zum Deckel abschneiden und die Falzlinien anreißen (Abb. A).

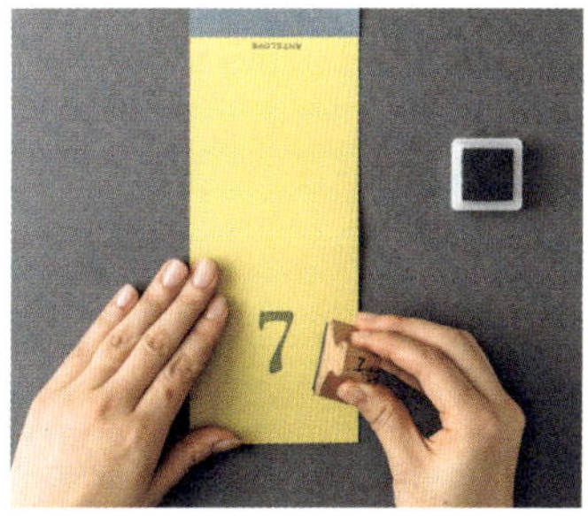

3. Auf die Vorderseite des Deckels ein beliebiges Stempelmotiv aufdrucken.

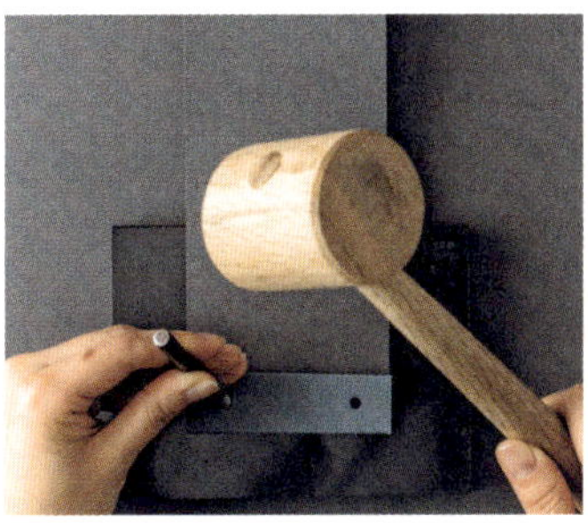

4. Die mit einem Stern gekennzeichnete Linie (Abb. A) falzen und die Löcher für die Musterbeutelklammern stanzen (Abb. B).

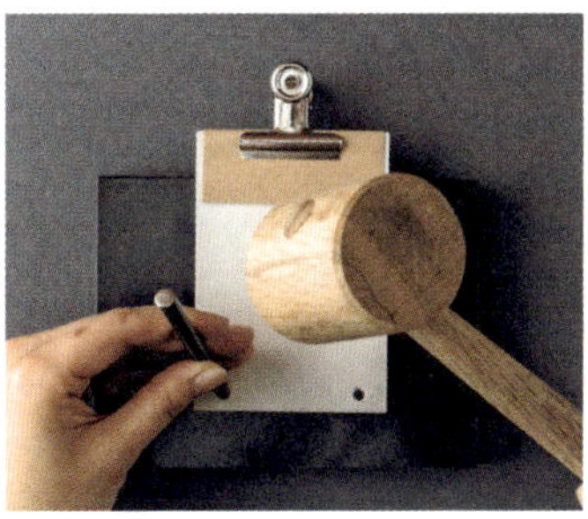

5. Die Papierbogen zwischen die Deckel schieben und auf dem obersten Blatt Markierungen für die Position der Musterbeutelklammern anbringen. Die Löcher stanzen und das Blatt als Schablone verwenden. Immer nur ein paar Blätter auf einmal lochen.

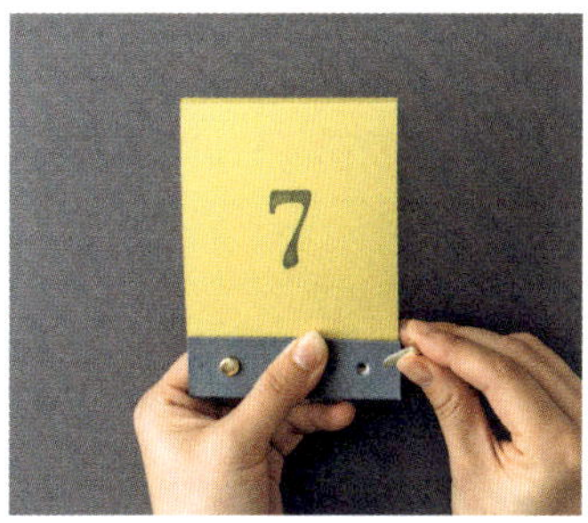

6. Die Papierbogen wieder zwischen die Deckel schieben und mit Musterbeutelklammern fixieren (Abb. B).

#04

NOTIZBLOCK

Ein bunter Block aus Papierresten

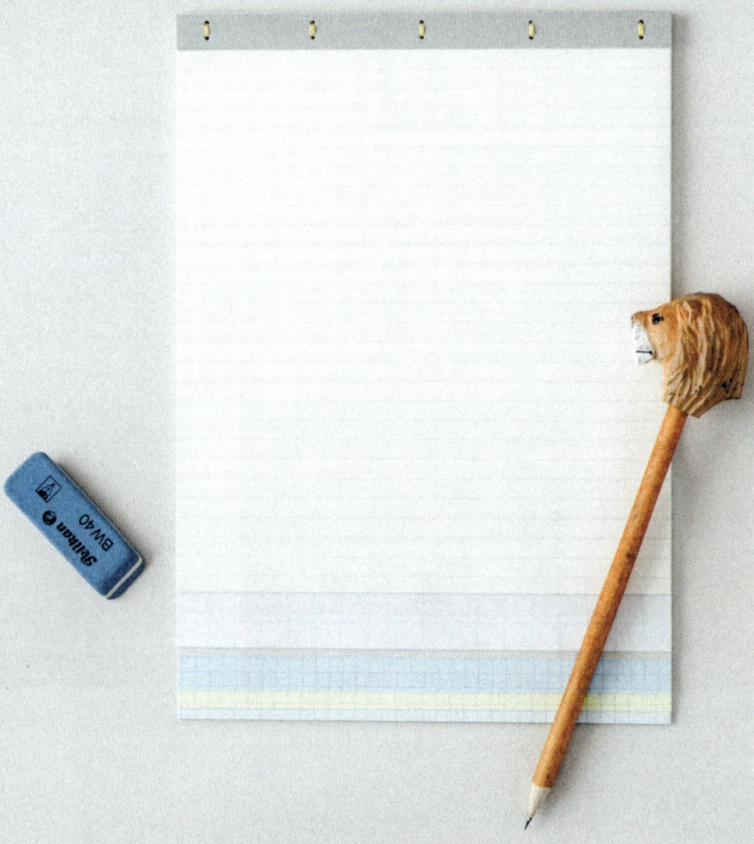

Dieser Block besteht ausschließlich aus Papieren, die von anderen Projekten übrig geblieben sind. Er ist mit fünf Stichen fein säuberlich geheftet. Um die unterschiedlichen Papierfarben schön zur Geltung zu bringen, habe ich Bogen in verschiedenen Größen verwendet.

Materialien

- Deckel: 1 Stück Karton (1 mm dick), 14 × 182 mm
- Basis: 1 Stück Karton (1 mm dick), 257 × 182 mm
- Buchblock: ca. 40 Bogen Papier (z. B. Notizbuchpapier), 200–257 × 182 mm (max. DIN-B5)
- Hanfgarn, Breite des Buchblocks × 3

Größe

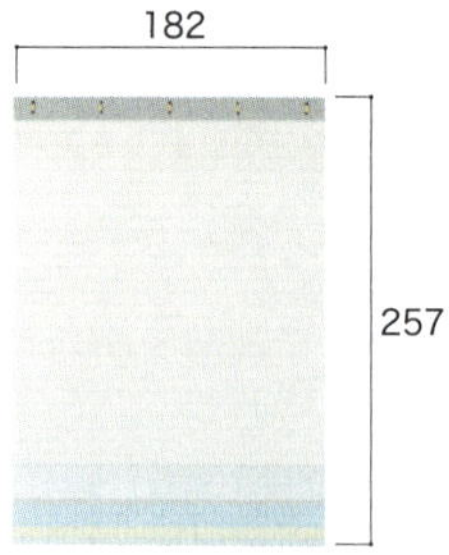

Konstruktionszeichnungen

Abb. A (Deckel aus Karton)

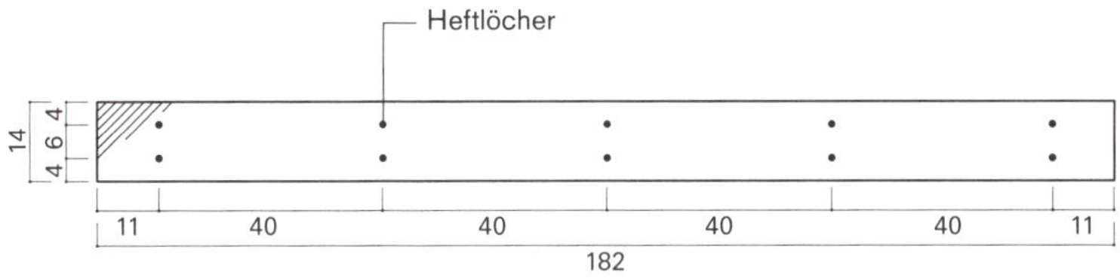

Abb. B (Heften)

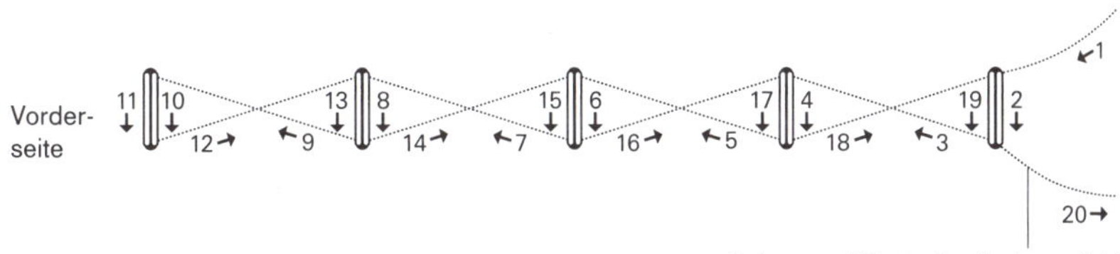

Anfang und Ende des Fadens dicht neben einem Heftloch mit einem Weberknoten sichern.

Anleitung

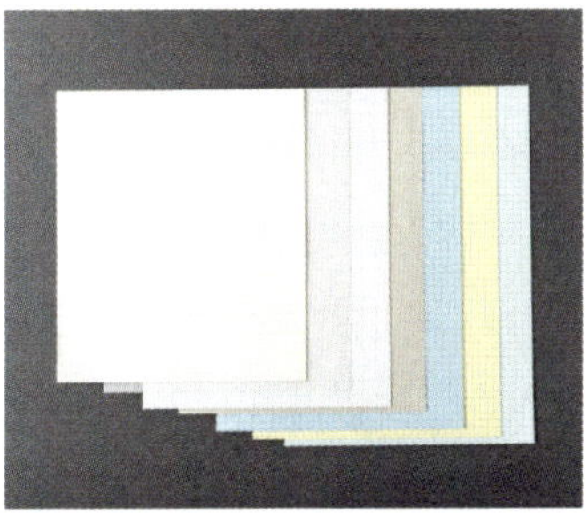

1. Die Papierbogen der Größe nach sortieren und aufeinanderlegen (der kleinste Bogen liegt oben, der größte unten).

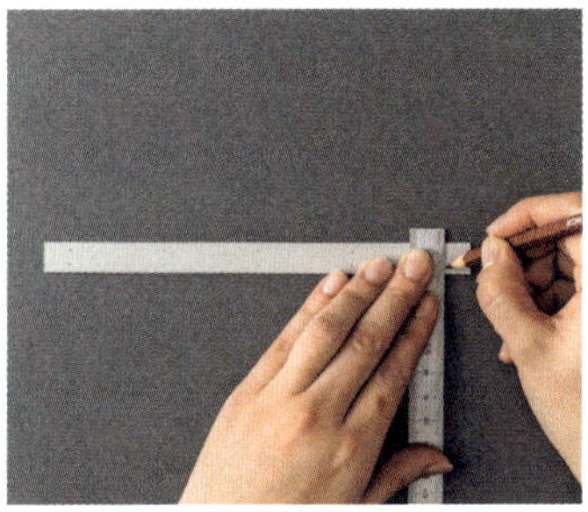

2. Die Position der Heftlöcher auf dem Deckel markieren (Abb. A).

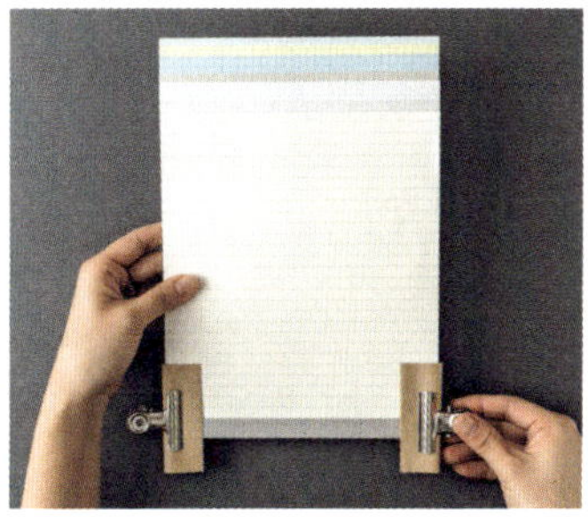

3. Den Notizblock zusammensetzen: Basis – Papierstapel – Deckel. Die Oberkante der Papierbogen bündig ausrichten und mit Mehrzweckklammern fixieren.

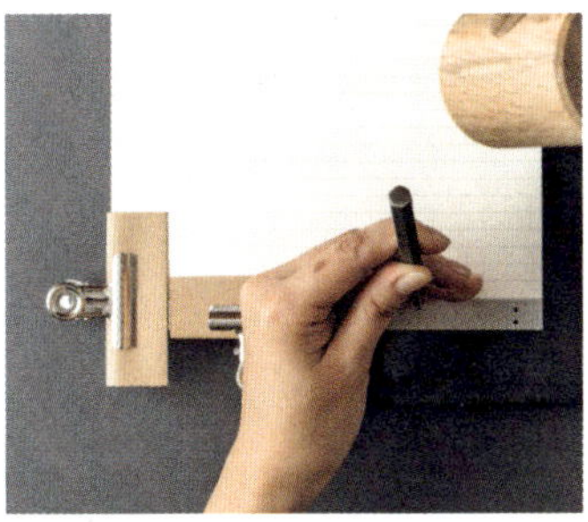

4. Die Heftlöcher einstanzen. Hierbei die Klammern nach Bedarf versetzen.

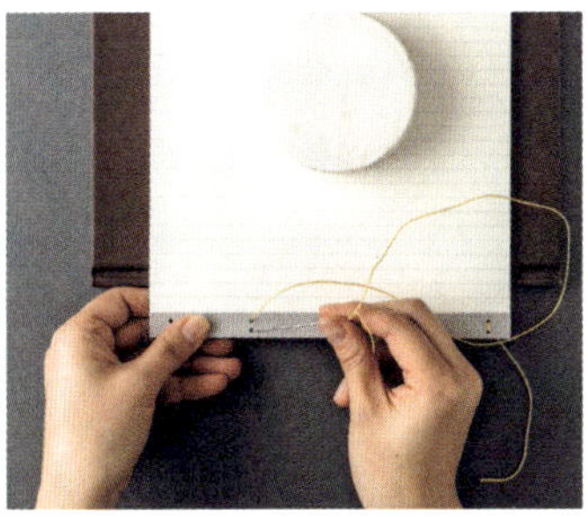

5. Den Block heften (Abb. B; S. 20).

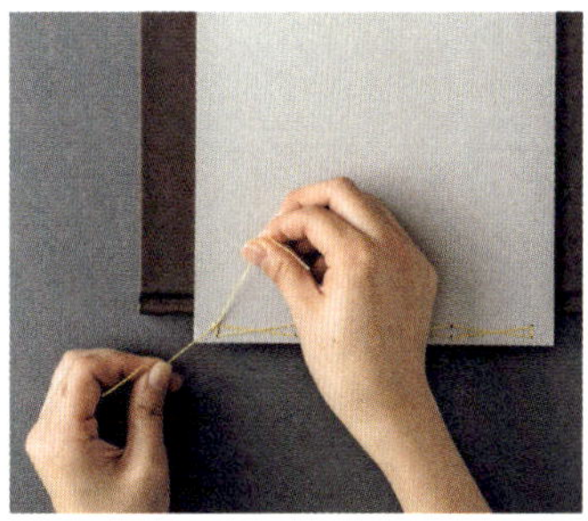

6. Die Fadenenden mit einem Weberknoten sichern und abschneiden. Die Spitze einer Ahle in PVA-Kleber tauchen und die Fadenenden und den Knoten in ein Loch schieben.

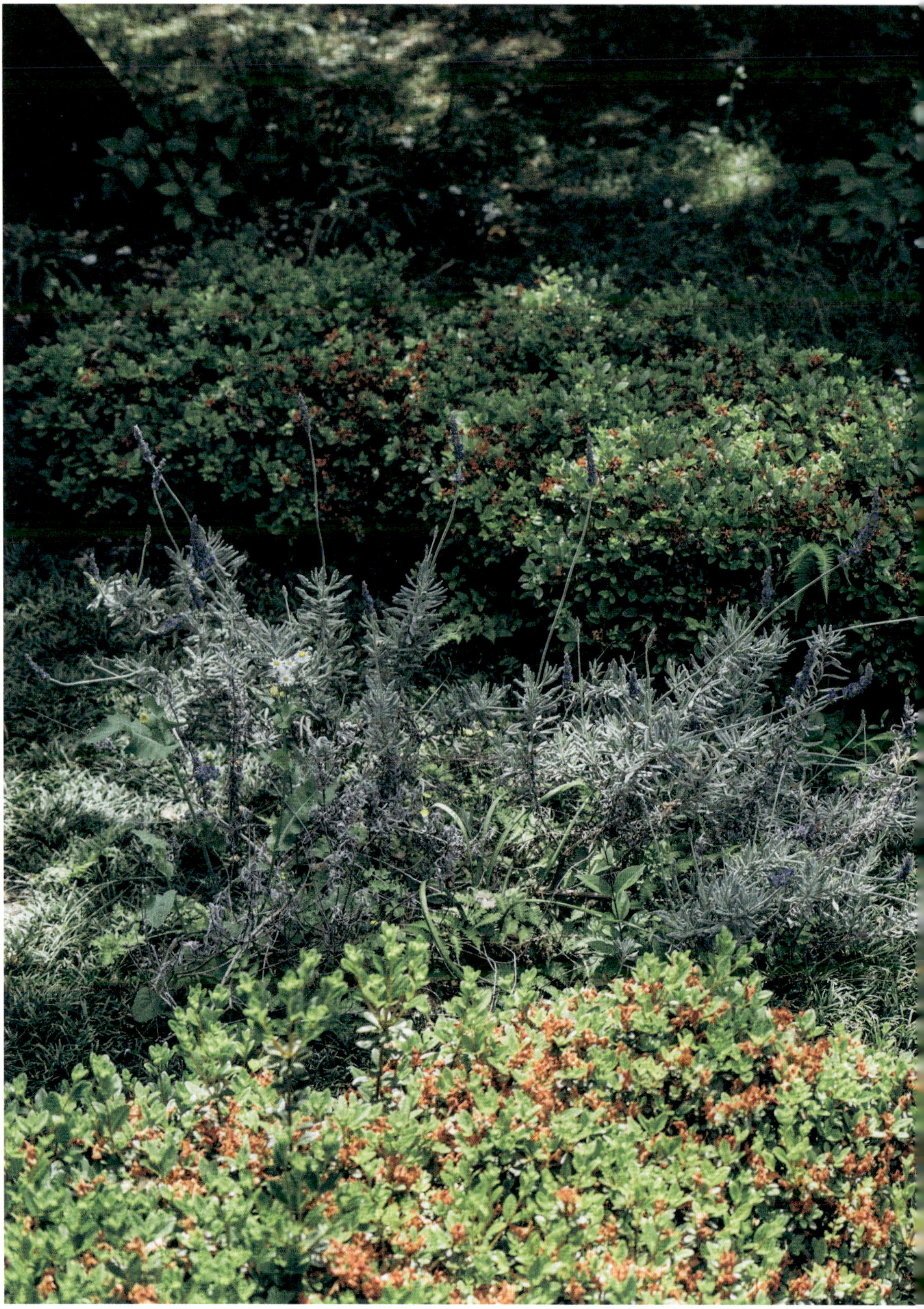

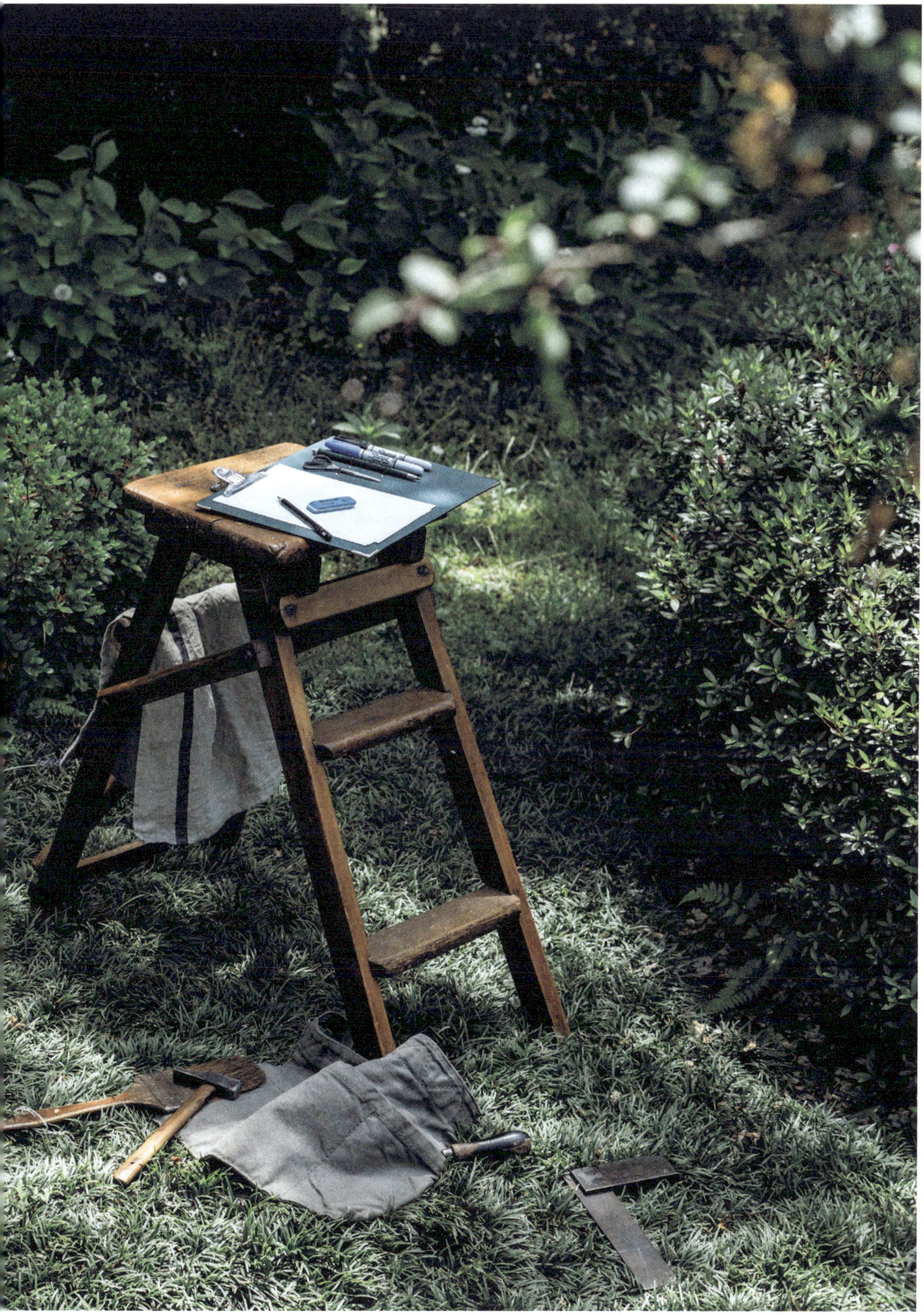

#10 KLEMMBRETT

#05

POSTKARTEN-KIT

Ein unentbehrlicher Begleiter auf Reisen

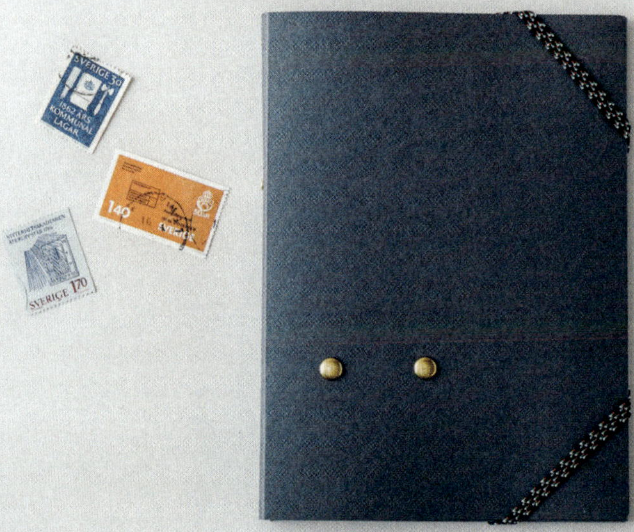

Auf Reisen versende ich gerne Post- oder Ansichtskarten, musste aber schon häufiger feststellen, dass ich keinen Stift oder keine Briefmarken dabei hatte, und gab auf. Deshalb habe ich mir ein handliches kleines Set gebastelt, das alles enthält, was ich brauche, und in jede Tasche passt.

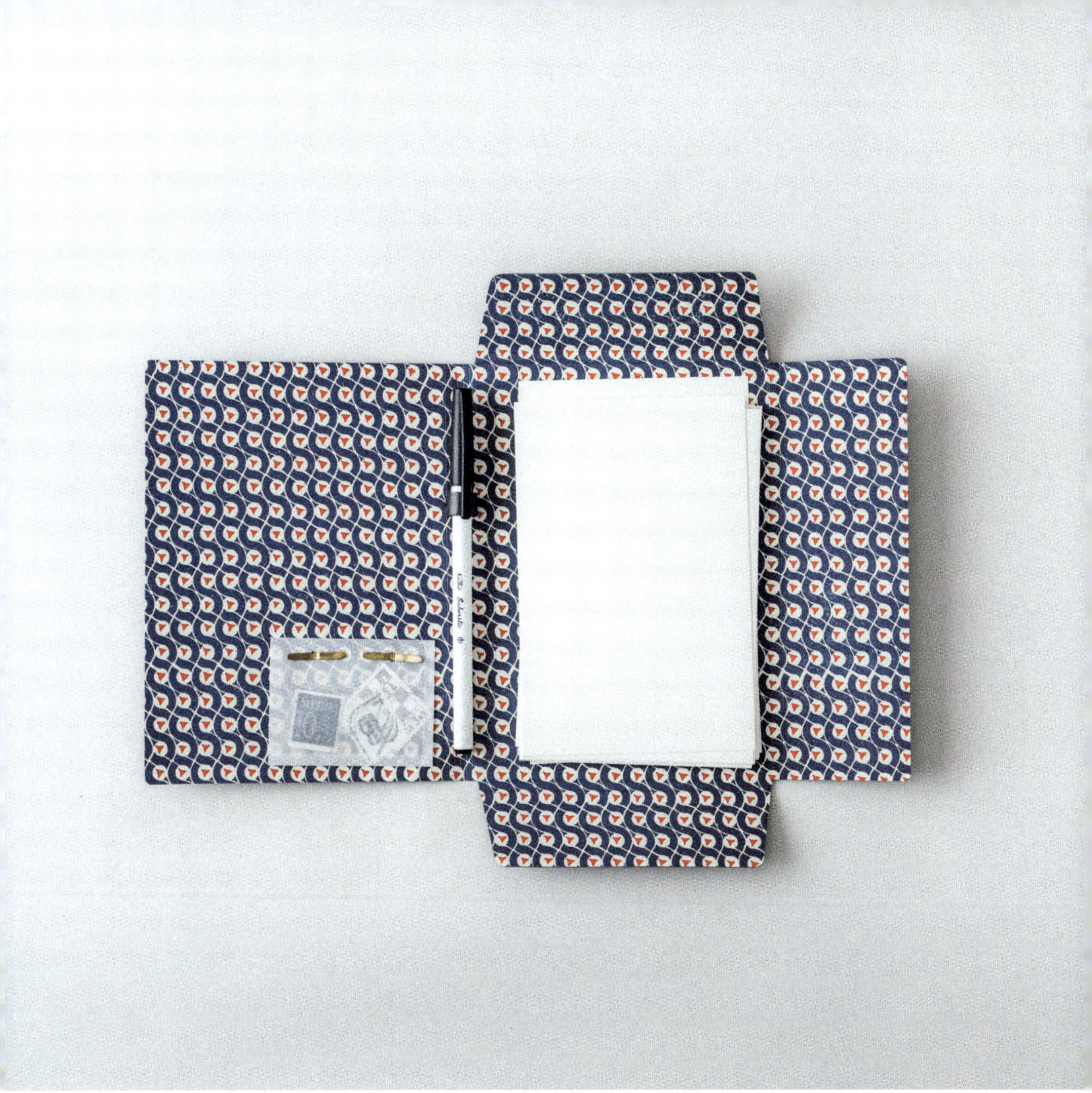

Materialien

- Mappe: 1 Stück Karton (350 g/m²), 255 × 331 mm (hier wurde Kompositpapier verwendet)
- 1 Bogen Pergamentpapier, 60 × 145 mm
- Lederband zum Fixieren des Stifts, 50 mm lang, 10 mm breit
- 2 flache Gummibänder, ca. 120 mm lang
- Doppelkopfniet, ø 5 mm
- 2 Musterbeutelklammern
- Ösen, 4 × 4 mm Innendurchmesser

Größe

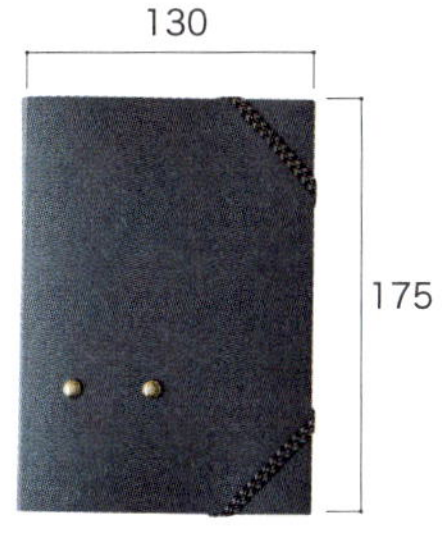

Konstruktionszeichnungen

Abb. A (Mappe)

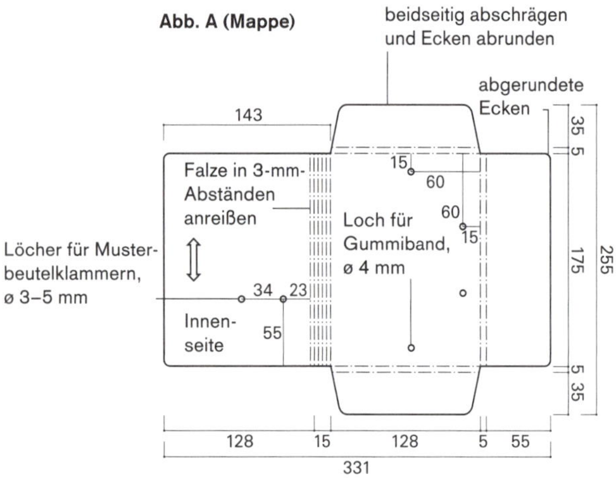

Abb. B (Stifthalter)

Den Lederstreifen zu einem Ring legen und die Enden mit PVA-Kleber zusammenkleben. Den Ring auf die Mappe setzen, das Loch für den Niet durch Papier und Leder stanzen, den Niet einsetzen und fixieren.

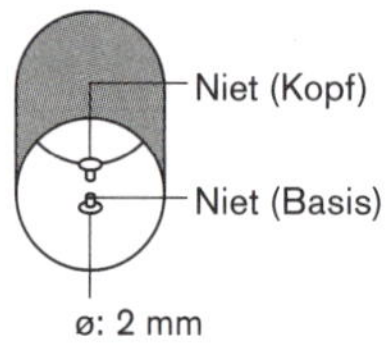

Abb. C (Briefmarkentasche)

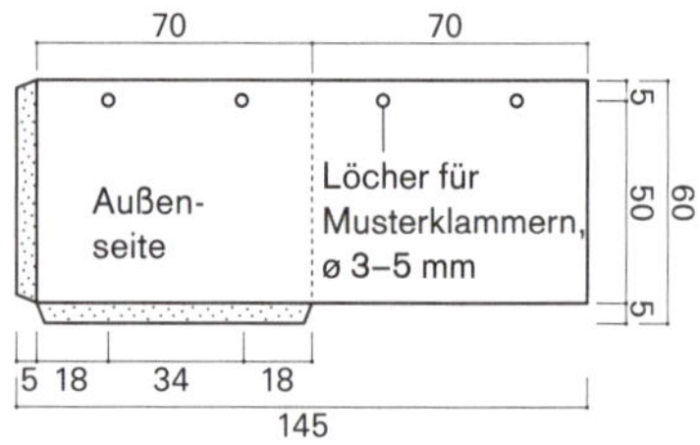

Anleitung

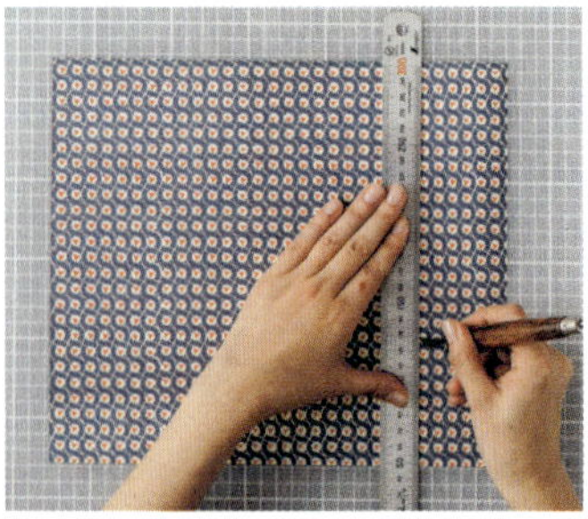

1. Die Falzlinien anreißen und vorfalten (Abb. A).

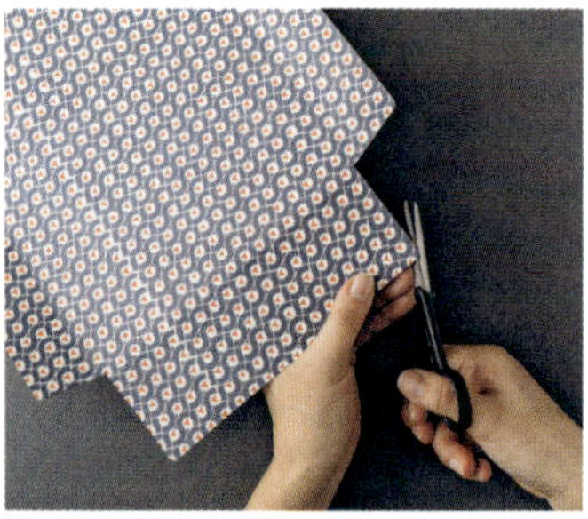

2. Die Mappe exakt zuschneiden (Abb. A) und die Ecken mit einer Schere abrunden.

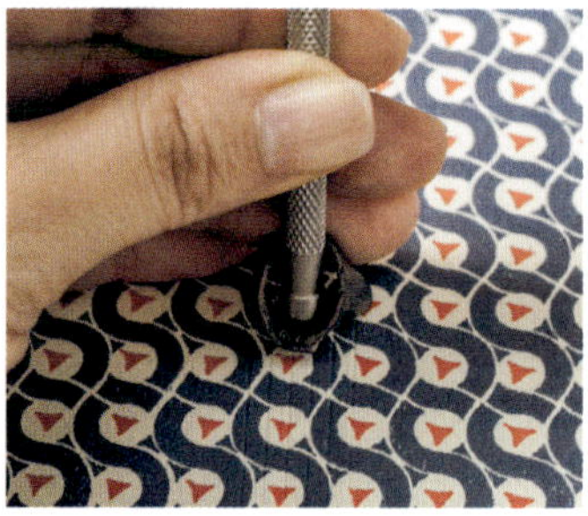

3. Das Lederband (den Stifthalter) an passender Stelle mit einem Doppelkopfniet fixieren (Abb. B).

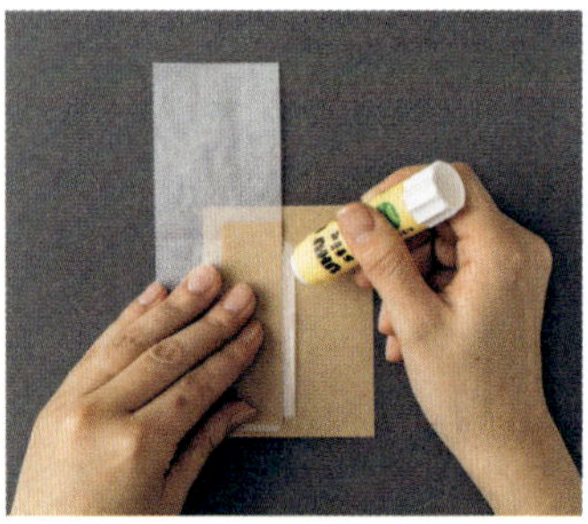

4. Das Pergamentpapier zuschneiden. Klebstoff auf die Klebelaschen auftragen und das Papier zu einer Tasche zusammenkleben (Abb. C).

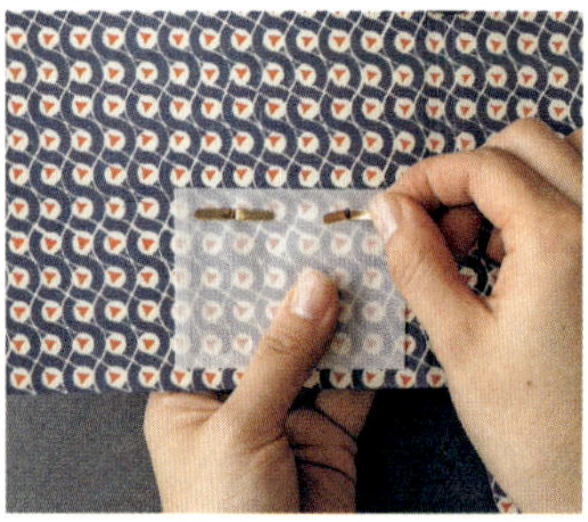

5. Die Briefmarkentasche an passender Stelle auf die Mappe legen. Die Löcher für die Musterbeutelklammern durch Tasche und Mappe stanzen und die Tasche mit den Musterbeutelklammern fixieren.

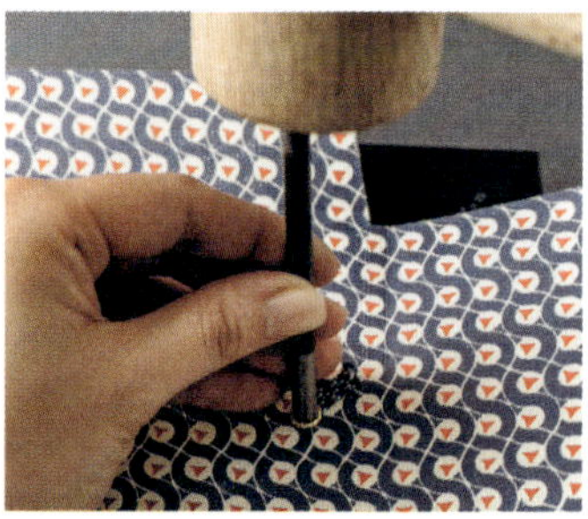

6. Löcher für die Gummibänder in den Einband stanzen. Die Bänder einfädeln (ohne sie zu verdrehen) und mit Ösen fixieren (siehe S. 21).

#06

MINIATURBUCH

Ein winziges Notizbuch für die Handtasche

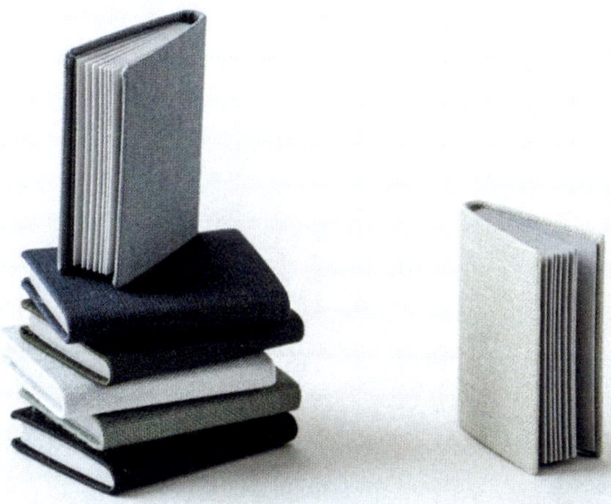

Dieses Büchlein ist zwar winzig, aber dennoch ein echtes Hardcover. Wenn es erst einmal fertig ist, werden Sie sicher noch weitere Exemplare basteln wollen, um sie nebeneinander ins Regal zu stellen – oder, mit persönlichen Glückwünschen versehen, zu verschenken. Die Idee für dieses Projekt entstand, als ich eine sinnvolle Verwendungsmöglichkeit für übrig gebliebenes Bucheinbandgewebe suchte. Der Buchblock ist als Leporello gearbeitet und wird eingeklebt.

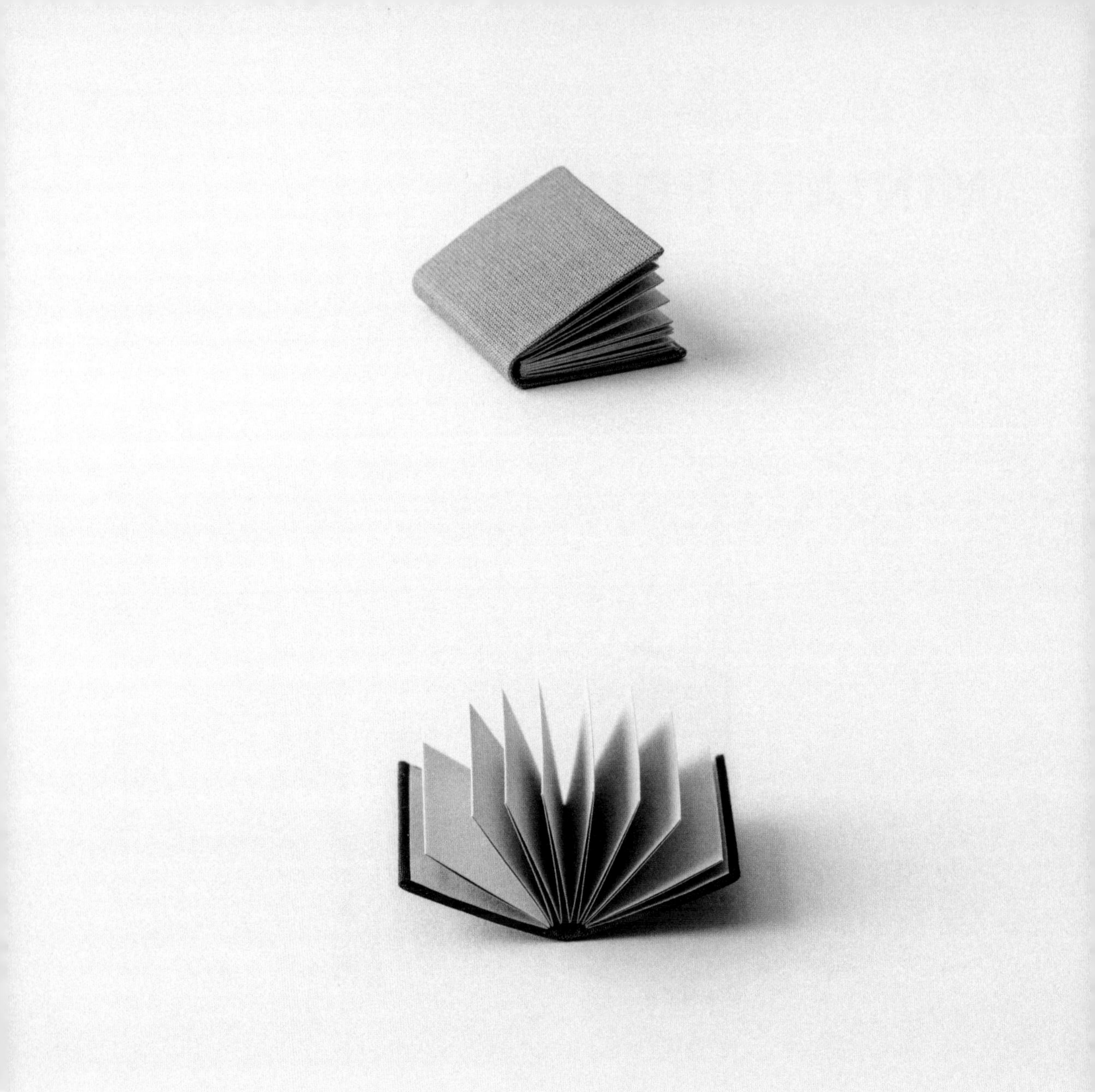

Materialien

- Bucheinbandgewebe, 52 × 76 mm
- Deckel: 1 Bogen Papier (230 g/m^2), 36 × 60 mm
- Buchblock: 1 Bogen Papier (115 g/m^2), 40 × 460 mm (nach dem Falten 4 mm stark)

Größe

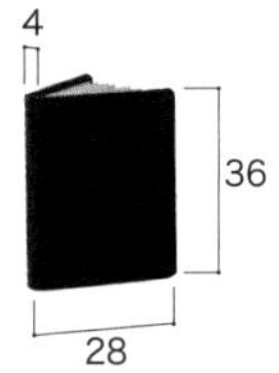

Konstruktionszeichnungen

Abb. A (Buchblock)

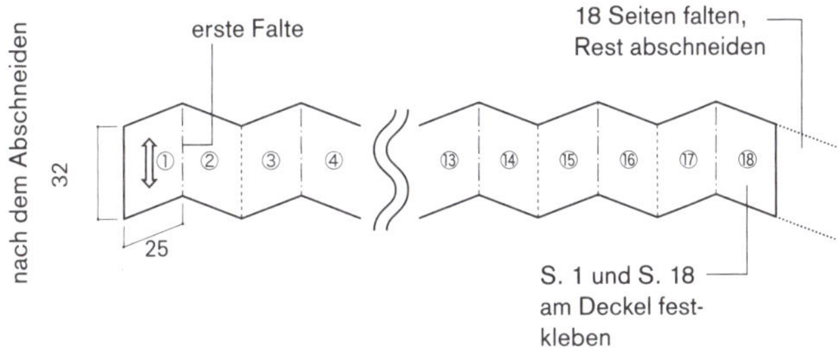

Abb. B. (Deckel)

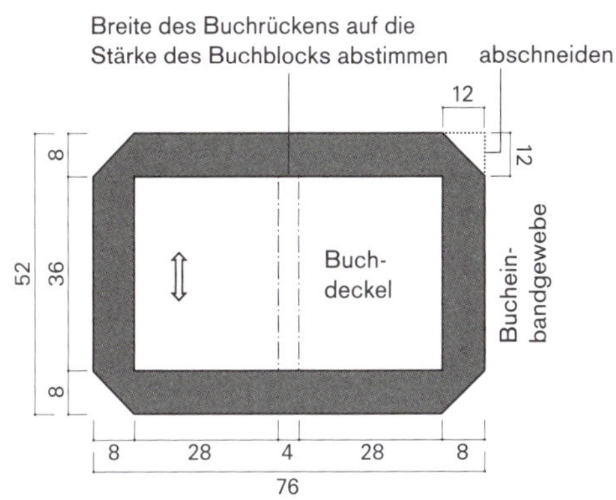

Anleitung

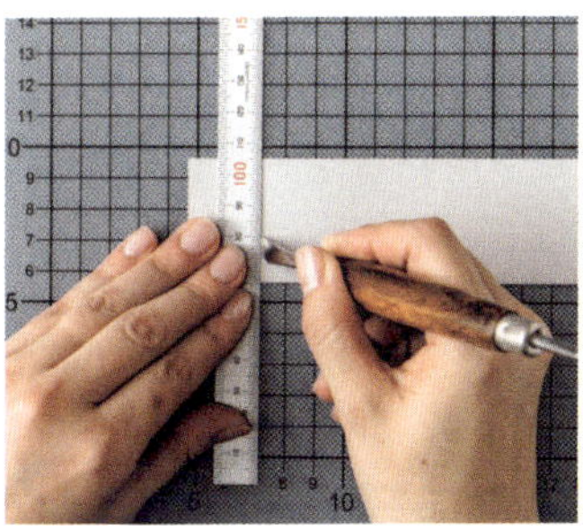

1. Den ersten Falz für den Buchblock anreißen und falten (Abb. A).

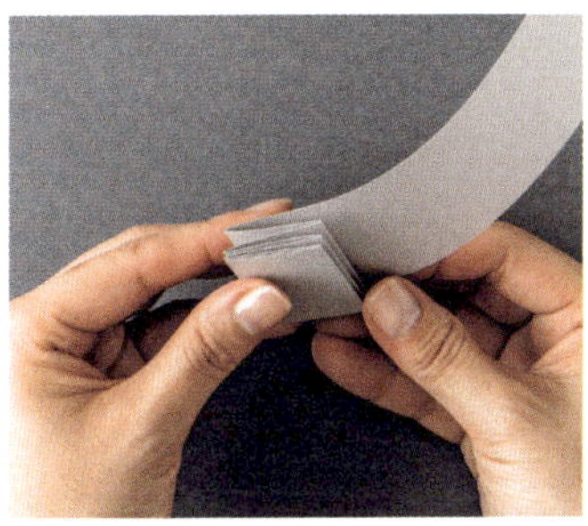

2. Den Buchblock als Leporello falzen. Dabei auf die passgenaue Ausrichtung der Falzkanten achten (eventuelle Überstände an Ober- und Unterkante ignorieren).

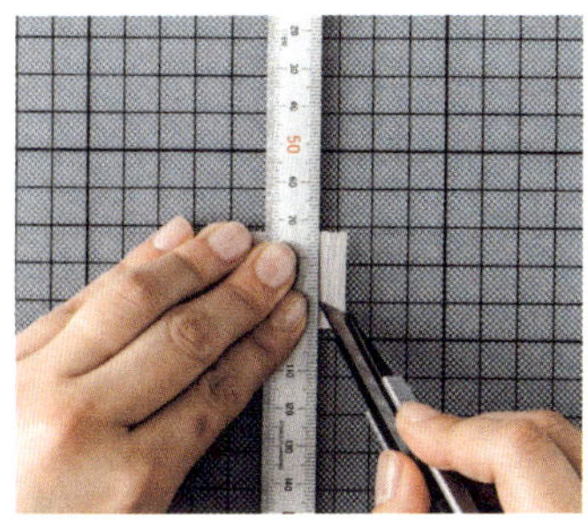

3. Den Buchblock auf 32 mm Höhe zuschneiden.

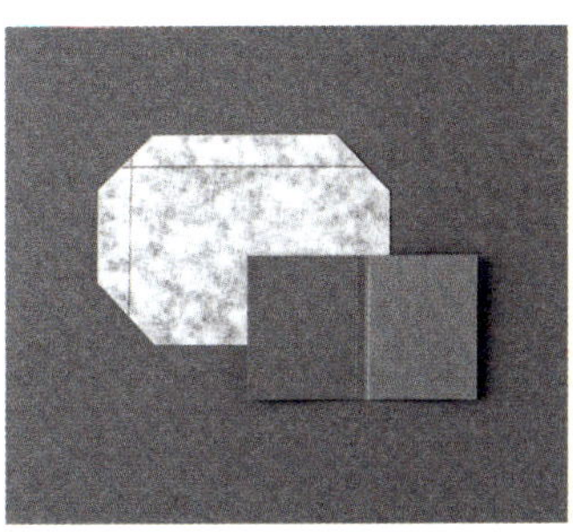

4. Auf der Rückseite des Bucheinbandgewebes in 8 mm Abstand vom linken und oberen Rand zwei Linien einzeichnen. Die Ecken schräg abschneiden. Die Falze auf dem Buchdeckel anreißen (Abb. B).

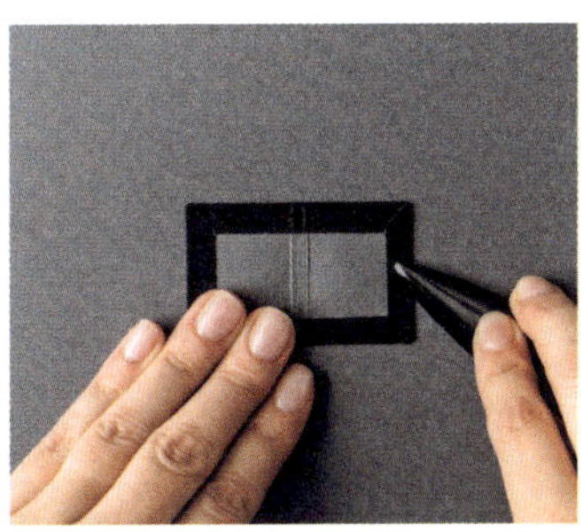

5. Stärkekleber auf die Rückseite des Bucheinbandgewebes auftragen, den Buchdeckel auflegen und einschlagen (siehe S. 19). Wenn der Leim angetrocknet ist, das Buch entlang der Falzlinien falten.

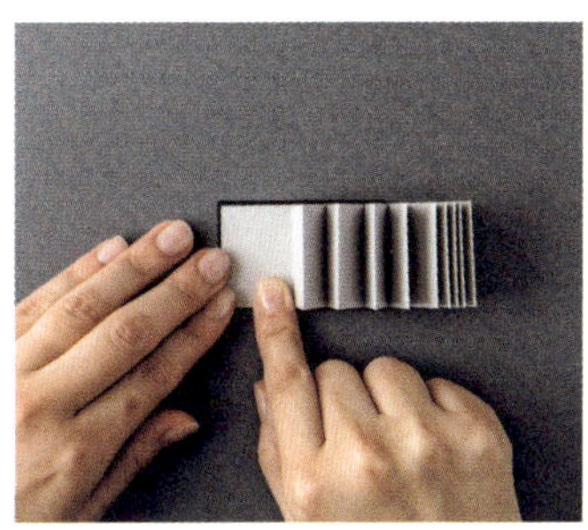

6. Stärkekleber auf die Rückseiten von S. 1 und S. 18 des Leporellos auftragen. Das Leporello mit gleichmäßigen Randabständen in den Buchdeckel kleben. Das Papier sorgfältig glatt streichen, ein Gewicht auflegen und das Buch über Nacht trocknen lassen.

#07

DAUMENKINO

Praktischer Notizblock mit Gummiband

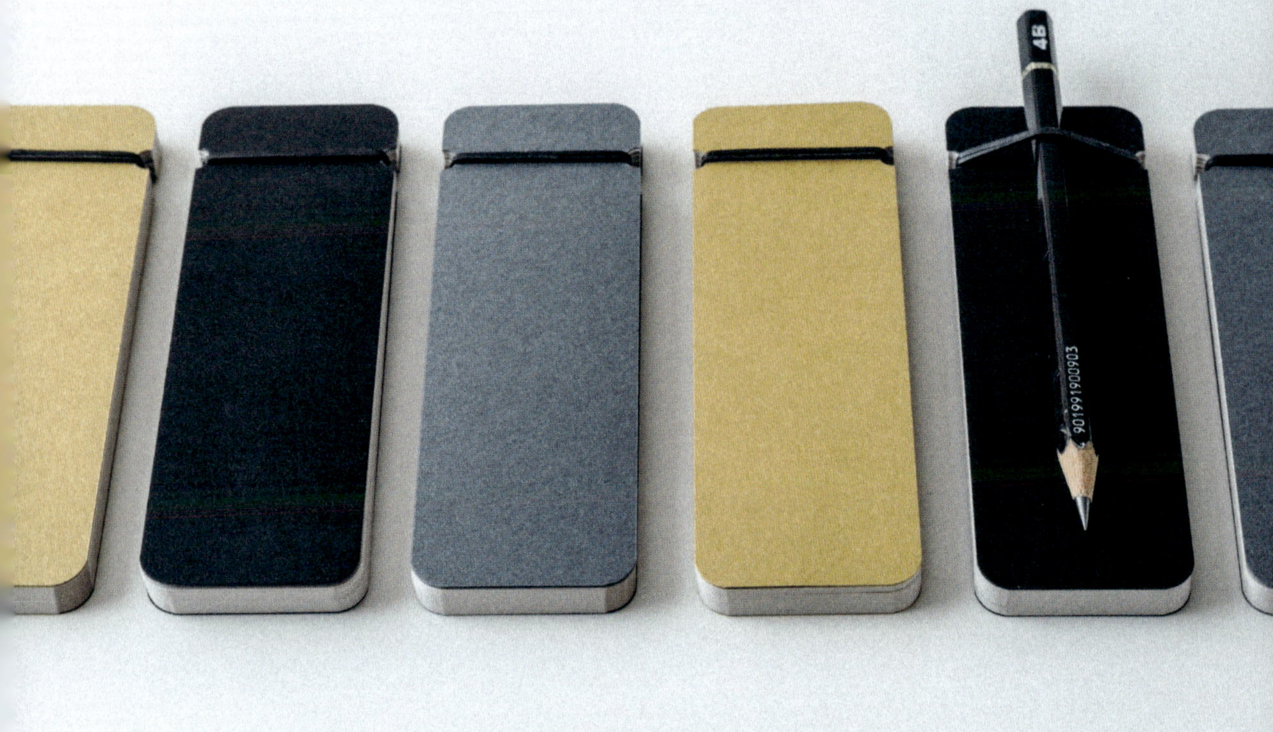

Ein Daumenkino enthält normalerweise eine Folge von Einzelbildern, die eine Geschichte erzählen. Die simple Konstruktion mit einem Gummiband ermöglicht das einfache Hinzufügen und Entfernen von Blättern. Dank seiner praktischen schmal-rechteckigen Form und seiner geringen Größe passt dieses „Büchlein", das sich auch als Notizblock eignet, in jede Tasche.

Materialien

- Deckel: 2 Bogen Papier (115 g/m^2), 40 × 120 mm
- Buchblock: mehrere Bogen Papier, 40 × 120 mm (Gesamthöhe des Stapels: 5–10 mm)
- 1 Gummiband

Größe

Konstruktionszeichnung

Abb. Deckel, Buchblock

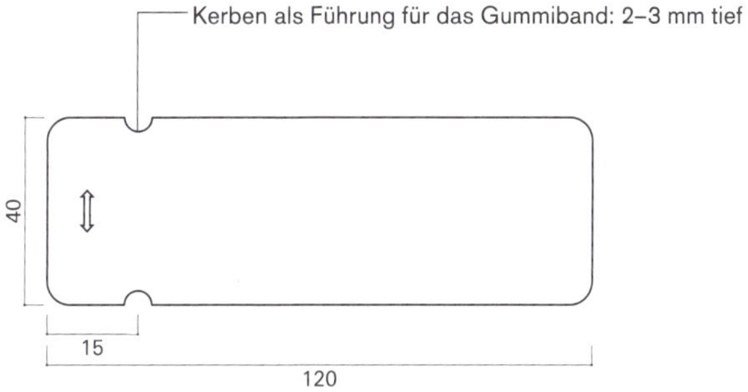

Anleitung

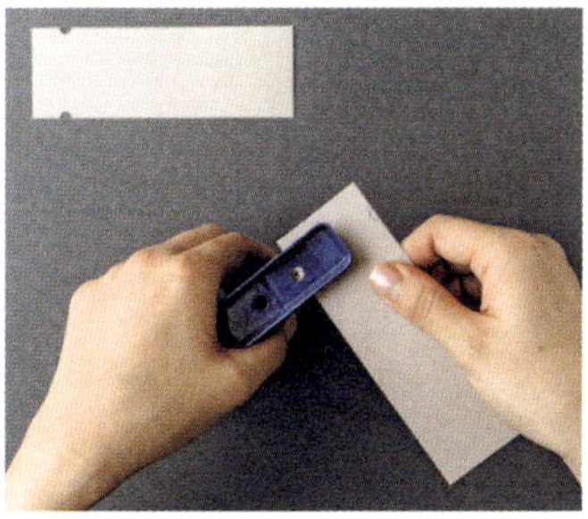

1. Mit einem Locher halbrunde Kerben in das Cover und den Buchblock stanzen (Abb.). Setzen Sie den Locher verkehrt herum an, so können Sie die Positionierung der Löcher besser kontrollieren. Verwenden Sie die erste Seite als Schablone, und stanzen Sie die übrigen Seiten portionsweise.

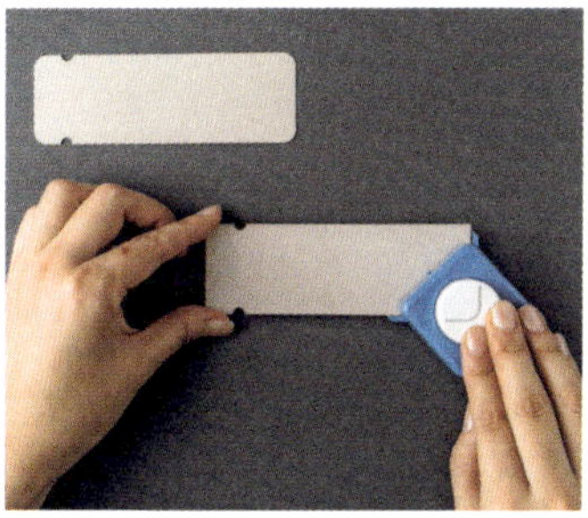

2. Alle Ecken mit einem Eckenrunder abrunden.

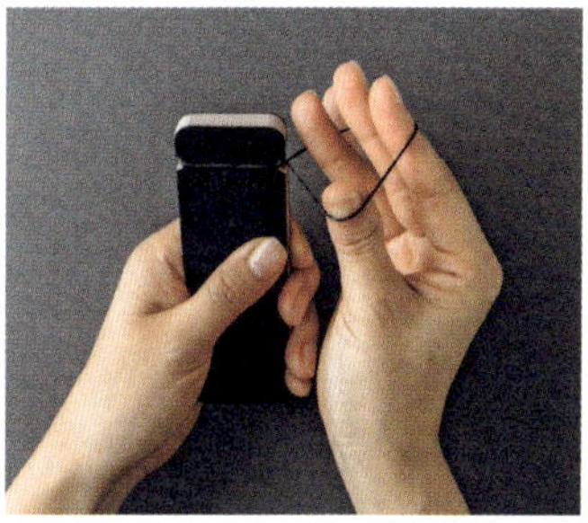

3. Den Buchblock zusammenfügen: Deckel – Buchblock –Deckel, und mit dem Gummiband fixieren.

#08

SKIZZENBUCH

Ein handgemachtes Buch für Bildideen und persönliche Notizen

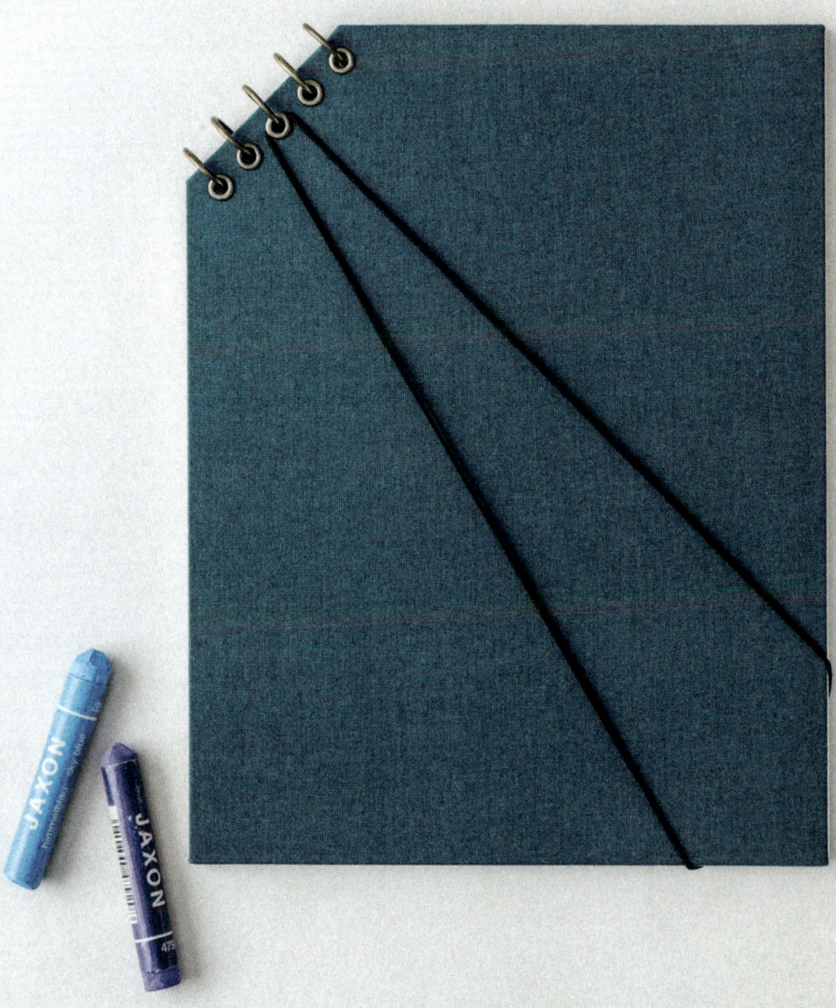

Dieses Skizzenbuch wird mit Biegeringen gebunden – Verbindungselementen, die in der Schmuckherstellung häufig zum Einsatz kommen. Den Buchblock können Sie aus Papieren Ihrer Wahl zusammenstellen, z. B. aus Zeichenpapier, Millimeterpapier, Packpapier und/ oder Transparentpapier. Das Gummiband verhindert, dass das Buch unterwegs aufblättert.

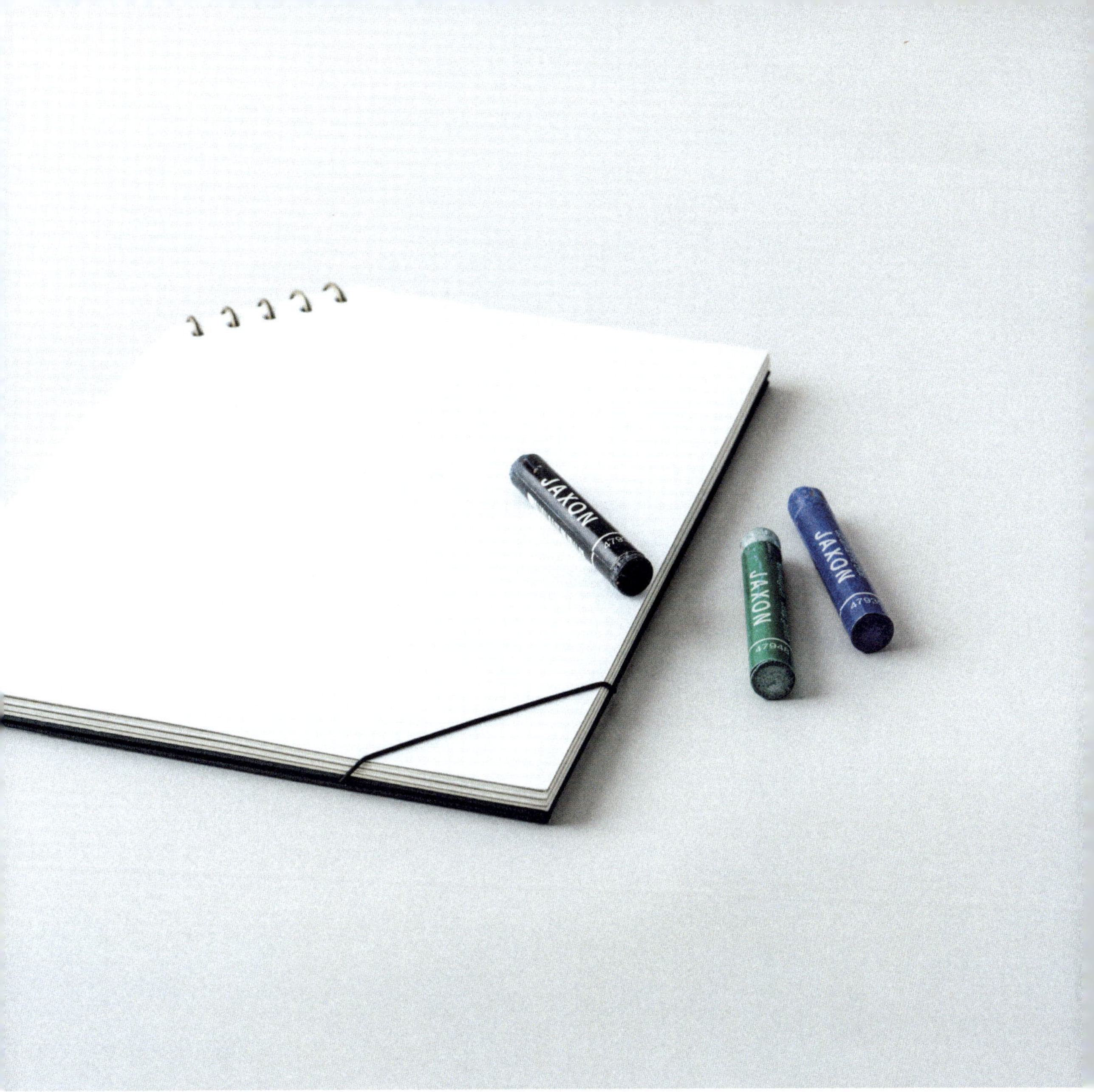

Materialien

- 2 Stücke Bucheinbandgewebe, 260 × 212 mm
- 2 Bogen Karton, 230 × 182 mm, 1 mm stark
- Futter: 2 Bogen Papier (z. B. Geschenkpapier), 224 × 176 mm
- Buchblock: mehrere Bogen Papier (z. B. Zeichenpapier, Millimeterpapier, Packpapier, Transparentpapier), je 230 × 182 mm, ausreichend für einen Buchblock von 4–5 mm Dicke
- 5 Biegeringe mit 15 mm Innendurchmesser
- 10 Ösen mit 4 mm Innendurchmesser

Größe

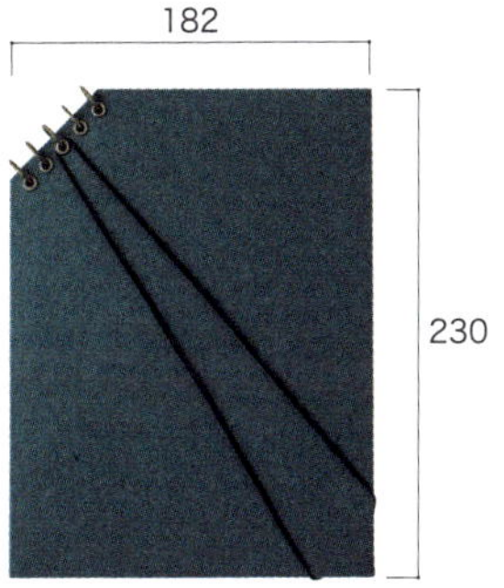

Konstruktionszeichnungen

Abb. A (Buchblock)

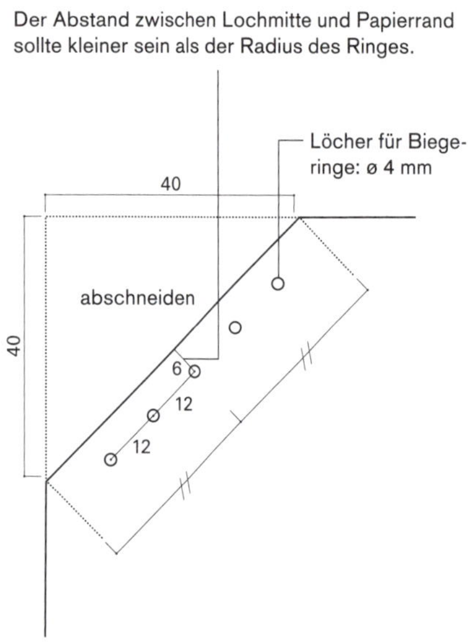

Abb. B (Deckel)

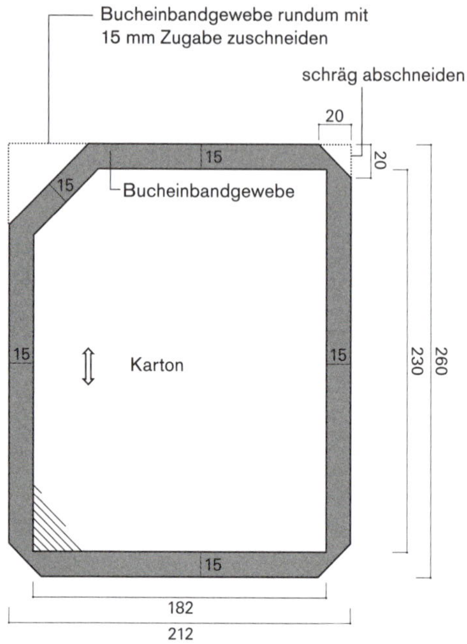

Anleitung

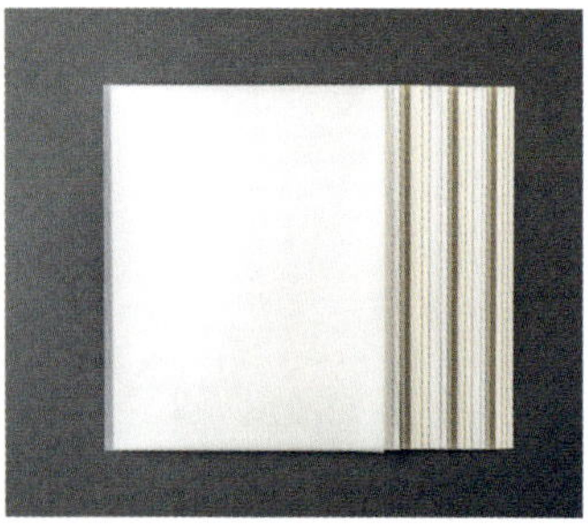

1. Die Blätter für den Buchblock nach Belieben ordnen.

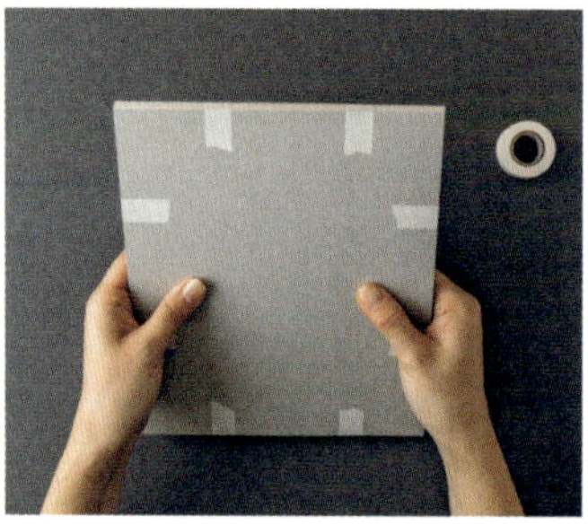

2. Den Papierstapel zwischen zwei Pappdeckel legen und mit Kreppband fixieren.

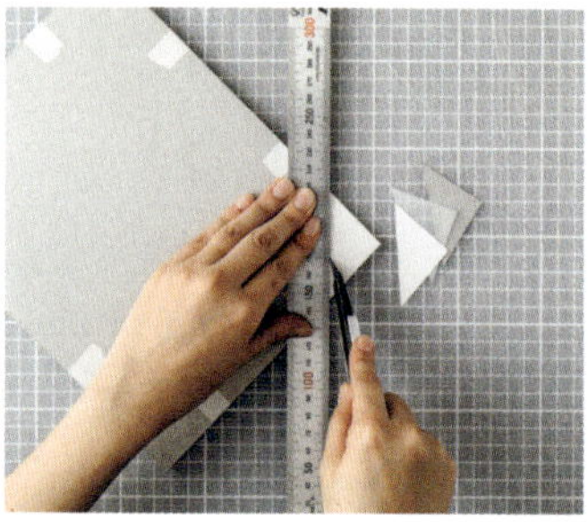

3. Die obere linke Ecke durch alle Papierlagen hindurch schräg abschneiden (Dreieck mit 40 mm Grundlinie) (Abb. A). Die Pappdeckel abnehmen.

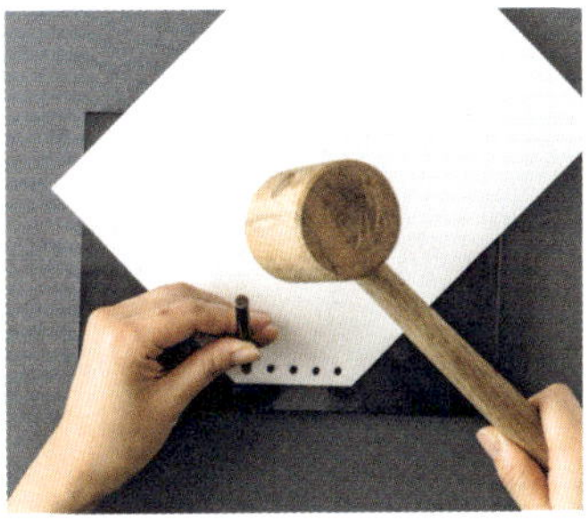

4. Löcher für die Biegeringe in den Buchblock stanzen (Abb. A). Das oberste Blatt als Schablone verwenden und immer nur ein paar Blätter auf einmal lochen.

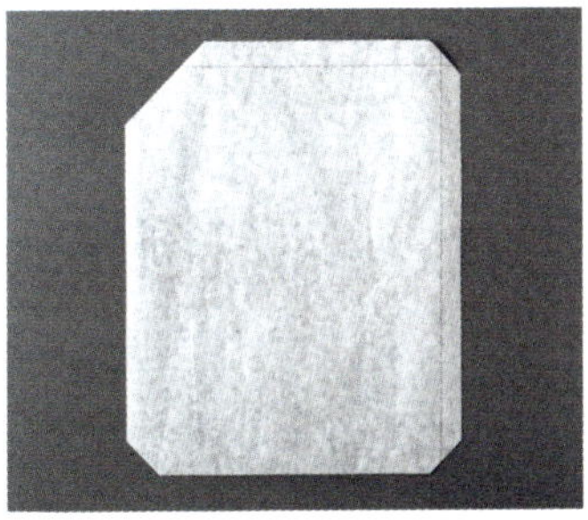

5. Auf der Rückseite des Bucheinbandgewebes mit 15 mm Abstand vom oberen Rand und den beiden Längsseiten Hilfslinien ziehen. Die Ecken schräg abschneiden. Das Gewebe für den vorderen und hinteren Deckel spiegelgleich zuschneiden und markieren.

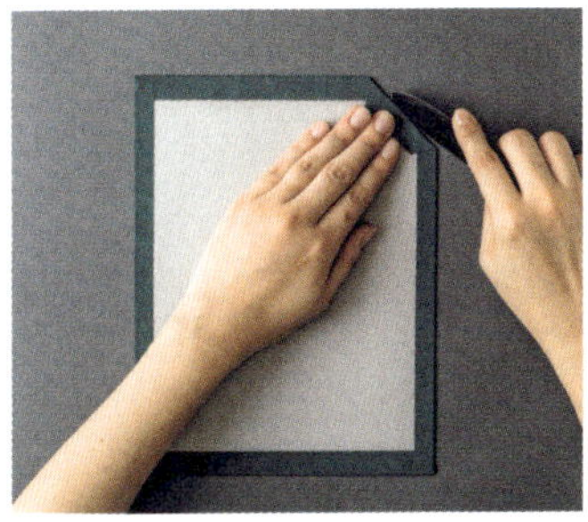

6. Stärkekleber auf die Rückseite des Bucheinbandgewebes auftragen und die Buchdeckel damit einschlagen (siehe S. 19). Die angeschrägte Ecke zum Schluss arbeiten.

(Beim Zurückschneiden darauf achten, dass der Randabstand den anderen entspricht.)

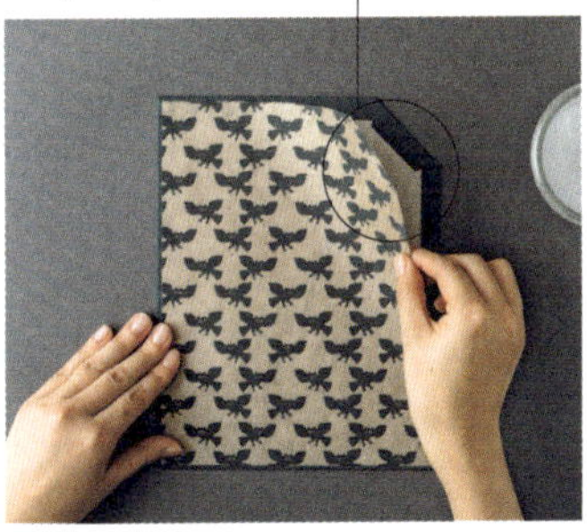

7. Stärkekleber auf die Rückseite des Futterpapiers auftragen, das Papier mittig aufkleben und glatt streichen. Mit einem Gewicht beschweren und über Nacht trocknen lassen.

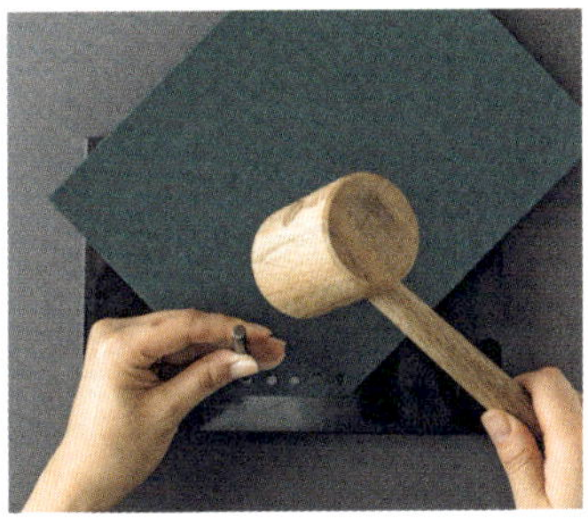

8. Die Position der Löcher vom Buchblock auf die Deckel übertragen und die Löcher für die Ringe stanzen.

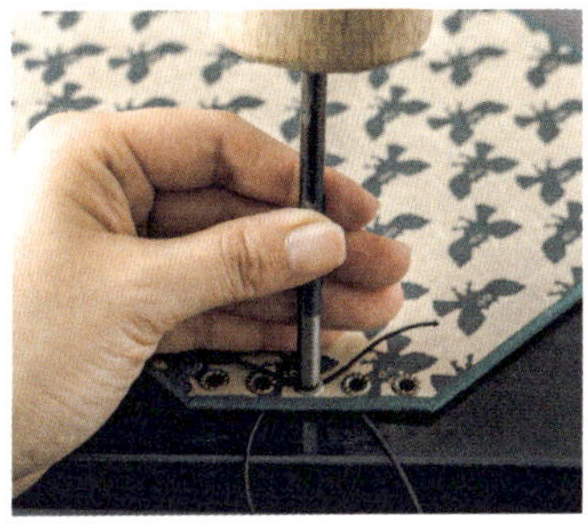

9. Das Gummiband in das mittlere Loch des vorderen Deckels einfädeln. Anschließend Ösen in die Löcher einschlagen (siehe S. 21).

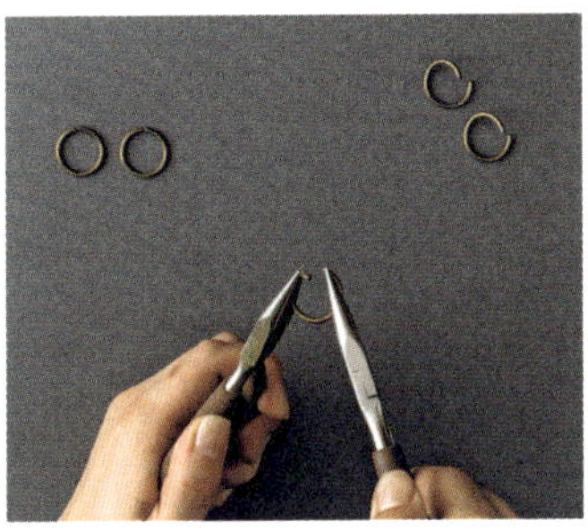

10. Die Ringe mit zwei Flachrundzangen aufbiegen.

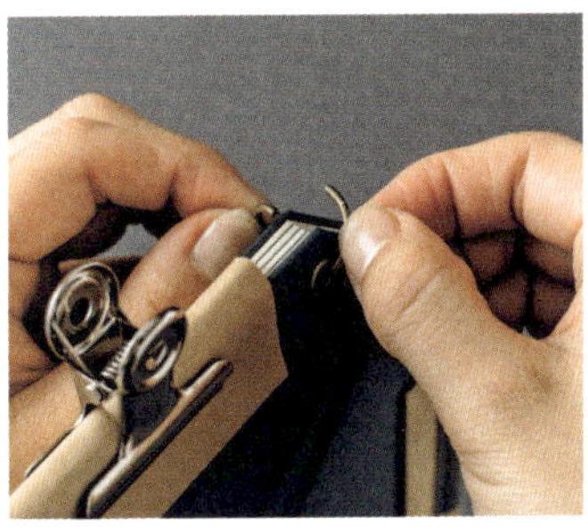

11. Das Skizzenbuch zusammensetzen (vorderer Deckel – Buchblock – hinterer Deckel) und mit Mehrzweckklammern fixieren. Einen Ring in das obere Loch schieben.

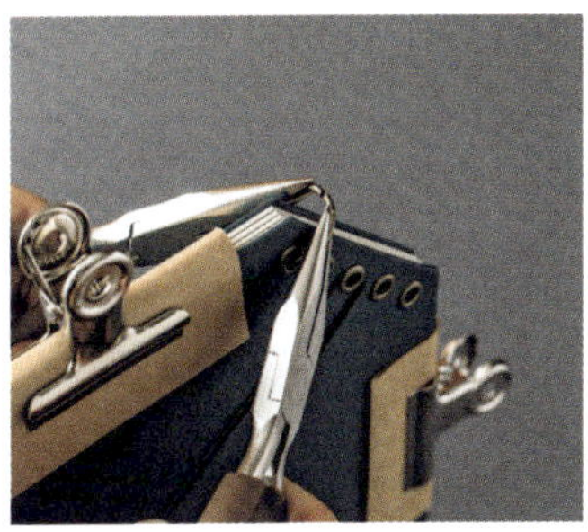

12. Den Ring mit der Flachrundzange wieder zusammenbiegen. Die restlichen Ringe auf die gleiche Weise einsetzen.

#09

NOTIZBUCH AUS JAPANPAPIER

Ein fadengeheftetes Notizbuch aus handgeschöpftem Papier

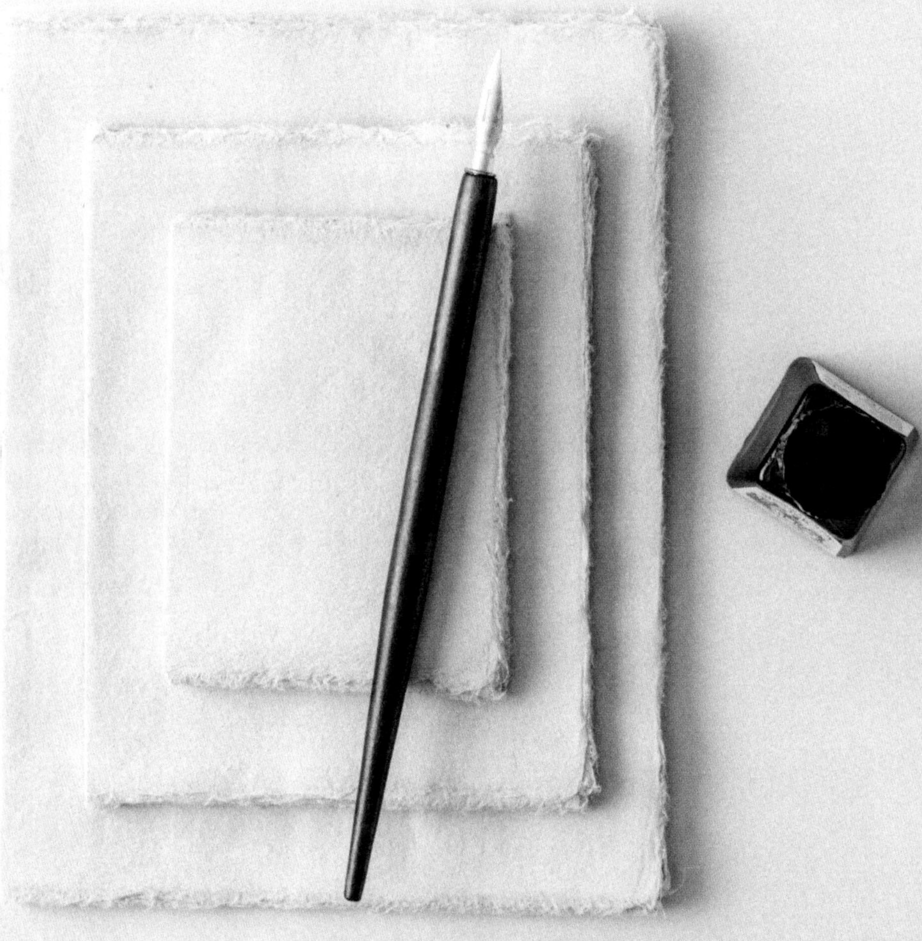

Die einzigartige Textur des Japanpapiers kommt am besten zur Geltung, wenn Sie das Buch nicht einbinden und die Papierränder ausfransen. Die Lagen werden mit dem *Französischen Kettenstich* geheftet, der sehr einfach zu erlernen ist. Sie brauchen dazu nichts weiter als Nadel und Faden.

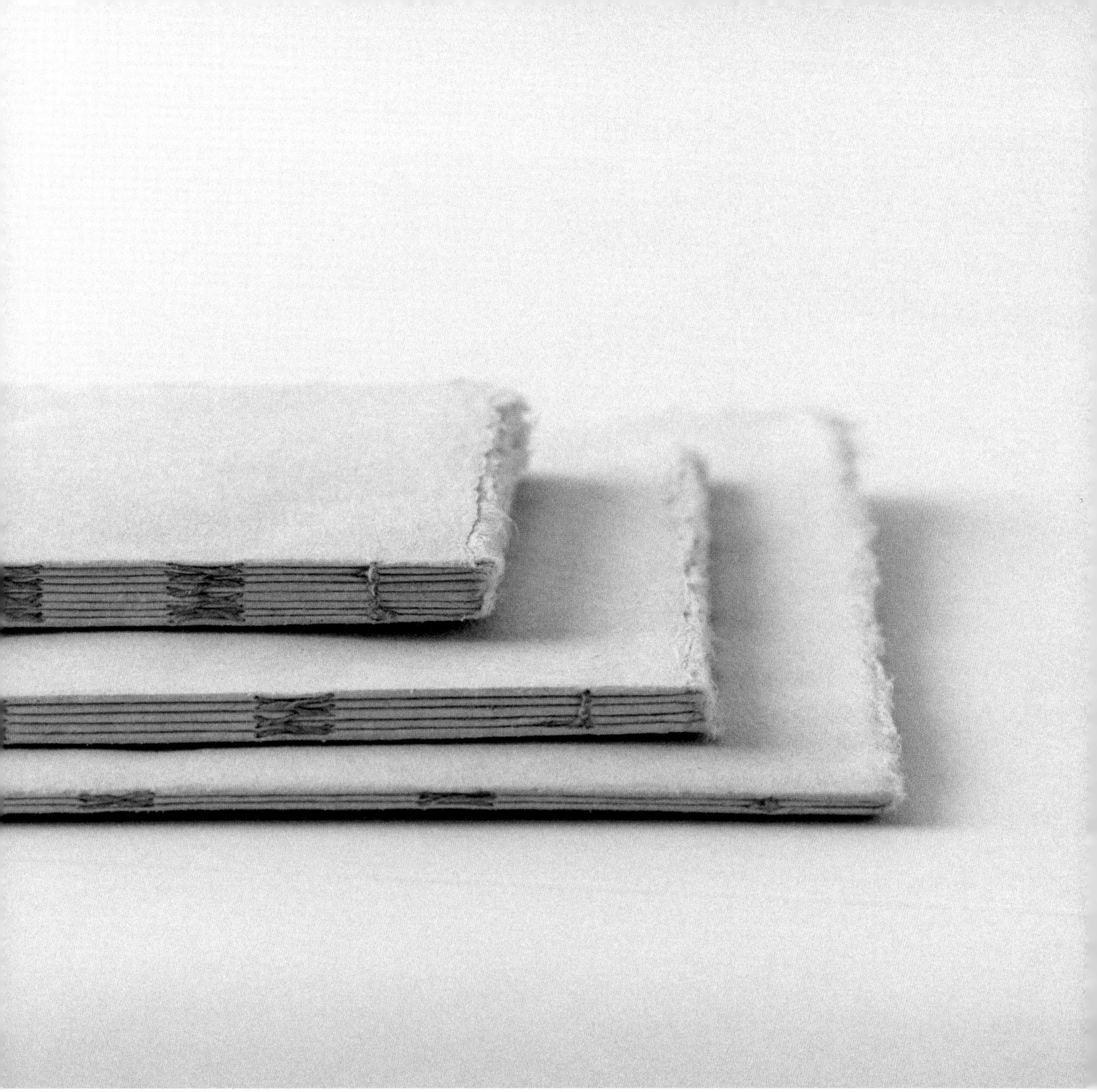

Materialien

- Buchblock:
  (groß) 12 Bogen Japanpapier, 200 × 320 mm
  (medium) 20 Bogen Japanpapier, 155 × 240 mm
  (klein) 32 Bogen Japanpapier, 104 × 160 mm
- Hanfgarn: Länge des Buches × (Anzahl der Druckbogen + 1)

2 Reststücke Pappe zum Unterlegen beim Verkleben des Buchrückens

Größe

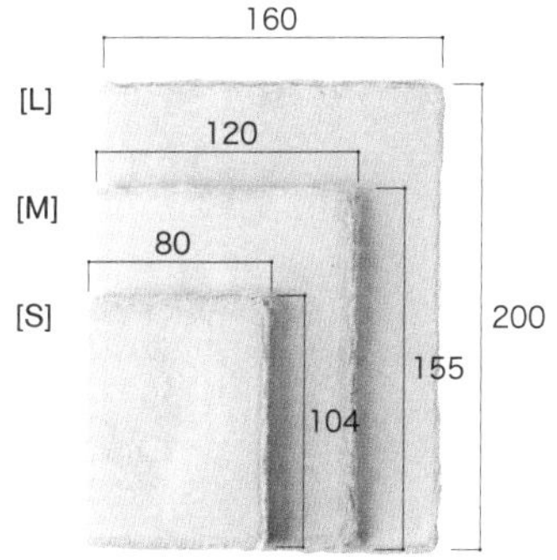

Konstruktionszeichnungen

Abb. A (Lagen)

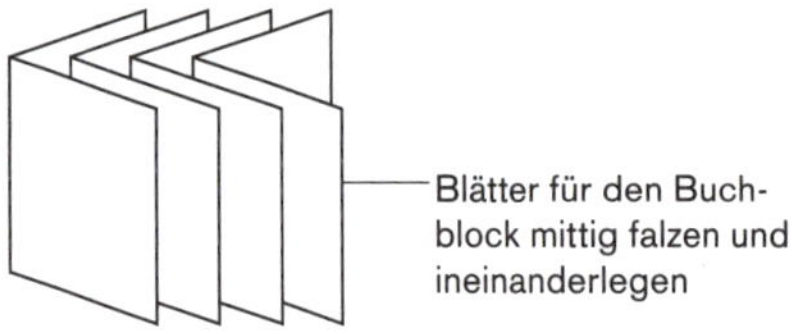

Abb. B (Buchblock)

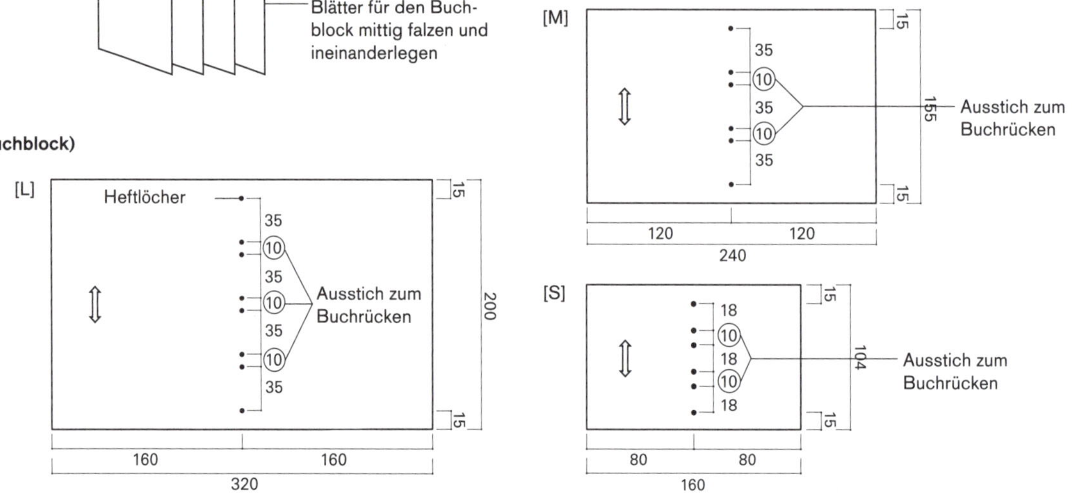

Abb. C (Heften)

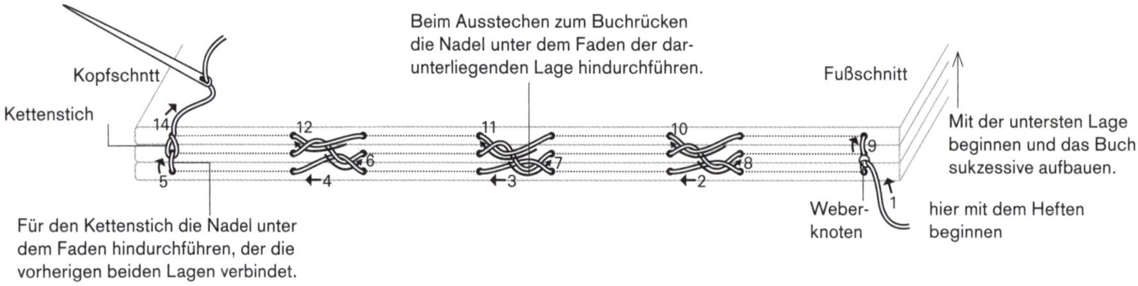

Anleitung

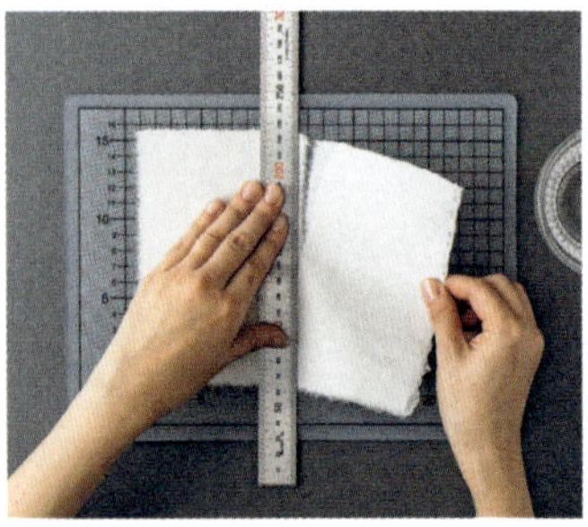

1. Das Japanpapier anfeuchten und die Bogen reißen, um ausgefranste Ränder zu erhalten (siehe S. 16).

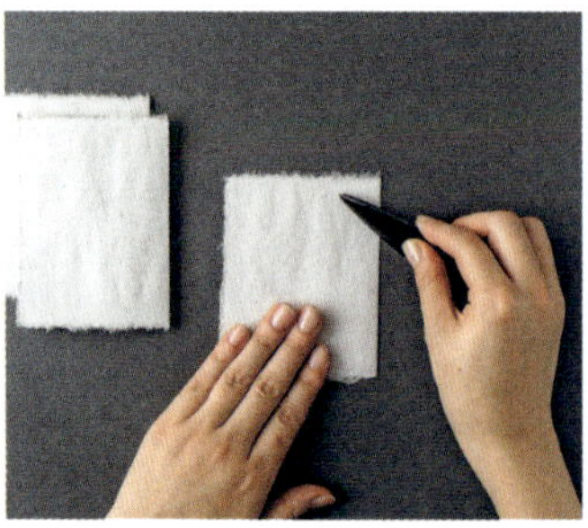

2. Jeweils 4 Bogen Japanpapier mithilfe des Falzbeins mittig falzen und ineinanderlegen (siehe S. 17). Diese 4 Bogen bilden eine Lage. Bereiten Sie die benötigte Anzahl von Lagen vor (Abb. A).

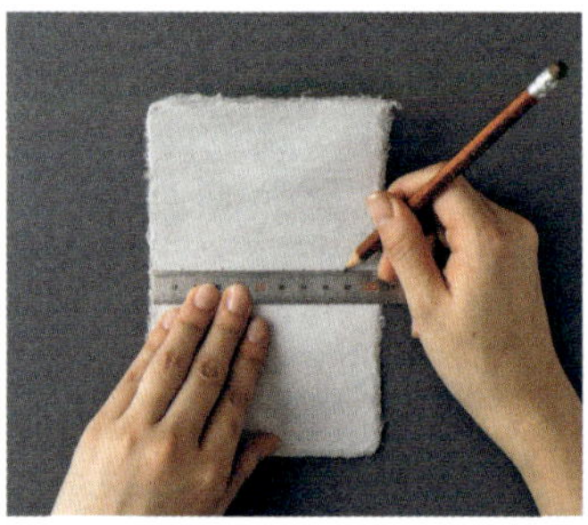

3. Die Positionen der Heftlöcher im Falz des inneren Bogens jeder Lage markieren (Abb. B).

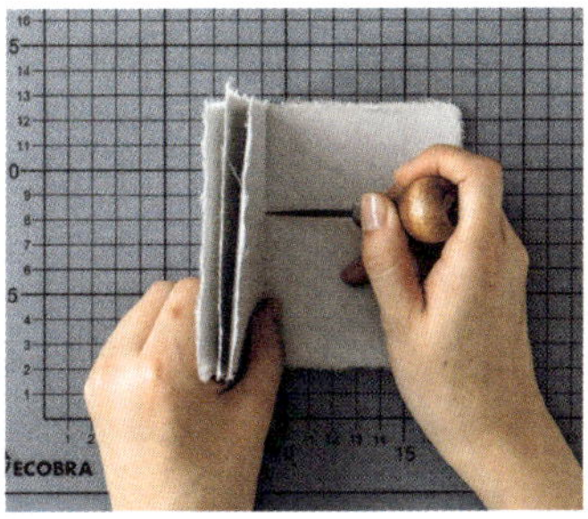

4. Die Lagen in einem 90-Grad-Winkel halten und die Heftlöcher mit der Ahle im 45-Grad-Winkel durch alle Papierlagen hindurch vorstechen.

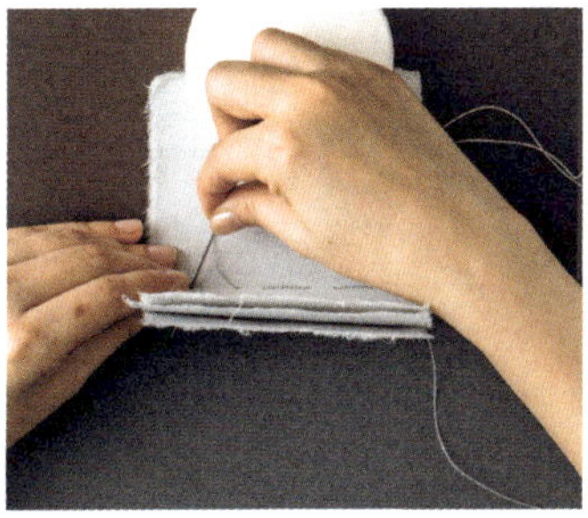

5. Den Fadenanfang ca. 100 mm hängen lassen. Die Bogen einer Lage mit Geradstich heften (Abb. C; S. 20). Am Fußschnitt beginnen und am Kopfschnitt enden.

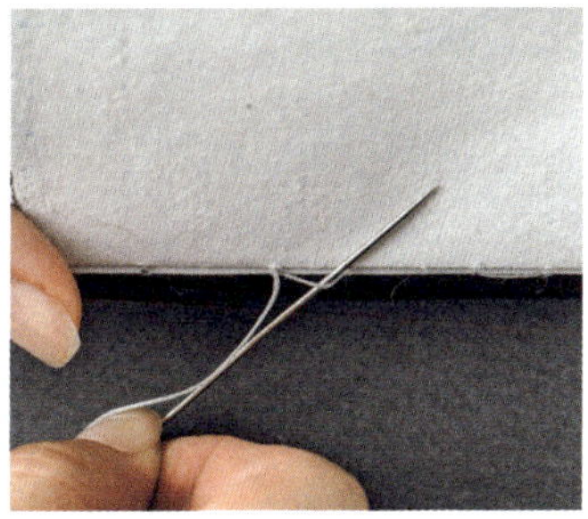

6. Die zweite Lage auflegen und in umgekehrter Richtung heften. Beim Ausstechen die Nadel jeweils unter dem Faden der darunterliegenden Lage hindurchführen.

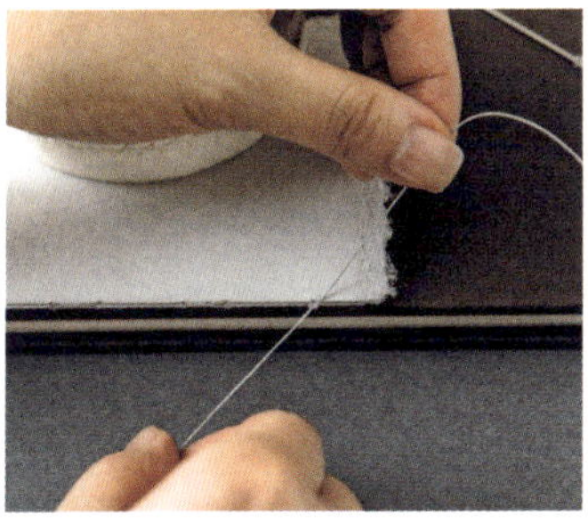

7. Am Ende der zweiten Lage Fadenende und Fadenanfang mit einem Weberknoten fixieren. Den Fadenanfang auf 3 mm kürzen.

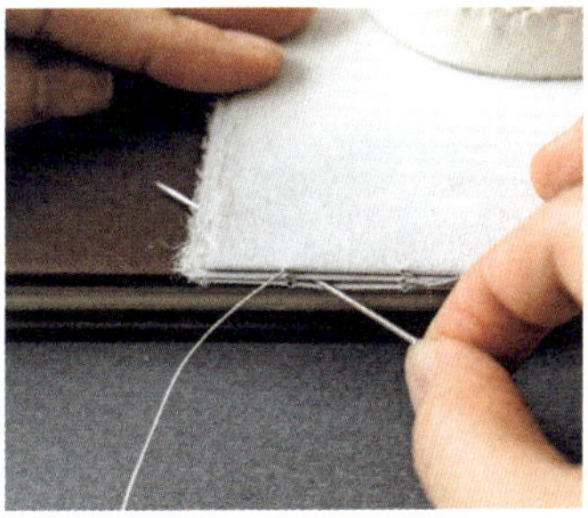

8. Die nächste Lage auflegen und mit dem Heften fortfahren wie beschrieben. Wenn Sie das Ende der Lagen erreichen, die Nadel unter dem Faden der beiden darunterliegenden Lagen hindurchführen.

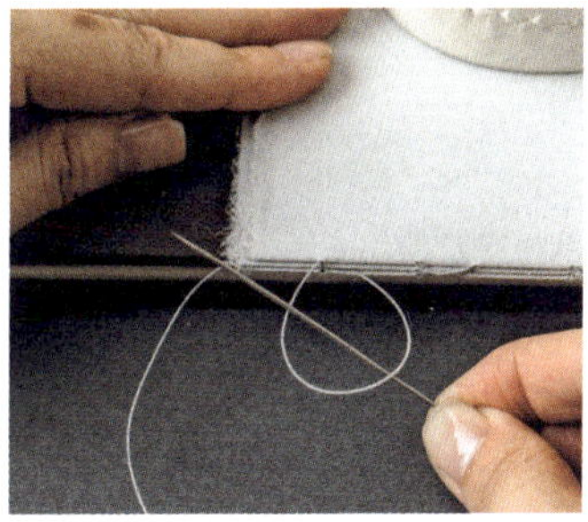

9. Die Nadel durch die Schlaufe führen und den Faden festziehen (Kettenstich). Ab jetzt beim Auflegen weiterer Lagen jedes Nahtende mit einem Kettenstich abschließen.

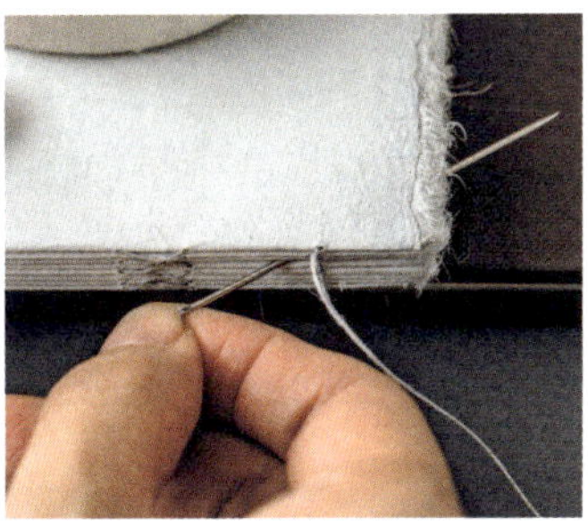

10. Wenn Sie das Ende der letzten Lage erreicht haben, einen Kettenstich und dann einen weiteren zwischen den beiden letzten Lagen arbeiten.

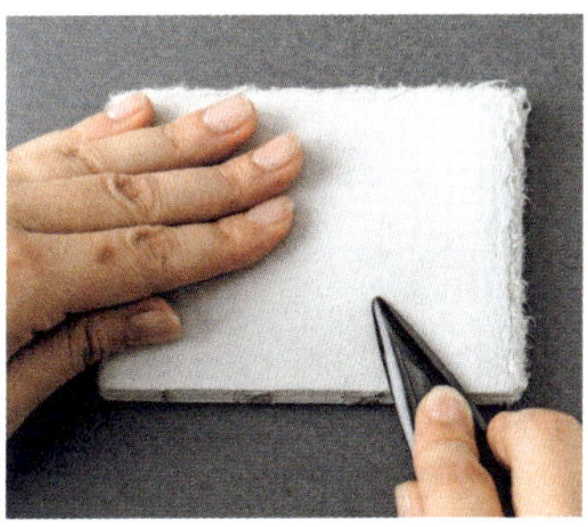

11. Das Fadenende abschneiden und den Buchrücken mit dem Falzbein flach streichen.

(Damit die äußeren Buchseiten beim Verleimen des Rückens nicht verschmutzen, das Buch hierfür zwischen zwei Pappdeckel legen.)

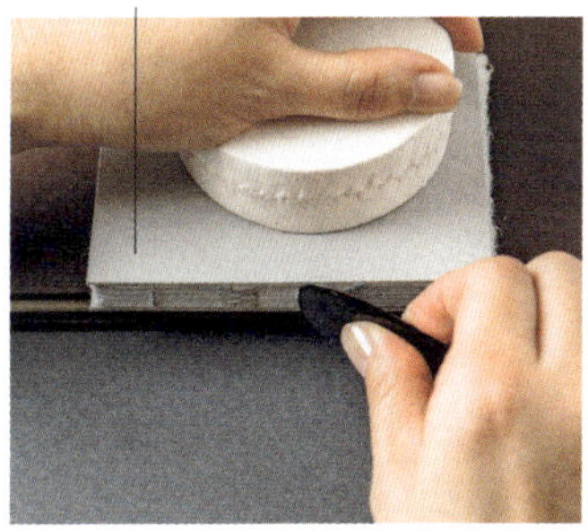

12. PVA-Kleber auf den Buchrücken auftragen. Den Leim mit einem Falzbein gleichmäßig verteilen und in die Lücken zwischen den Lagen drücken. Das Buch mit einem Gewicht beschweren und über Nacht trocknen lassen.

#10

KLEMMBRETT

Mit praktischen Gummihaltern für Schreibutensilien

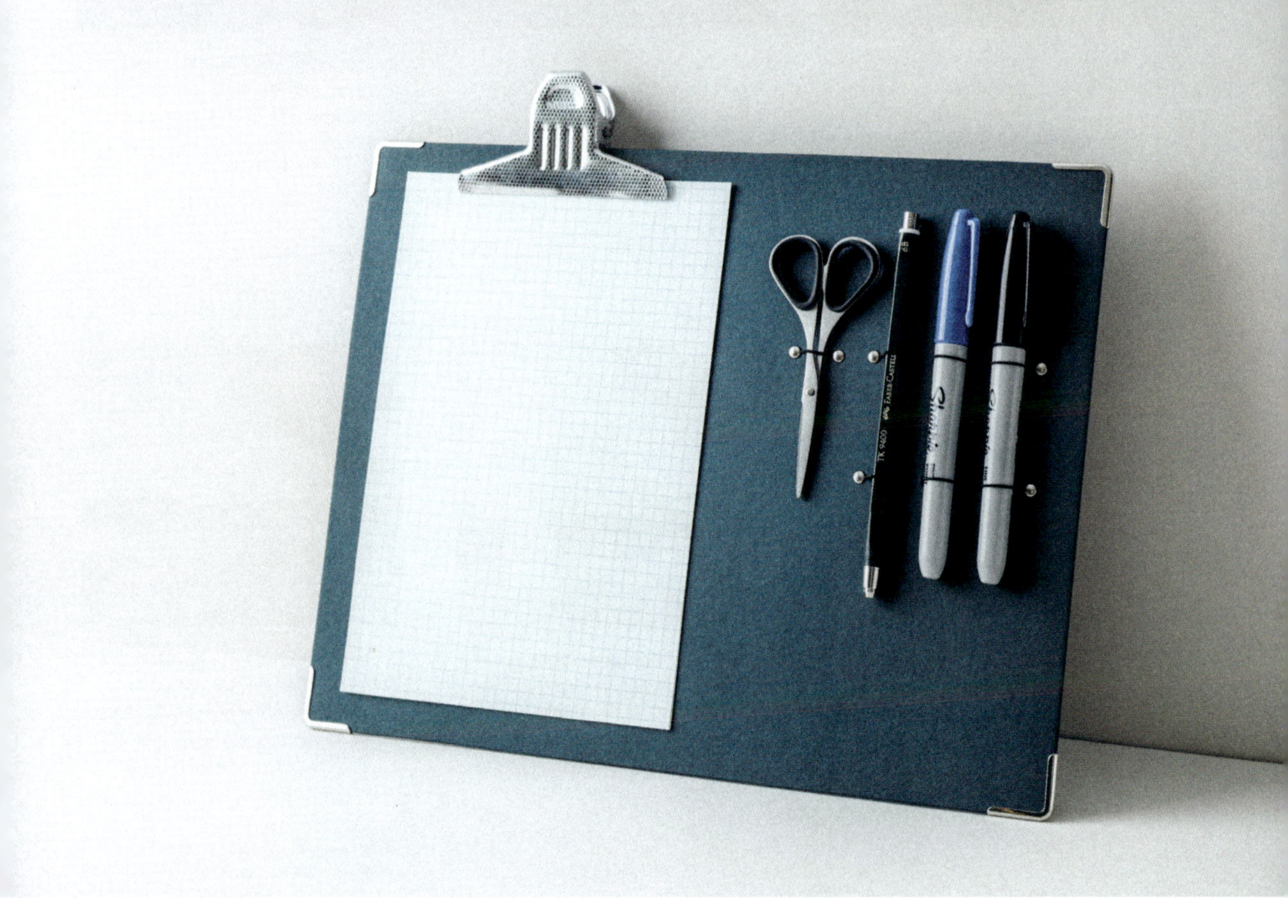

Ein Klemmbrett mit wichtigen Dokumenten und Schreibpapier ist in Meetings unentbehrlich. Umso besser, wenn man daran auch seine Schreibutensilien befestigen kann wie hier.

Materialien

- Kaschierpapier Vorderseite: 1 Bogen Papier (115 g/m^2), 270 × 350 mm
- 1 Bogen Karton, 240 × 320 mm, 2 mm stark
- Kaschierpapier Rückseite: 1 Bogen Papier (115 g/m^2), 234 × 314 mm
- 3 Gummibänder: 2 × ca. 80 mm lang, 1 × ca. 30 mm lang
- 6 Einzelkappenniete (ø 5 mm)
- 4 Buchecken aus Metall (Öffnungsweite: 2,5 mm)
- 1 Mehrzweckklammer

Größe

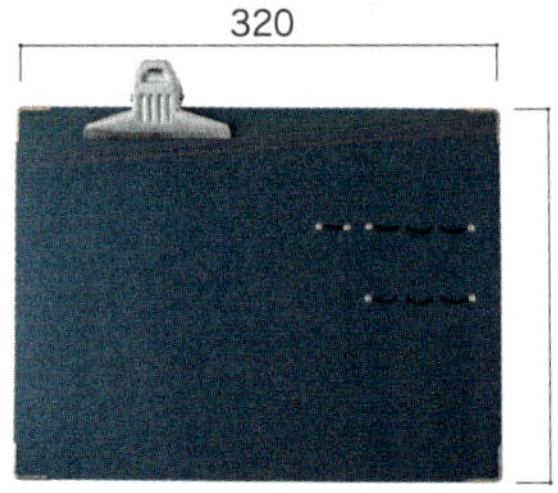

Konstruktionszeichnungen

Abb. A (Klemmbrett)

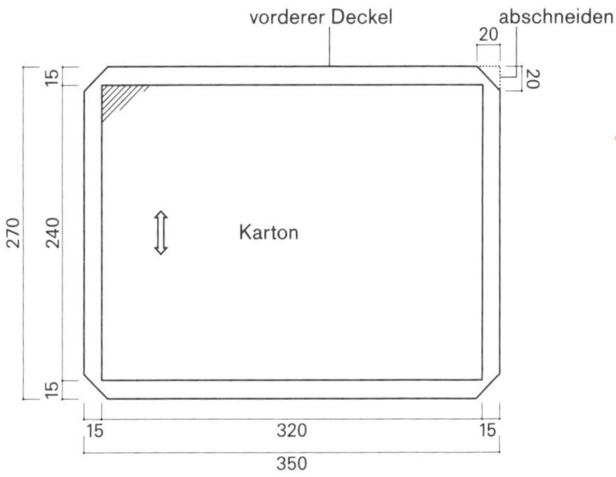

Abb. B (Stifthalter)

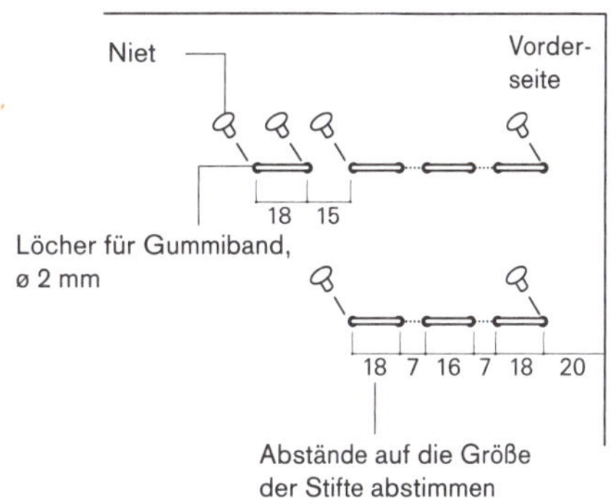

Anleitung

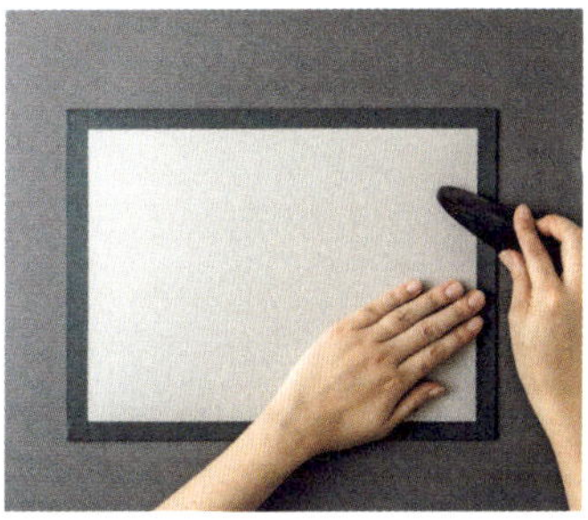

1. Die Ecken des Kaschierpapiers für die Vorderseite des Klemmbrettes schräg abschneiden. Stärkekleber auf die Rückseite des Papiers auftragen und den Karton damit einschlagen (Abb. A; S. 19).

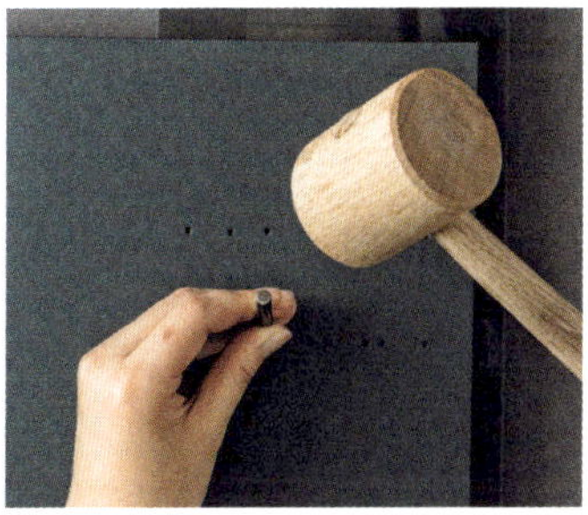

2. Die Löcher für die Gummibänder stanzen (Abb. B).

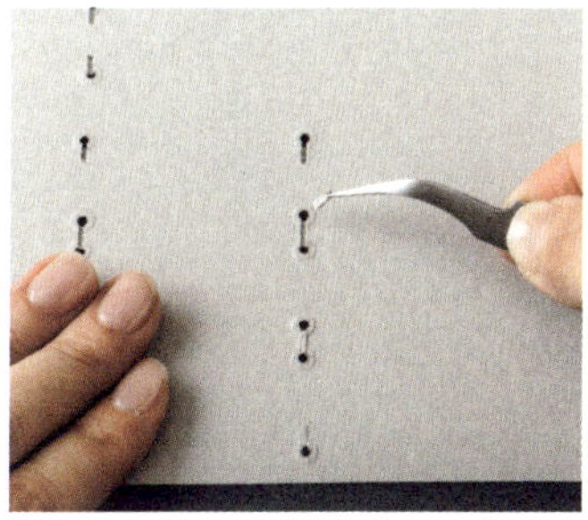

3. Mit dem Cuttermesser flache Rillen für die Führung der Gummibänder in die Unterseite des Kartons schneiden (ca. 1 mm tief). Papierreste mit der Pinzette entfernen.

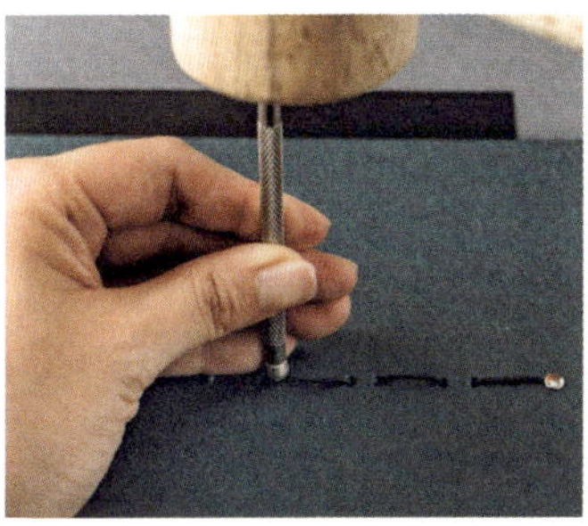

4. Die Gummibänder durch die Löcher fädeln und die Stifte zur Probe einlegen. Die Enden der Gummibänder straff ziehen, sodass die Stifte gut sitzen, und mit Nieten fixieren.

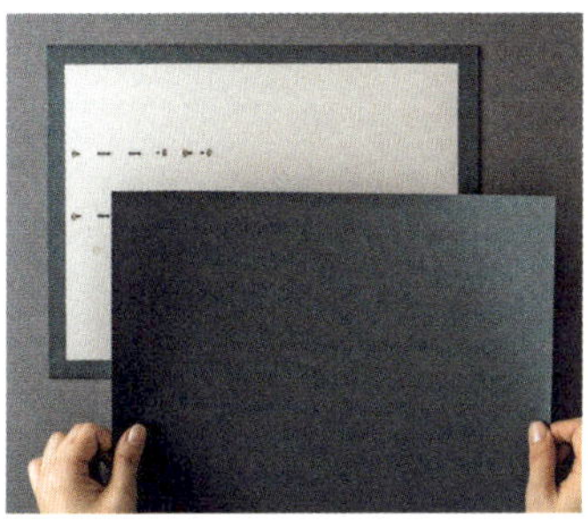

5. Stärkekleber auf die Rückseite des Kaschierpapiers für die Rückseite des Klemmbretts auftragen, das Papier mittig aufkleben und glatt streichen. Mit einem Gewicht beschweren und über Nacht trocknen lassen.

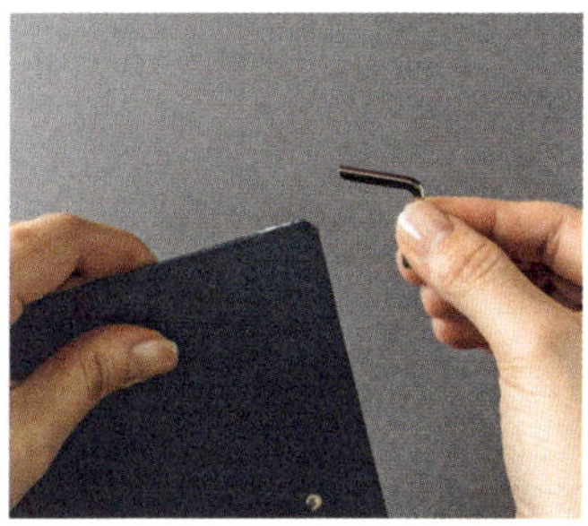

6. Die Ecken des Klemmbrettes vor dem Anbringen der Buchecken leicht zurückschneiden. PVA-Kleber sparsam auf Buchecken und Ecken des Klemmbrettes auftragen und die Buchecken aufkleben.

3. ORDNEN

#11 UTENSILOS
#12 HAFTNOTIZEN-HALTER
#13 FÄCHERMAPPE FÜR VISITENKARTEN
#14 ARCHIVORDNER
#15 REZEPTSAMMLER
#16 DOKUMENTENTASCHE
#17 DOKUMENTENMAPPE
#18 SCHUBLADENBOX FÜR KLEBEFILME
#19 BUCHSCHUBER
#20 STAPELBOXEN

#11

UTENSILOS

Nie wieder Unordnung auf dem Schreibtisch!

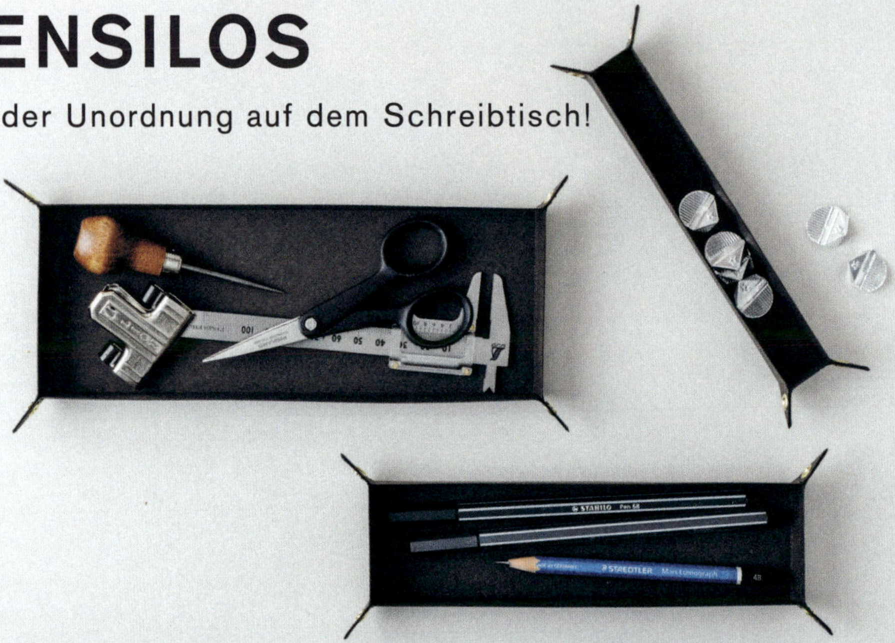

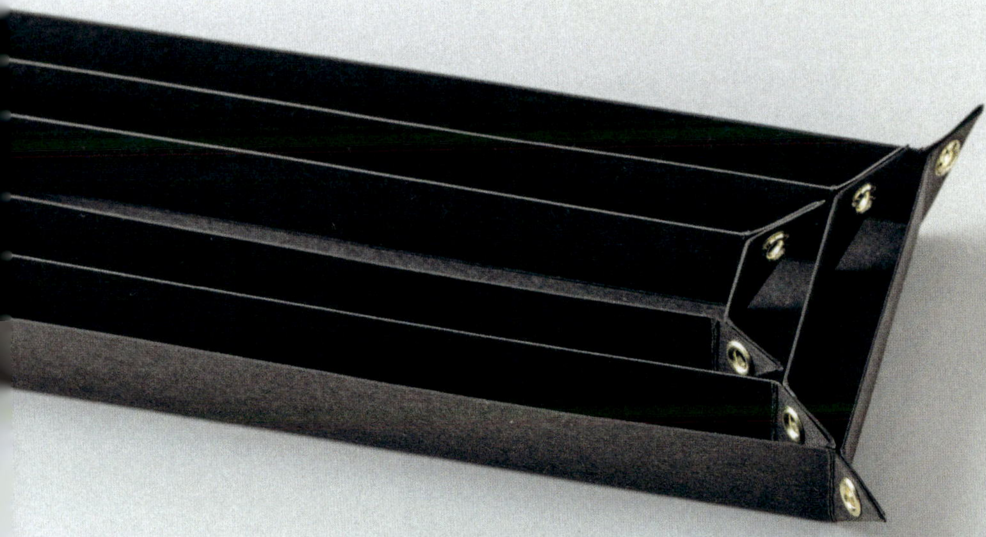

Ob Sie schreiben, basteln oder arbeiten – es macht mehr Spaß, wenn die benötigten Arbeitsutensilien griffbereit zur Hand sind. Diese Schreibtischbutler sind schnell gefaltet und bringen Ordnung auf Ihren Schreibtisch. Ineinandergestapelt können sie platzsparend verstaut werden, wenn sie nicht in Gebrauch sind.

Materialien

- Großer Utensilo: 1 Stück Karton (350 g/m^2), 260 × 120 mm
  Mittlerer Utensilo: 1 Stück Karton (350 g/m^2), 230 × 90 mm
  Kleiner Utensilo: 1 Stück Karton (350 g/m^2), 200 × 60 mm
- 12 Ösen mit 4 mm Innendurchmesser

Größe

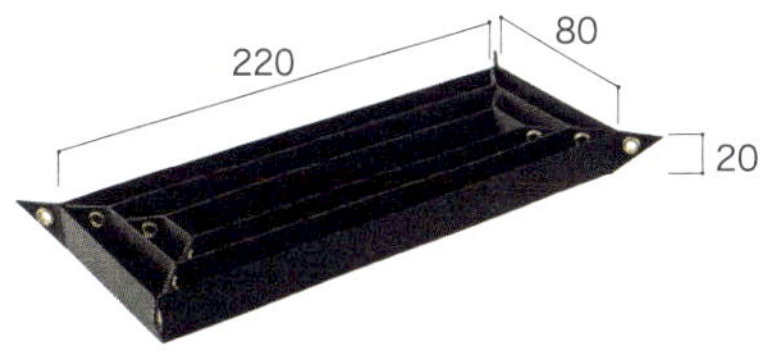

Konstruktionszeichnungen

Abb. Utensilos

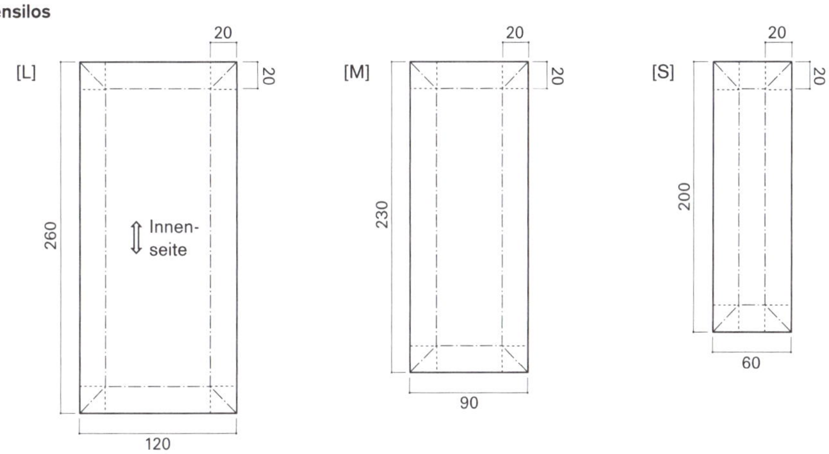

Anleitung

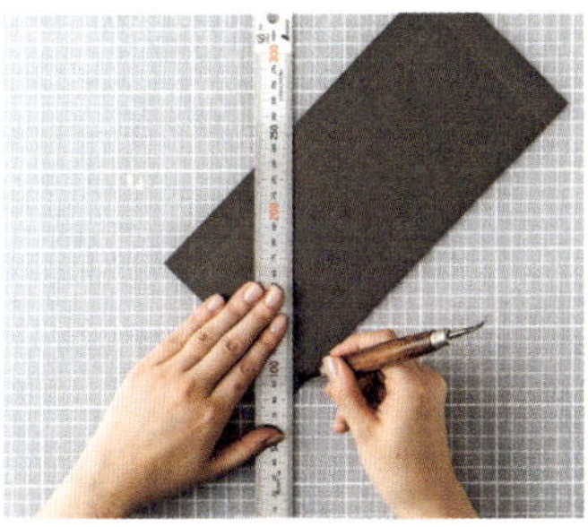

1. Alle Falten für die drei Untensilos anreißen und vorfalzen.

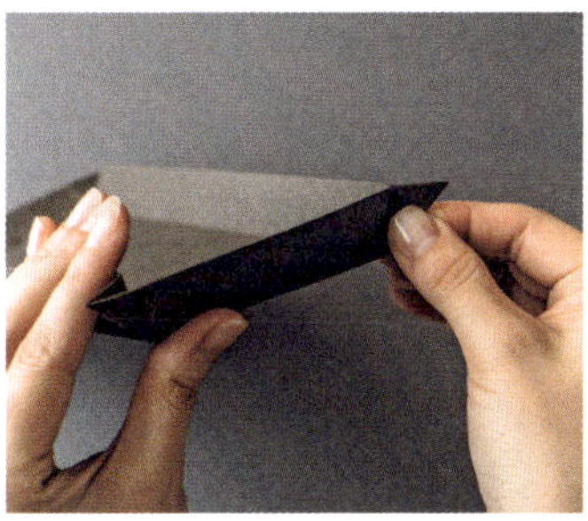

2. Die Ecken zu Dreiecken falten.

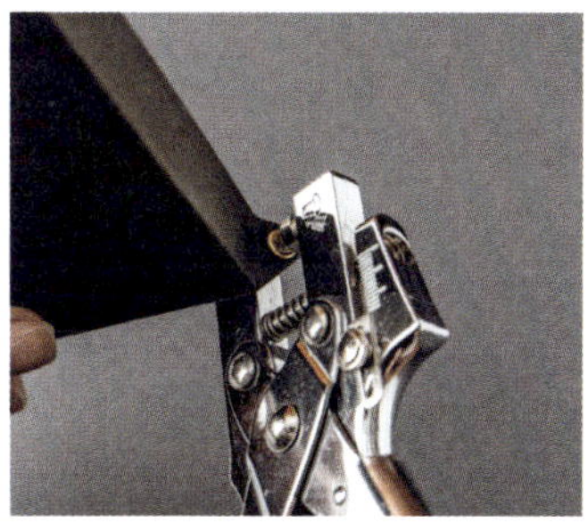

3. In jede Ecke eine Öse stanzen.

#12

HAFTNOTIZEN-HALTER

Praktische Aufbewahrungsmöglichkeit für Haftnotizen, Notizpapier und Büroklammern

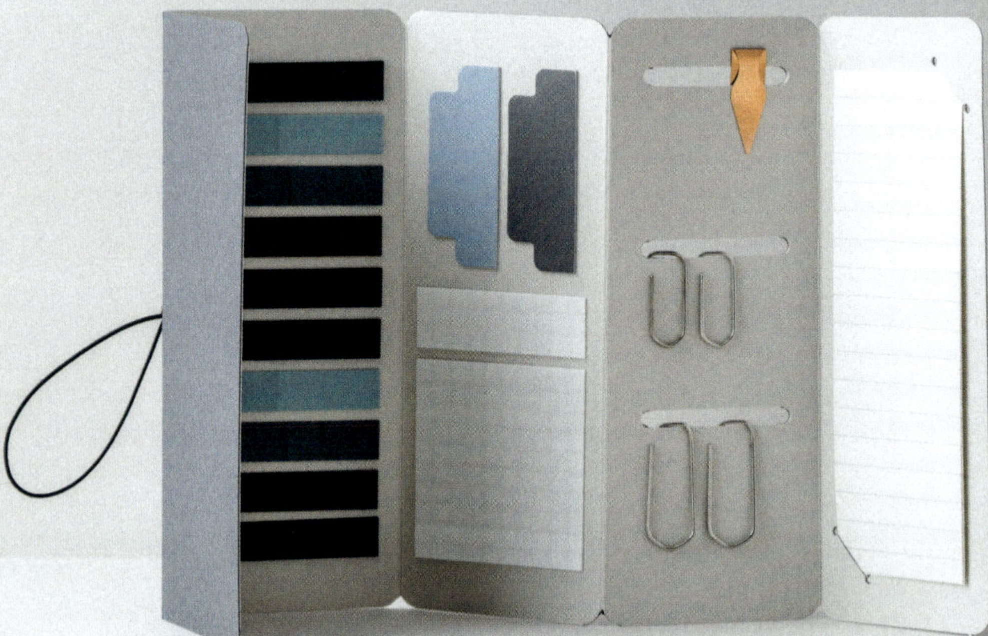

Haftnotizen landen oft ganz hinten in Schubladen, Büroklammern verschwinden einfach und Notizzettel sind immer dann nicht auffindbar, wenn man sie braucht. Mit diesem Haftnotizen-Halter hat das Durcheinander ein Ende. Sie können ihn in jeder beliebigen Größe anfertigen.

Materialien

- 1 Stück Karton (350 g/m^2), 150 × 312 mm
  (hier wurde Kompositpapier verwendet)
- Gummiband, ca. 120 mm lang
- Doppelkopfniet, ø 3,5 mm

Größe

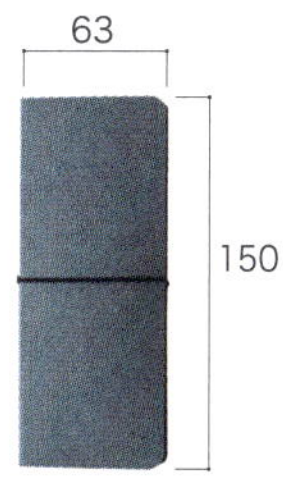

Konstruktionszeichnung

Abb. Mappe

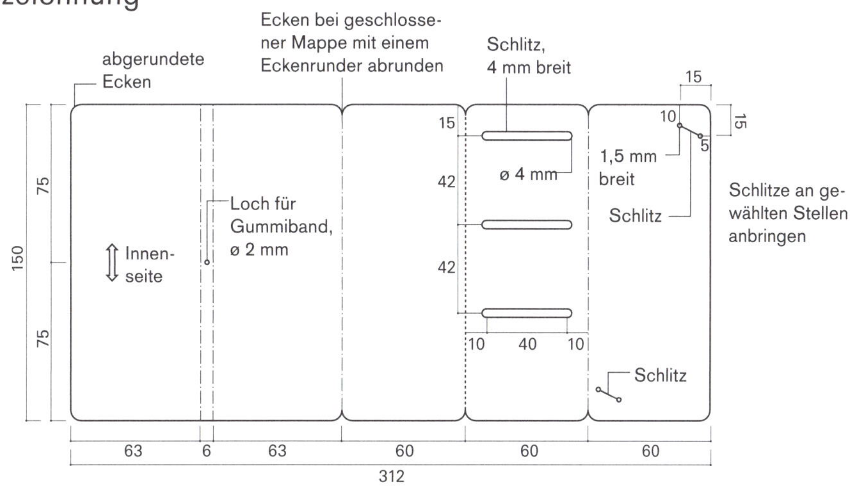

Anleitung

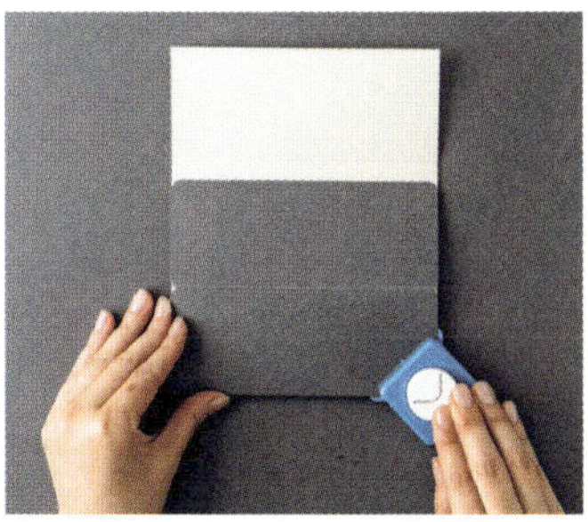

1. Den Karton anreißen und falzen. Die Ecken mit einem Eckenrunder abrunden (Abb.).

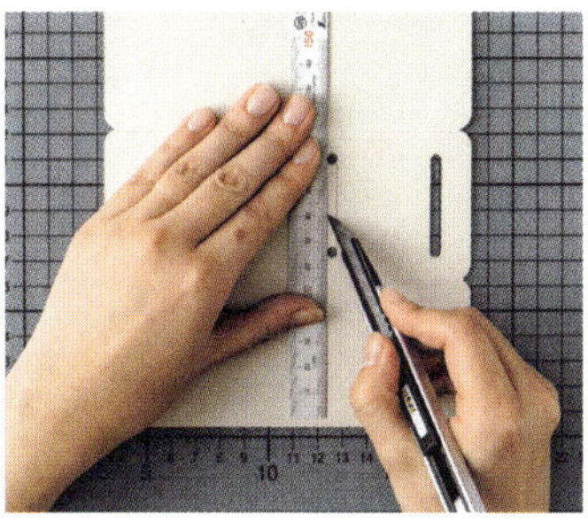

2. Schlitze für Büroklammern, Notizzettel oder andere Büroutensilien anbringen (Abb.; S. 16).

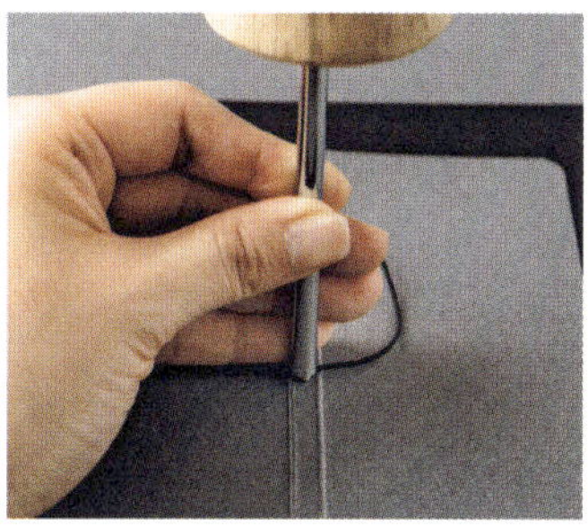

3. Das Loch für das Gummiband stanzen, das Band einfädeln und mit einem Niet fixieren (siehe S. 21).

#13

FÄCHERMAPPE FÜR VISITENKARTEN

So geht keine Visitenkarte mehr verloren

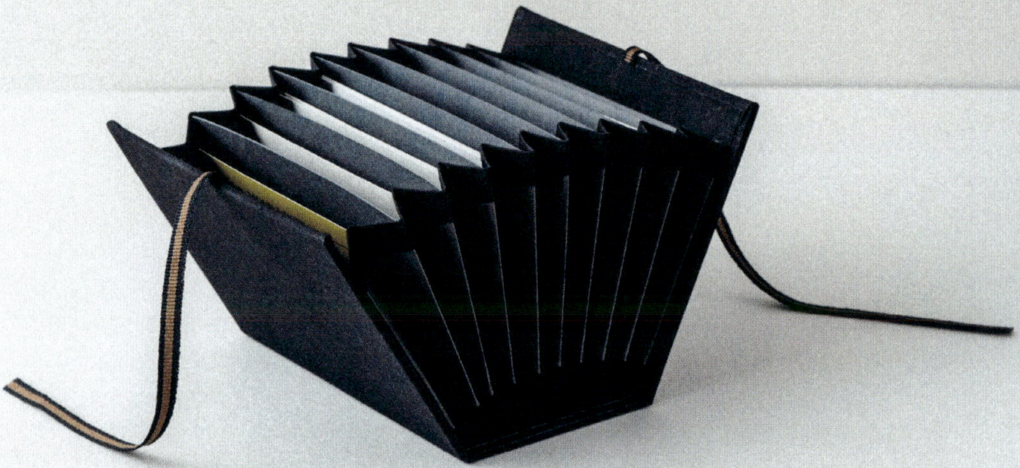

In dieser Fächermappe lassen sich viele Visiten- oder Kundenkarten unterbringen. Wenn sie nicht gebraucht wird, steht sie wie eine kleine Tasche auf dem Schreibtisch. Um Ordnung zu halten, können Sie die Fächer mit einem Register versehen und die Karten entsprechend einsortieren.

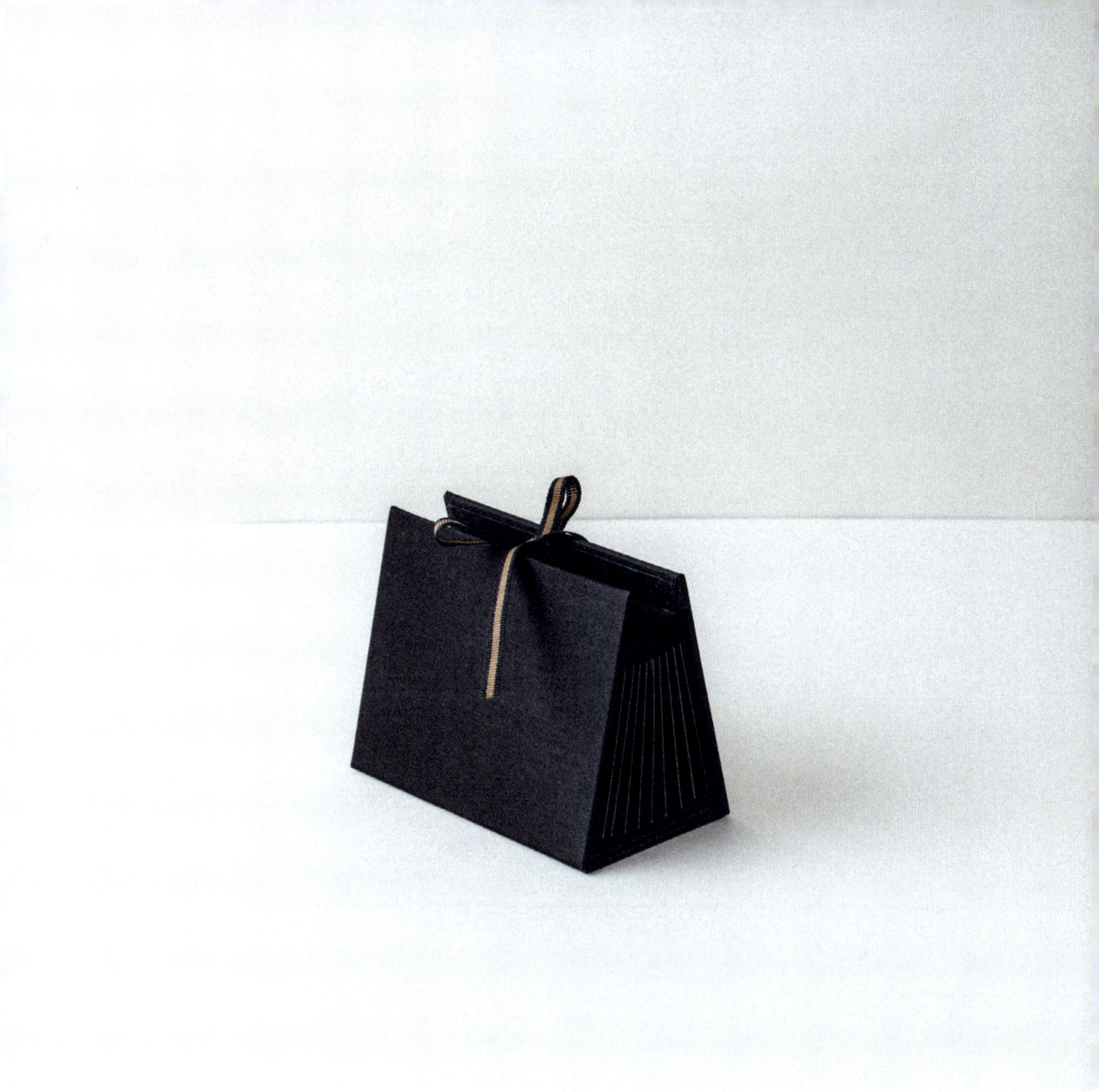

Materialien

- Deckel: 1 Stück Bucheinbandgewebe, 141 × 268 mm ⓐ
- 2 Bogen Karton, 111 × 85 mm, 2 mm stark ⓑ
- Rücken: 1 Bogen Karton, 111 × 60 mm, 2 mm stark ⓒ
- Futter: 1 Stück Bucheinbandgewebe, 105 × 234 mm ⓓ
- Taschen: 1 Bogen Papier (115 g/m^2), 300 × 235 mm ⓔ
- Einfassung Kanten: 2 Stücke Bucheinbandgewebe, 15 × 300 mm ⓕ
- Fächer: 10 Bogen Papier (230 g/m^2), 62 × 115 mm ⓖ
- 2 Bänder, jeweils ca. 180 mm lang

Größe

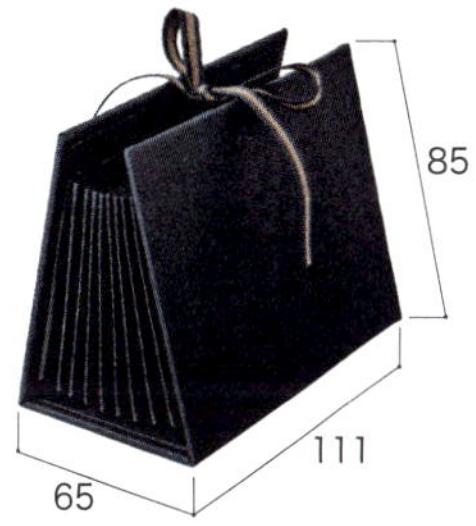

Konstruktionszeichnungen

Abb. A (Taschen)

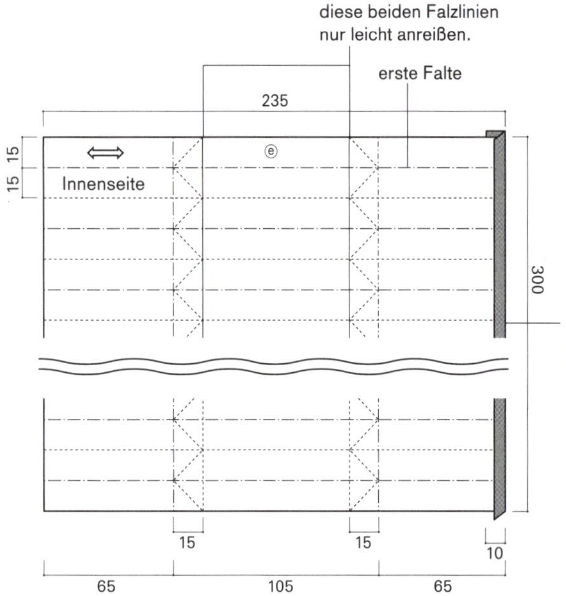

Abb. B (Fächer)

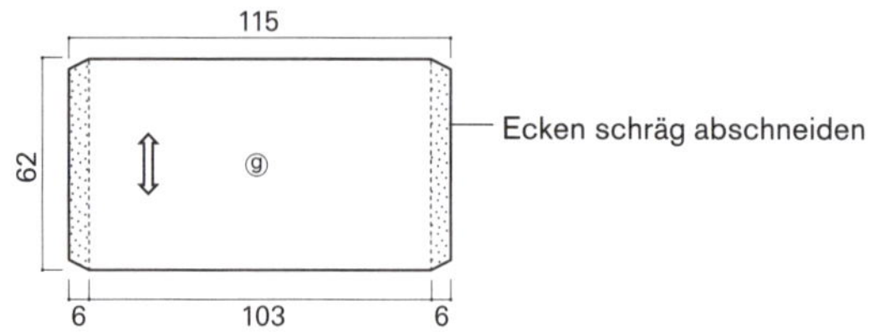

Abb. C (Deckel)

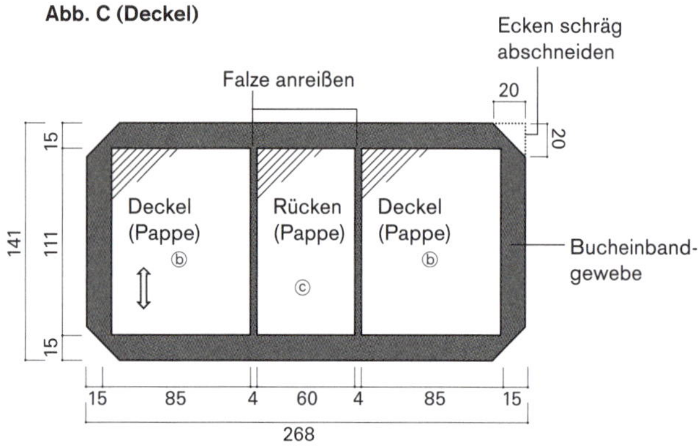

Anleitung

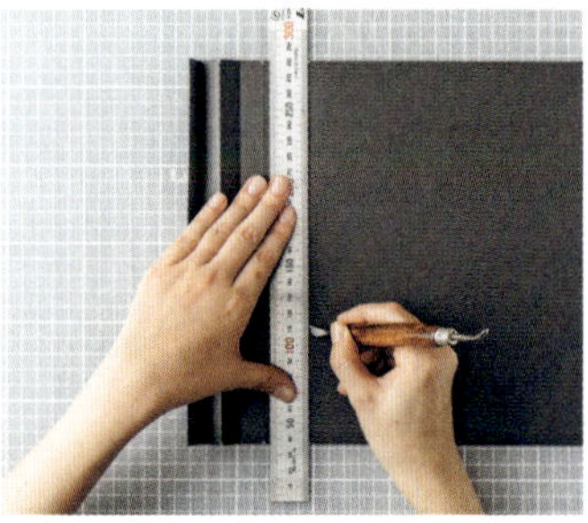

1. Auf dem Papier für die Taschen ⓔ die Falzlinien anreißen (Abb. A) und das Papier zur Ziehharmonika falten.

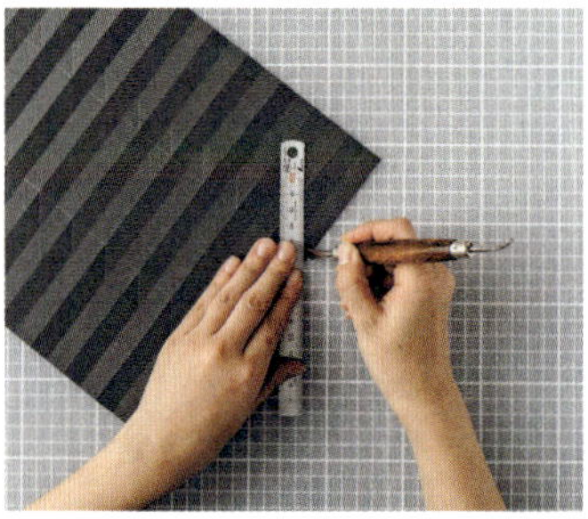

2. Wenn Sie am Ende angekommen sind, die Ziehharmonika wieder auffalten und die vertikalen und diagonalen Falten anreißen.

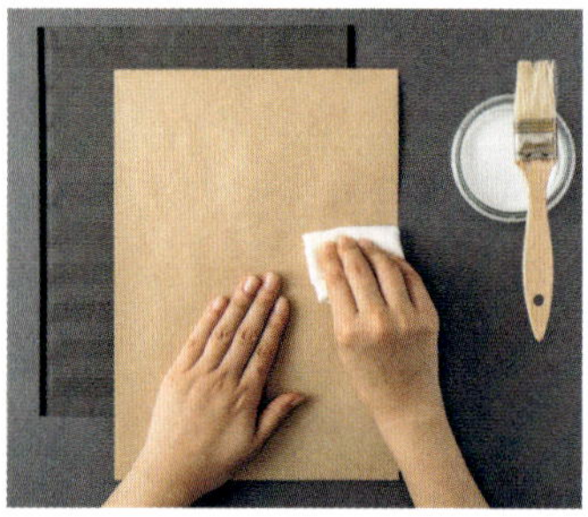

3. Für die Einfassung der Kanten ⓕ Stärkekleber auf die Rückseite des Bucheinbandgewebes auftragen und die Kanten einfassen (Abb. A). Das Gewebe glatt streichen, ein Gewicht auflegen und den Klebstoff trocknen lassen.

(Die äußeren Enden der Ziehharmonika abschneiden.)

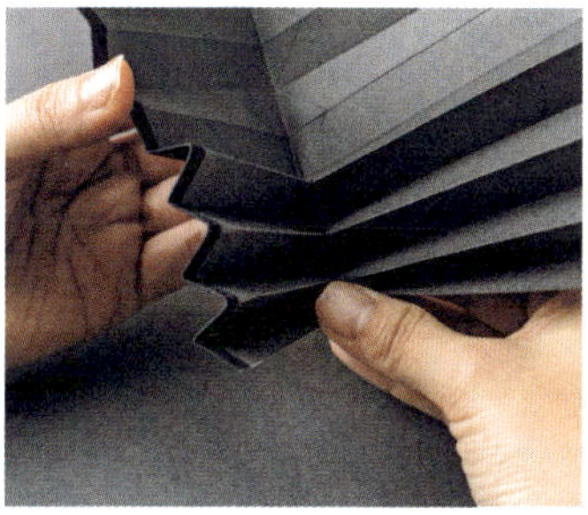

4. Die Taschenränder einfalten (Abb. A) – zunächst nur auf einer Seite.

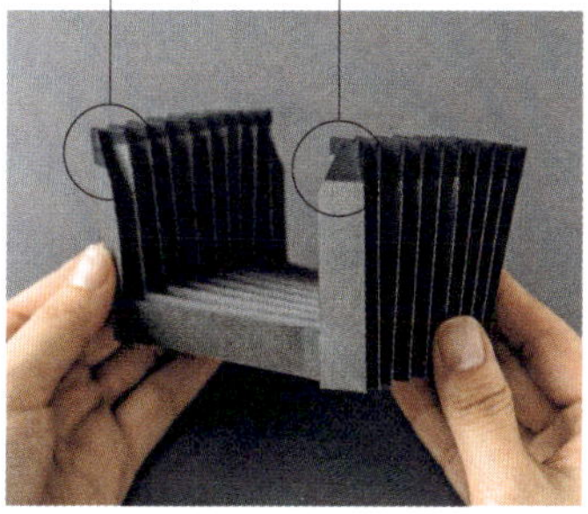

5. Das Papier wieder auffalten und den anderen Rand falzen.

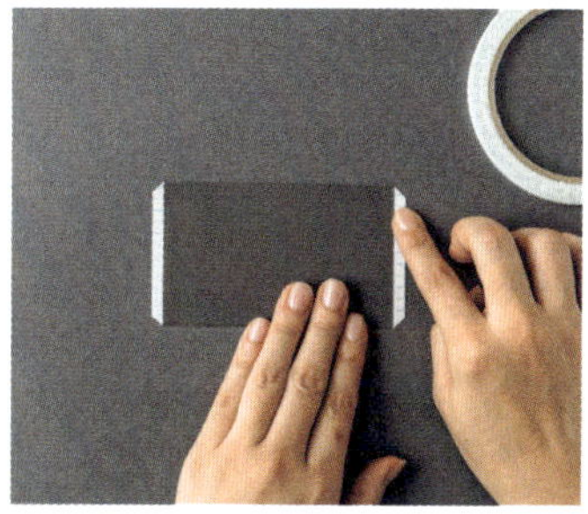

6. Auf dem Papier für die Fächer ⓖ die Falten anreißen und falzen. Doppelseitiges Klebeband auf die Seitenlaschen kleben (Abb. B).

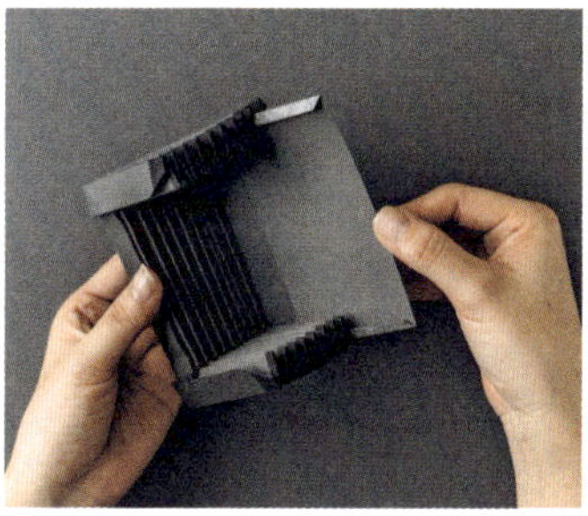

7. Die Fächer in die Taschenfalten kleben.

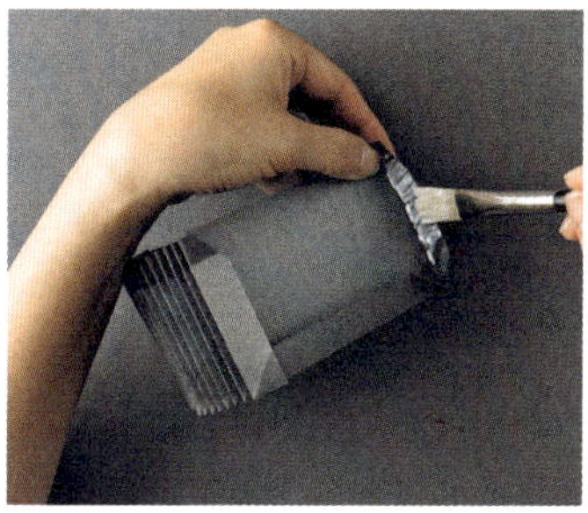

8. Fächer mit PVA-Kleber an die Enden der Ziehharmonika kleben.

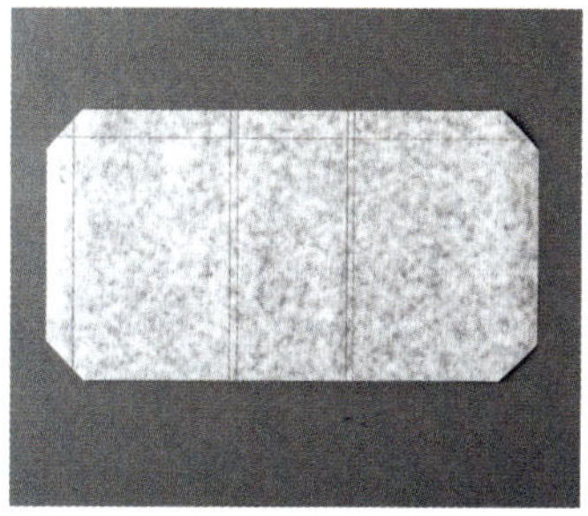

9. Auf der Rückseite des Bucheinbandgewebes für den Deckel ⓐ 15 mm neben dem oberen und dem linken Rand Hilfslinien sowie in der Mitte Linien für die Falze einzeichnen. Die Ecken schräg abschneiden (Abb. C).

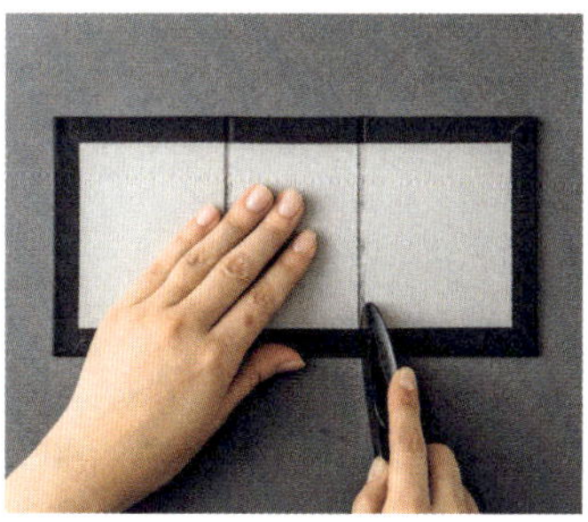

10. Stärkekleber auf die Rückseite des Bucheinbandgewebes auftragen und die Deckel ⓑ und den Rücken ⓒ einschlagen (Abb. C; S. 19). Mit dem Falzbein das Gewebe fest in die Falze drücken. Die Bandenden mit PVA-Kleber fixieren.

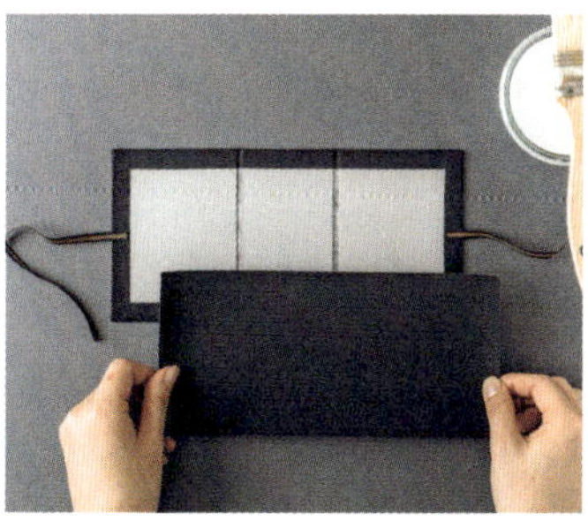

11. Für das Futter ⓓ Stärkekleber auf die Rückseite des Bucheinbandgewebes auftragen, das Gewebe mittig aufkleben und glatt streichen. Mit einem Gewicht beschweren und über Nacht trocknen lassen.

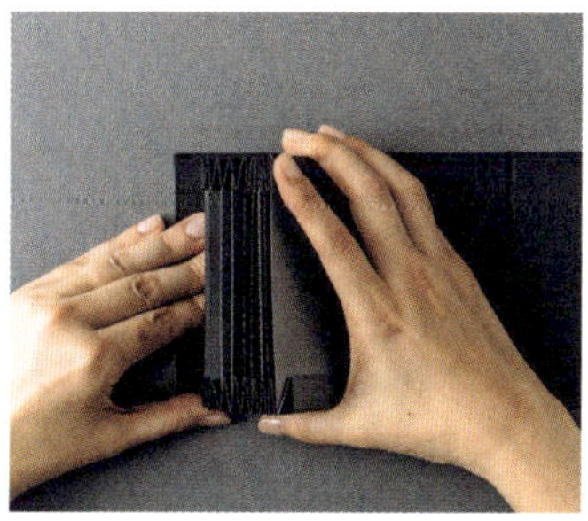

12. Auf Vorder- und Rückseite der Taschen PVA-Kleber auftragen und die Taschen mit jeweils 15 mm Abstand zu den Kanten an die Deckel kleben. Von innen gut andrücken.

#14

ARCHIVORDNER

Ideal zum Verstauen kleiner Dokumente

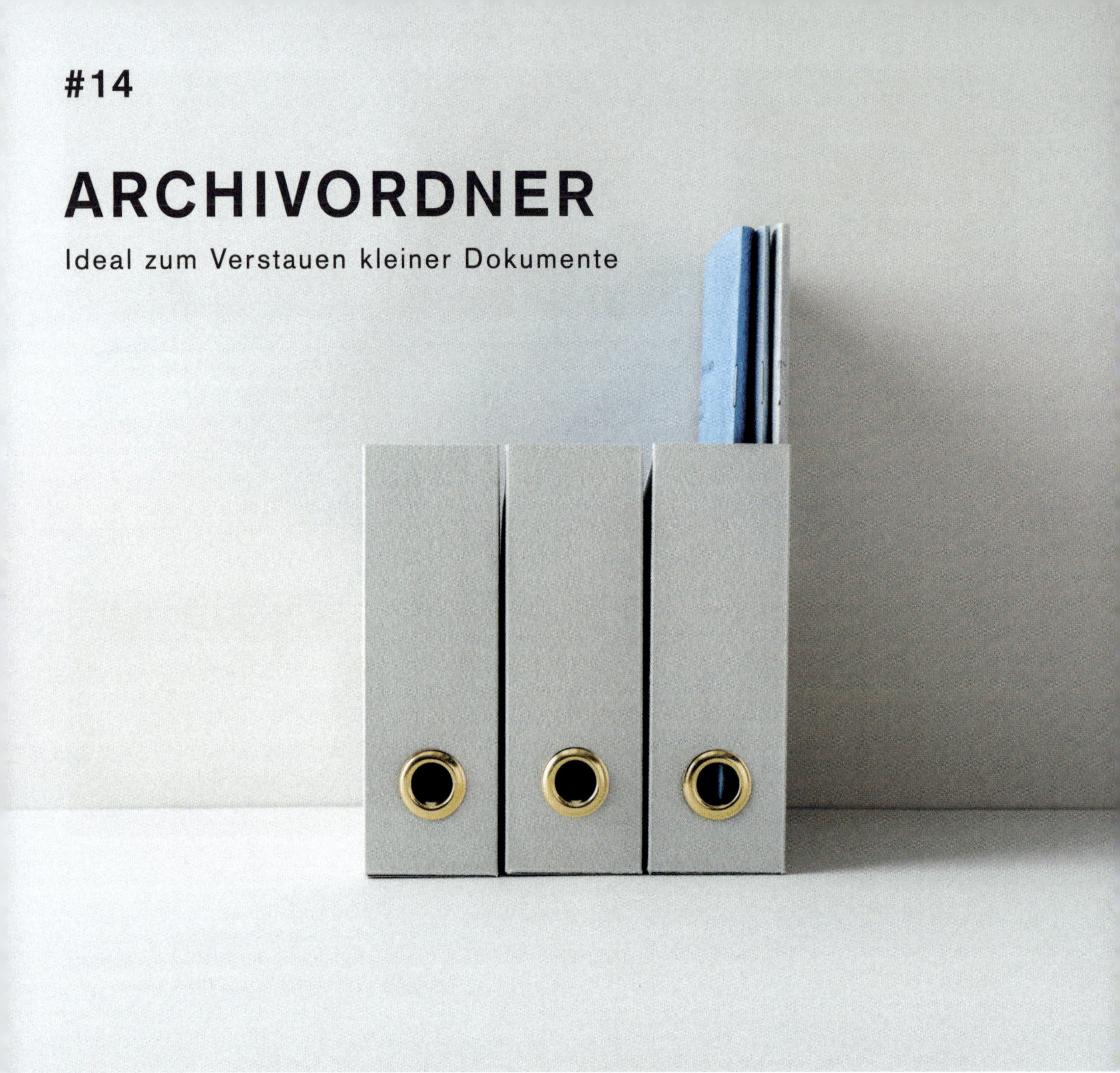

Diese kleinen Archivordner bringen Ordnung ins Dokumentenchaos. Für Briefe, Postkarten und Einzeldokumente sind sie z. B. ideal. Einzeln aufgestellt sind sie wegen ihrer geringen Größe etwas instabil, lassen sich aber dank eingearbeiteter Schlitze an den Seiten mit Büroklammern verbinden.

Materialien

- 1 Stück Karton (350 g/m^2), 185 × 425 mm
  (hier wurde Kompositpapier verwendet)
- 1 Öse, 12 mm Innendurchmesser
- 4 spitze Büroklammern

Größe

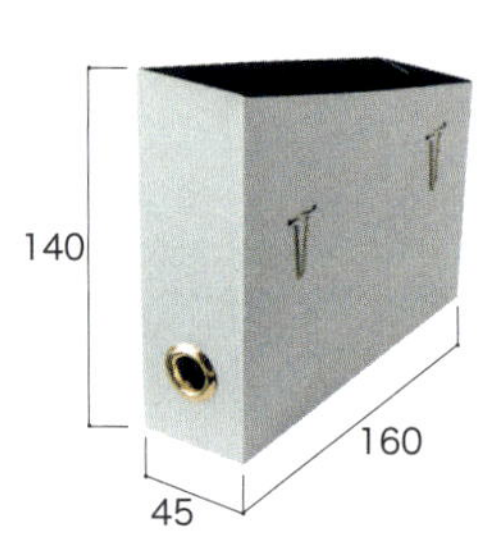

Konstruktionszeichnung

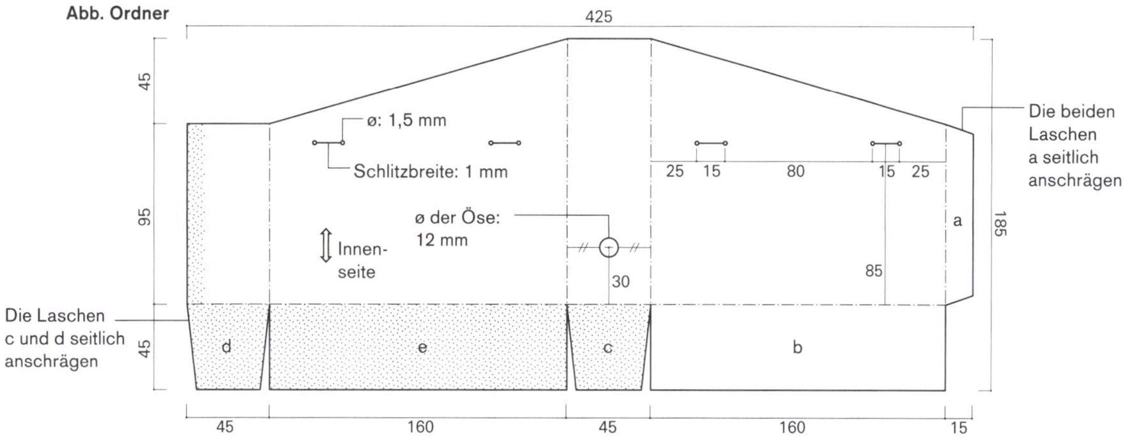

Anleitung

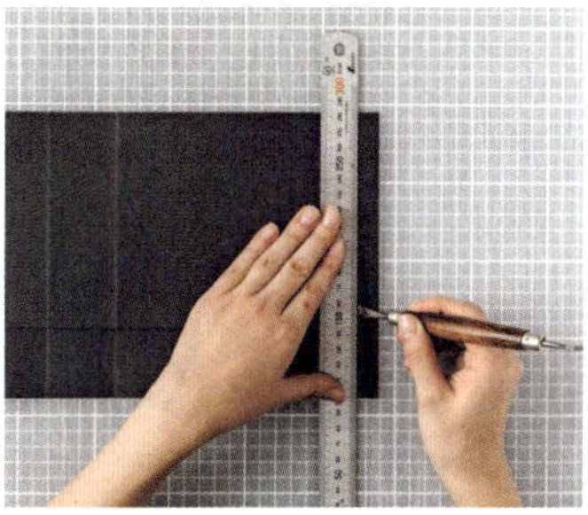

1. Die Falzlinien anreißen und vorfalten (Abb.).

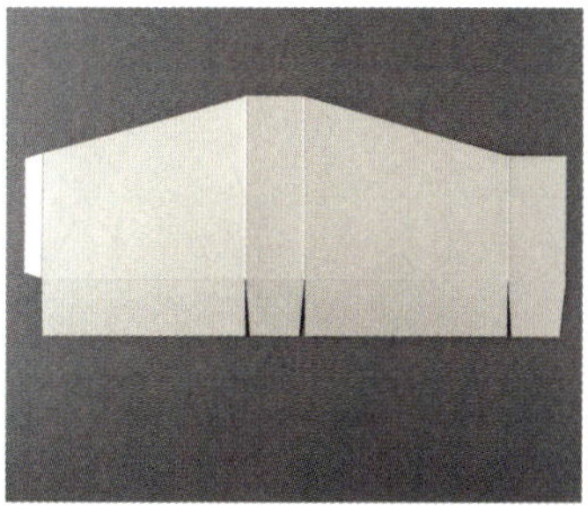

2. Den Ordner zuschneiden (Abb.).

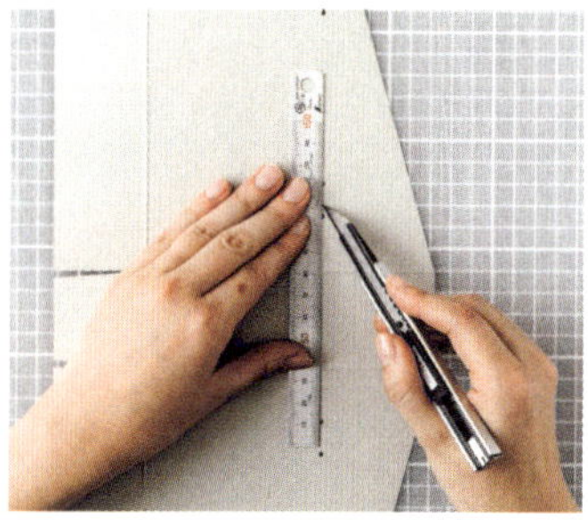

3. Die Schlitze für die Büroklammern einarbeiten (Abb.; S. 16).

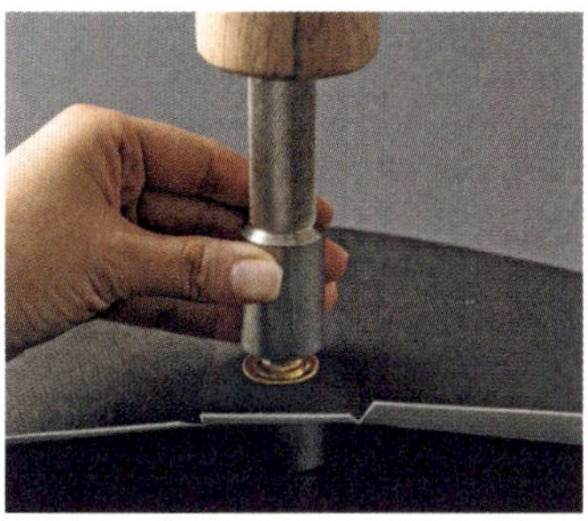

4. Die Öse für den Ordnerrücken einsetzen.

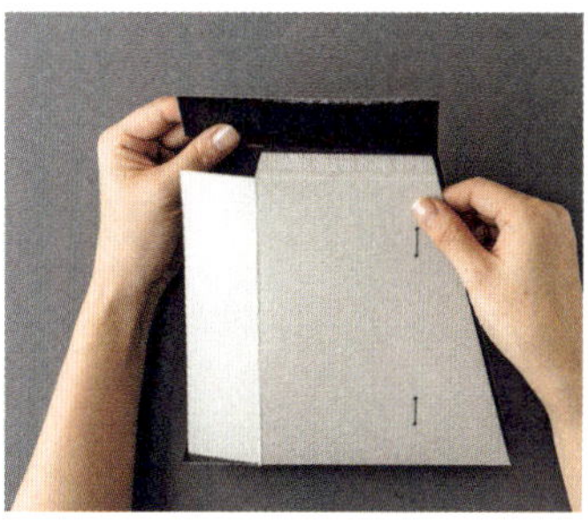

5. PVA-Kleber auf die Laschen auftragen und den Ordner zunächst an der Seite zusammenkleben (Lasche a).

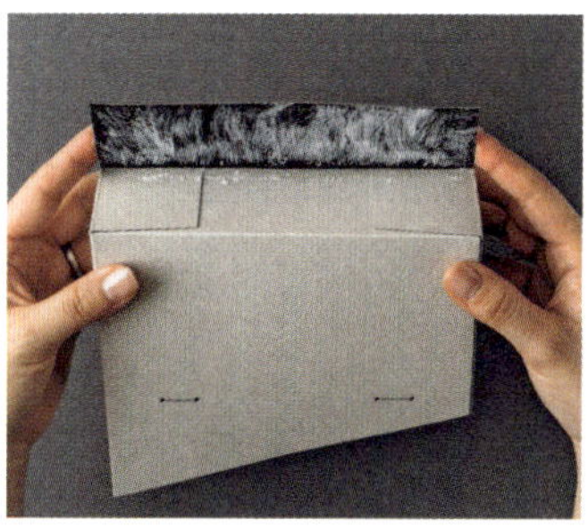

6. Den Boden zusammenkleben: Lasche b liegt innen, es folgen die Laschen c und d und zum Schluss Lasche e (außen). Alles glatt streichen, ohne den Ordner zu verformen.

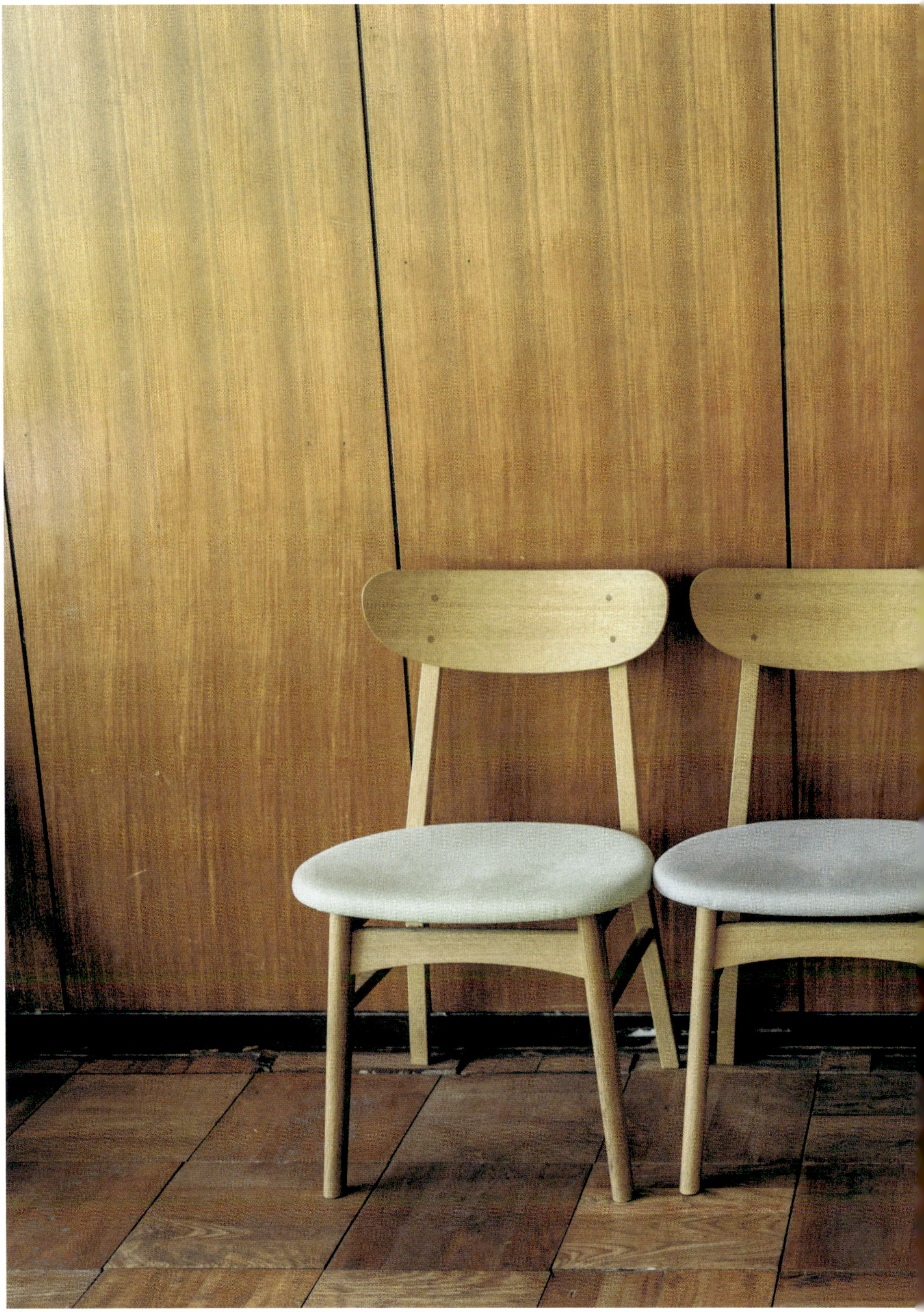

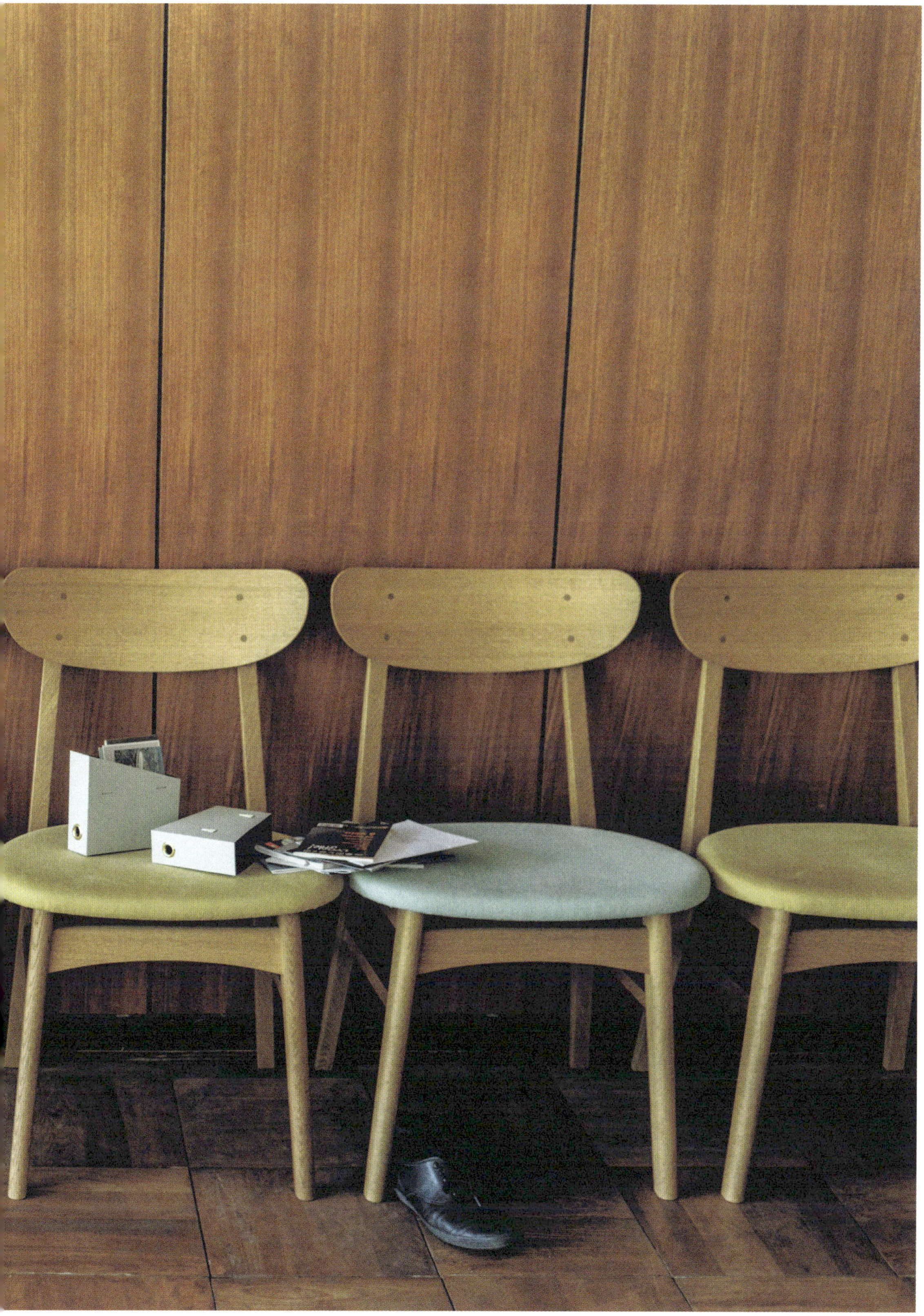

#14 ARCHIVORDNER

#15

REZEPTSAMMLER

Ein Ordner mit zwölf Fächern für die gesammelten Rezepte eines Jahres

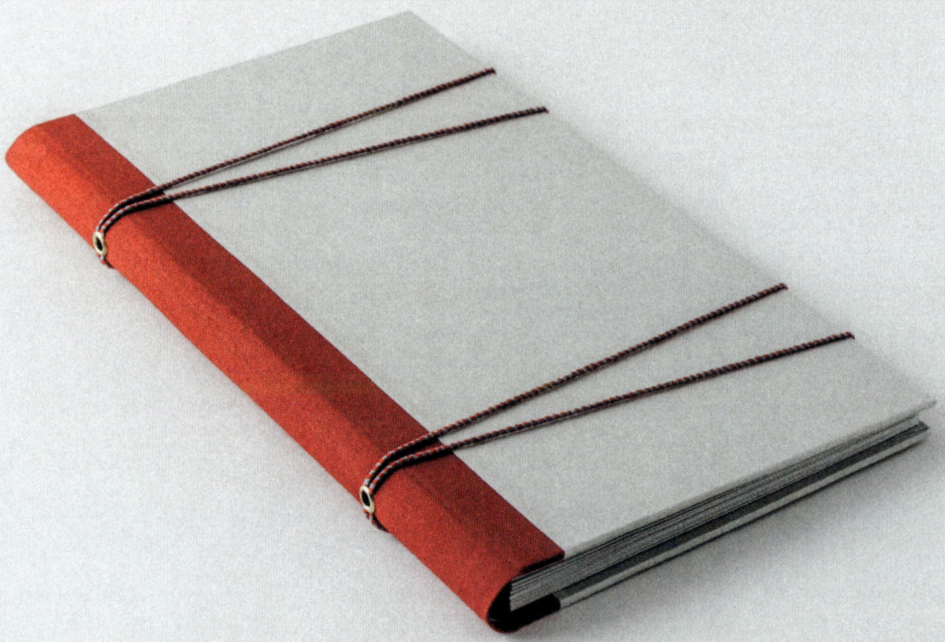

Dieser ebenso hübsche wie praktische Rezeptsammler begleitet Sie durch das ganze Jahr. Beim Öffnen spreizen sich die Fächer wie das Rad eines Pfaus. Vier Gummibänder halten den Ordner auch dann zusammen, wenn die Taschen sich nach und nach mit Rezepten füllen.

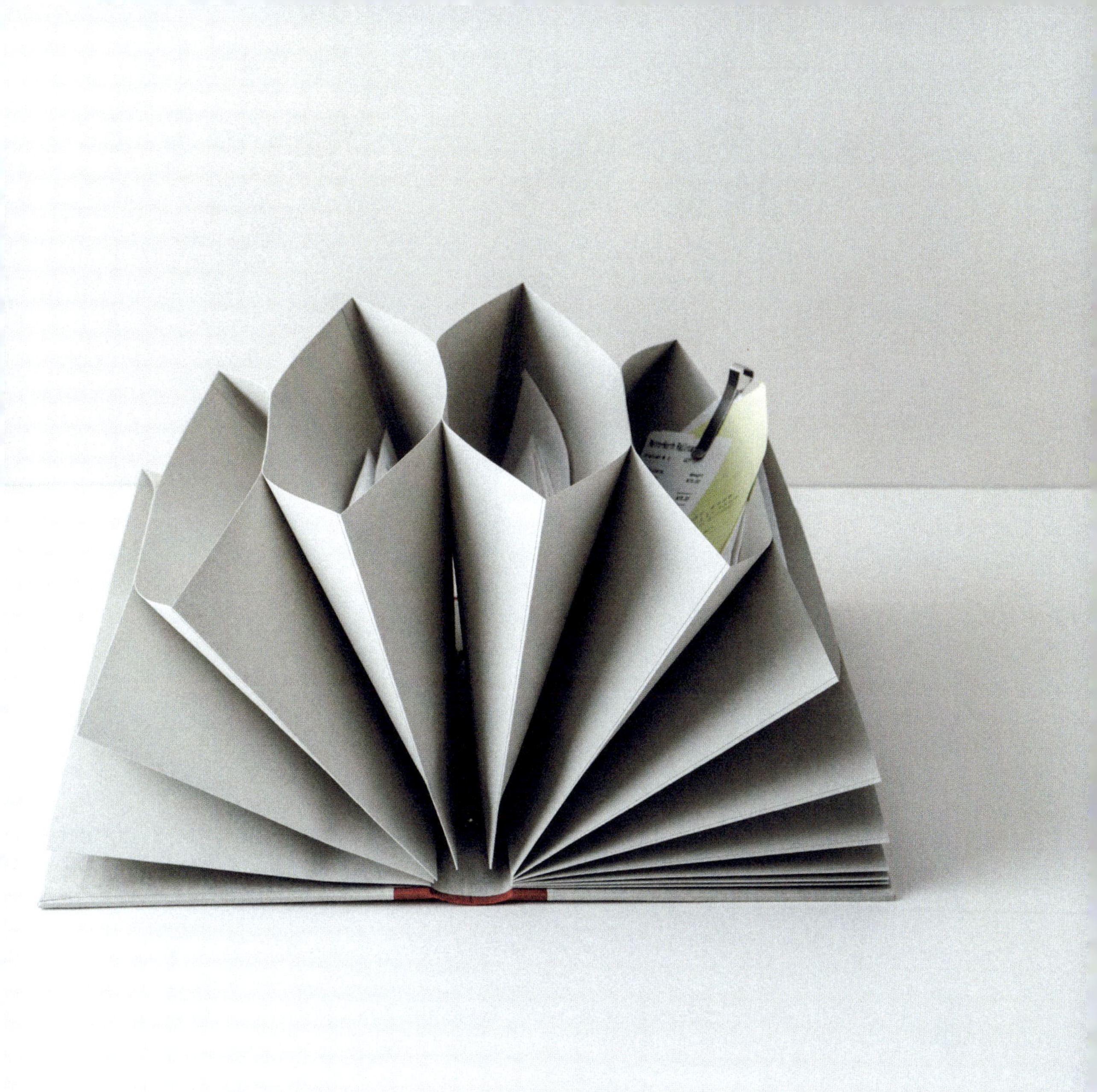

Materialien

- Einband: 2 Bogen Papier (115 g/m²), 276 × 140 mm ⓐ
- Einband Rücken: 1 Stück Bucheinbandgewebe, 276 × 60 mm ⓑ
- Deckel: 2 Bogen Karton, 246 × 138 mm, 2 mm stark ⓒ
- Vorsatzpapier: 2 Bogen Papier (115 g/m²), 240 × 132 mm ⓓ
- Einlage Rücken: 1 Bogen Papier (115 g/m²), 240 × 60 mm ⓔ
- Fächer: 12 Bogen Papier (115 g/m²), 270 × 260 mm ⓕ
- 4 Gummibänder, ca. 290 mm lang
- 2 Ösen (4 mm Innendurchmesser)

Größe

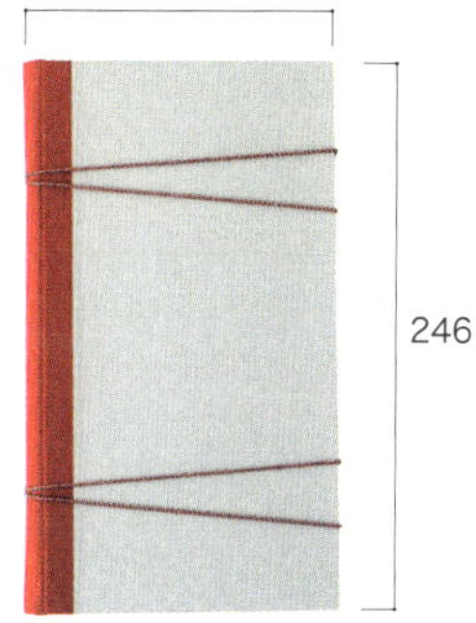

Konstruktionszeichnungen

Abb. A (Fächer)

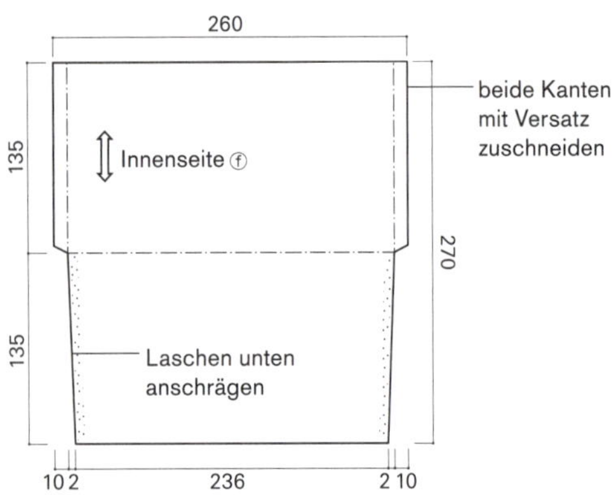

Abb. B (Einband Rücken)

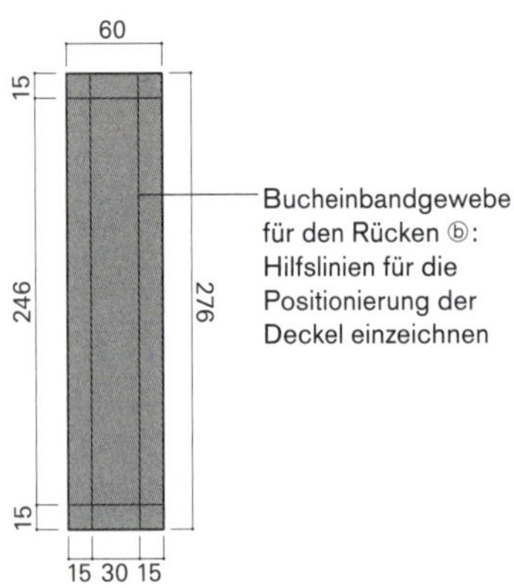

Abb. C (Deckel)

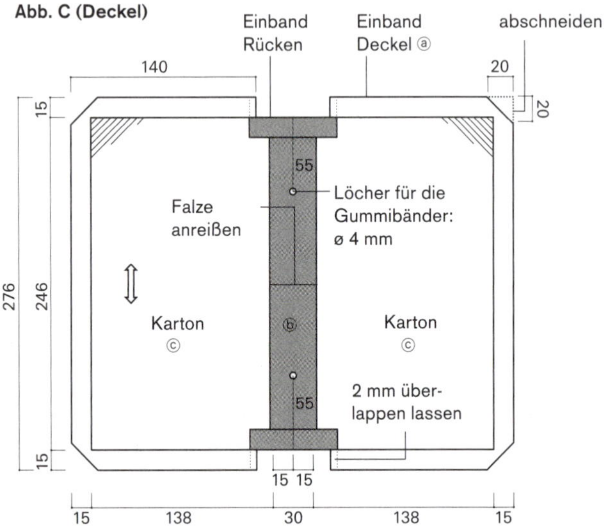

Anleitung

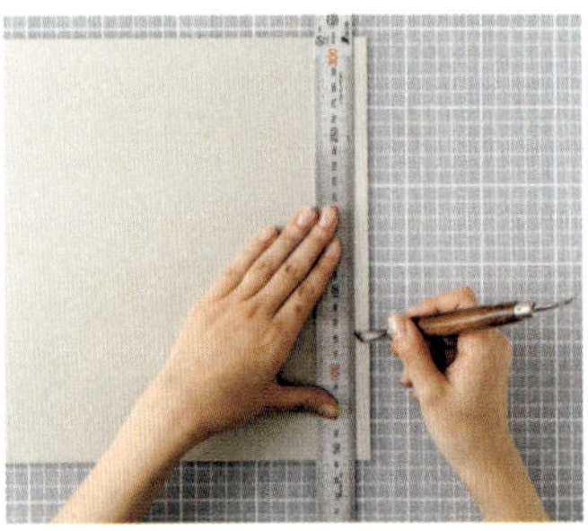

1. Auf dem Papier für die Fächer ⓕ die Falzlinie anreißen und vorfalten (Abb. A).

2. Die Fächer ⓕ exakt zuschneiden (Abb. A).

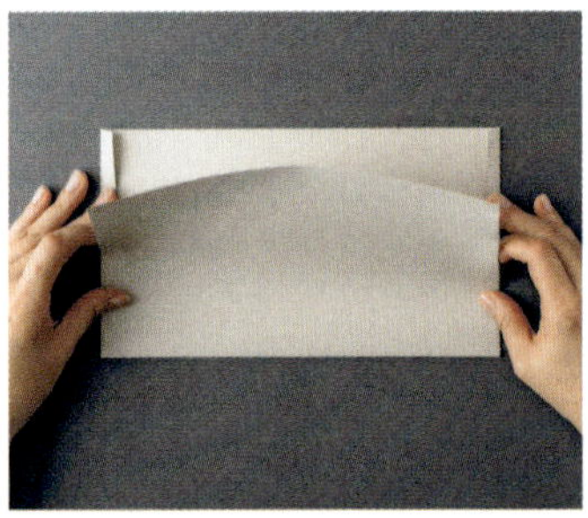

3. PVA-Leim auf die Laschen auftragen, die Fächer falten und zusammenkleben. Alle zwölf Fächer aufeinanderlegen, mit einem Gewicht beschweren und trocknen lassen.

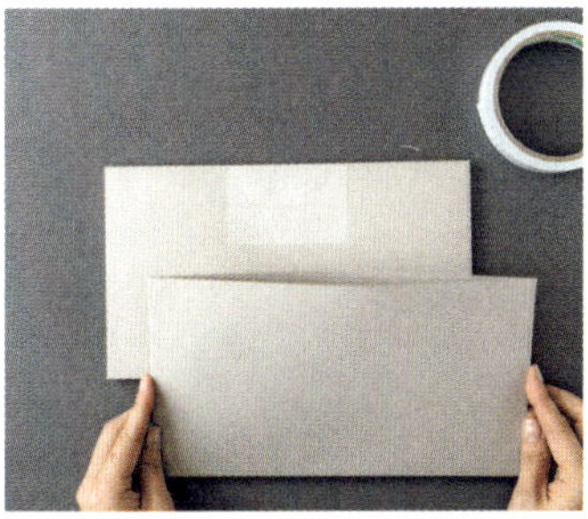

4. Jeweils einen 50 × 80 mm langen Streifen doppelseitiges Klebeband mittig an der Außenkante der Taschen fixieren. Die Fächer so zusammenkleben, dass die Oberkanten passgenau aufeinanderliegen.

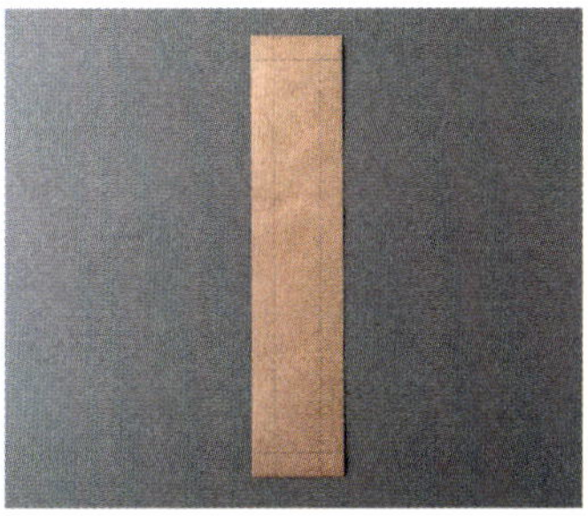

5. Die Hilfslinien auf der Rückseite des Bucheinbandgewebes ⓑ einzeichnen (Abb. B).

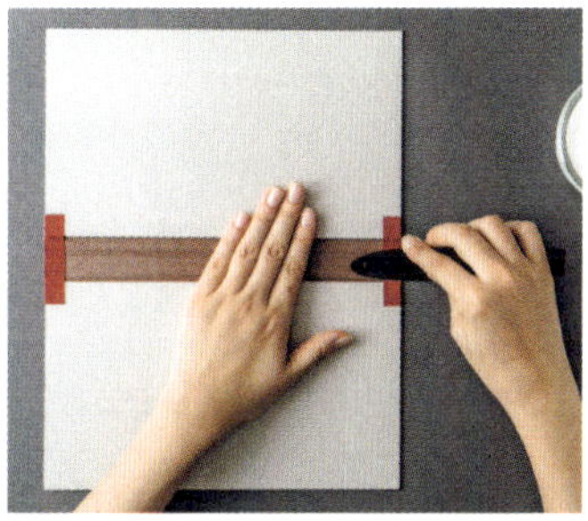

6. Stärkekleber auf die Rückseite des Bucheinbandgewebes auftragen, die Deckel ⓒ aufkleben und einschlagen. Das Gewebe mit einem Falzbein gut in die Falze drücken, sodass eine feste Verbindung entsteht.

(Den Rückeneinband 2 mm überlappen lassen.)

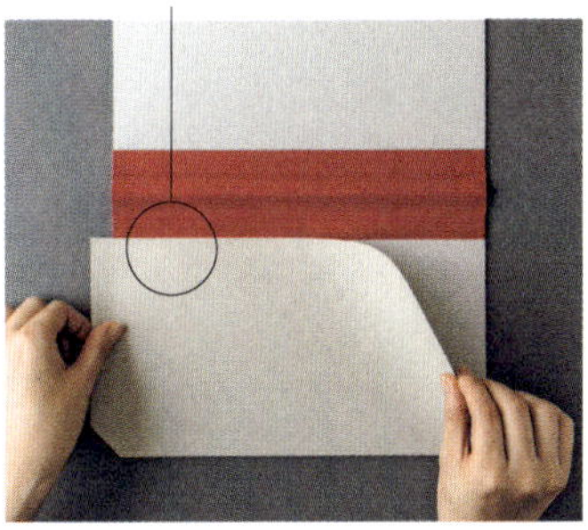

7. Für den Einband ⓐ Stärkekleber auf die Rückseite des Papiers auftragen und das Papier auf die Deckel kleben. Dabei auf gleichmäßige Abstände zu den Außenkanten achten (Abb. C).

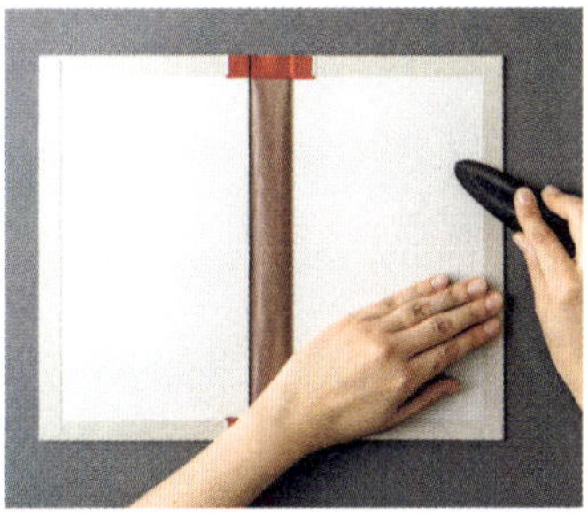

8. Den Deckel umdrehen, den Einband umschlagen, festkleben und glatt streichen (siehe S. 19).

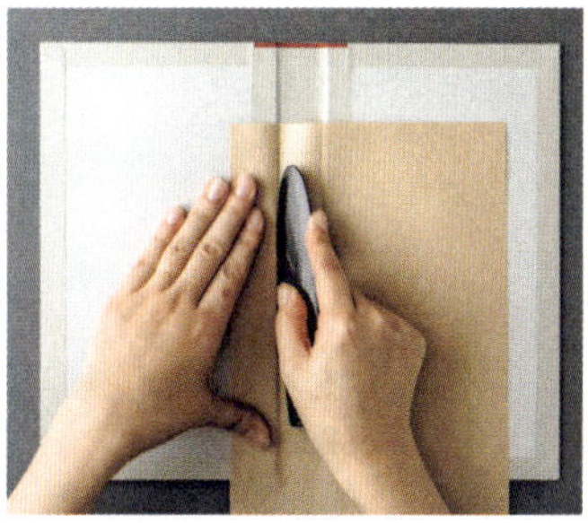

9. Für die Einlage ⓔ Stärkekleber auf die Rückseite des Papiers auftragen und die Einlage mittig aufkleben. Mit einem Falzbein gut in die Falze drücken.

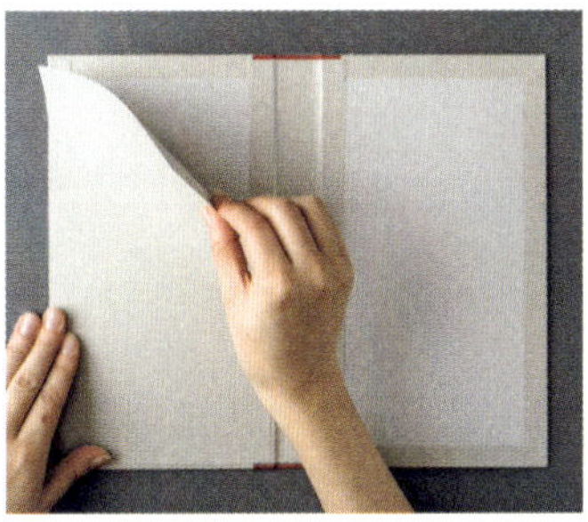

10. Stärkekleber auf die Rückseite des Vorsatzpapiers ⓓ auftragen und das Papier aufkleben. Dabei auf gleichmäßige Randabstände achten. Das Papier glatt streichen, ein Gewicht auflegen und alles über Nacht trocknen lassen.

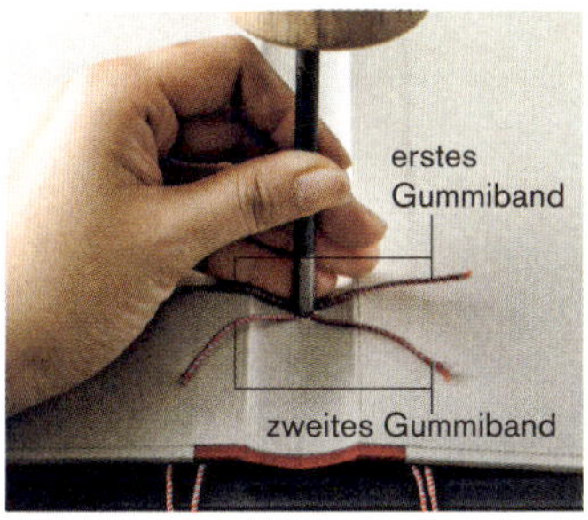

11. Die Löcher in den Buchrücken stanzen und die Gummibänder so einfädeln, dass sie sich schlaufenförmig um das Buch legen. Dabei auf die richtige Anordnung und einen guten Sitz achten. Die Gummibänder mit Ösen fixieren (siehe S. 21).

(Auf gleichmäßige Randabstände achten.)

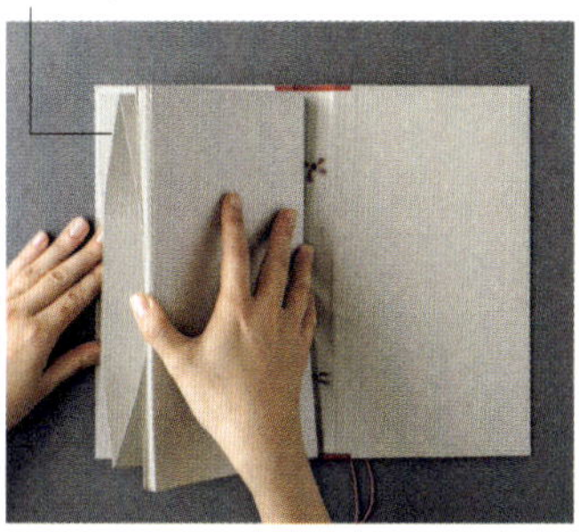

12. Einen 50 × 80 mm langen Streifen doppelseitiges Klebeband mittig an der Außenkante des ersten und letzten Fachs fixieren. Die Fächer in den Deckel kleben und von innen gut andrücken.

#16

DOKUMENTENTASCHE

Eine stabile Mappe mit Seitenfalte und viel Platz

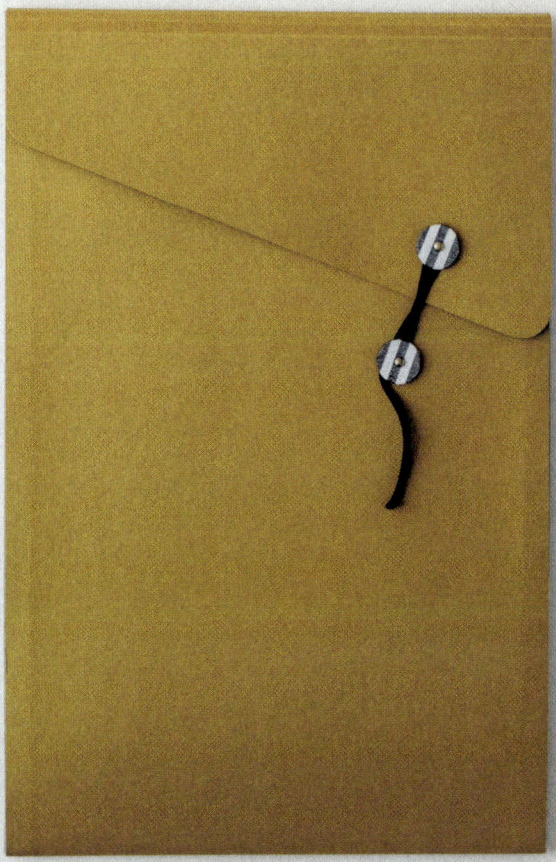

Dokumentenmappen werden normalerweise aus Packpapier gefertigt, doch warum nicht mal etwas anderes ausprobieren? Für diese Mappe habe ich innen und außen Papiere in unterschiedlichen Farben verwendet. Sie ist mit Bucheinbandgewebe verstärkt und hat einen Knopfverschluss. Die Lasche können Sie frei gestalten. Aus schönem Papier gefertigt, eignet sich die Mappe auch als Geschenkverpackung.

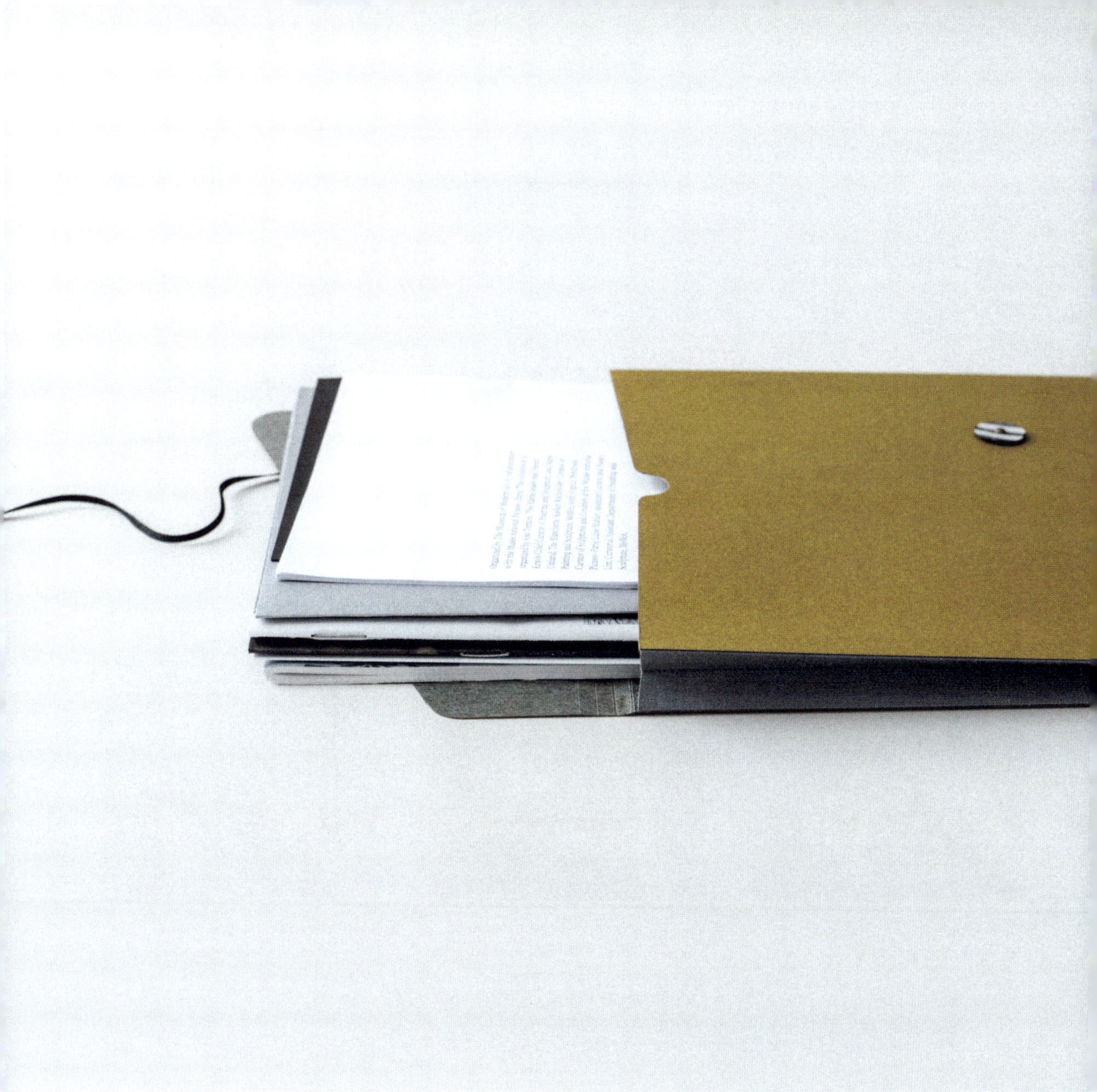

Materialien

- 1 Bogen Papier (230 g/m^2), 190 × 685 mm
  (hier wurde Kompositpapier verwendet)
- 2 Stücke Bucheinbandgewebe, 40 × 285 mm
- 2 Knöpfe aus Karton, ø 15 mm
  (hier mit Gewebe beklebt)
- 2 Doppelkopfniete, ø 3,5 mm
- Band, ca. 220 mm lang

Größe

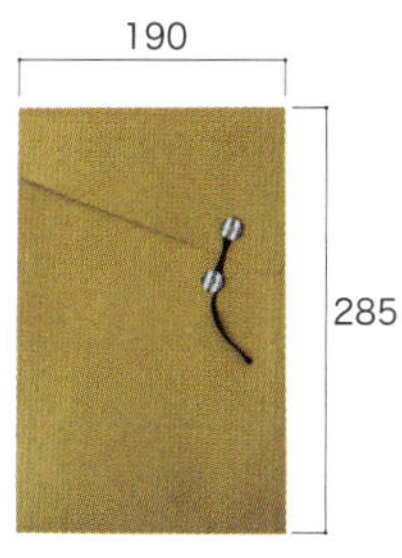

Konstruktionszeichnungen

Abb. A (Mappe)

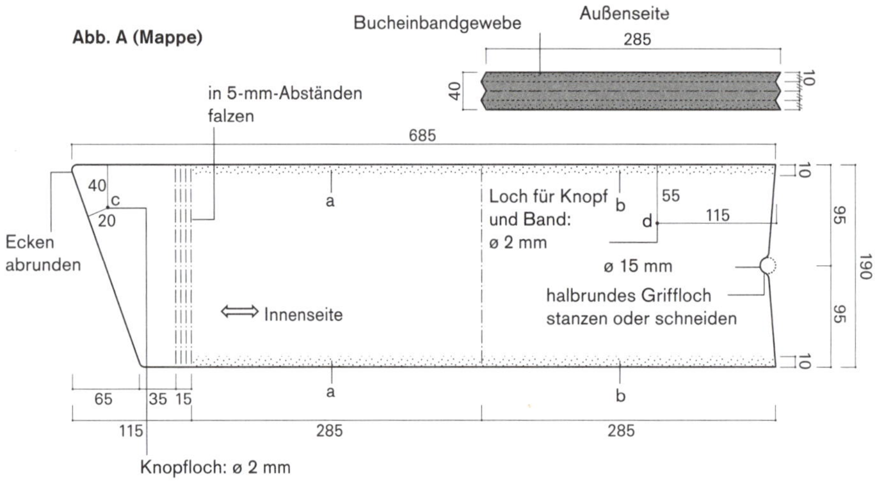

Abb. B (Knopf und Band)

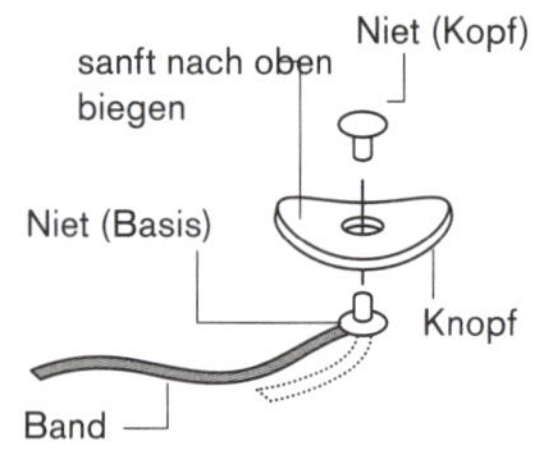

Da das Band um die Knöpfe geschlungen wird, benötigen Sie Niete mit ausreichend langem Schaft.

Anleitung

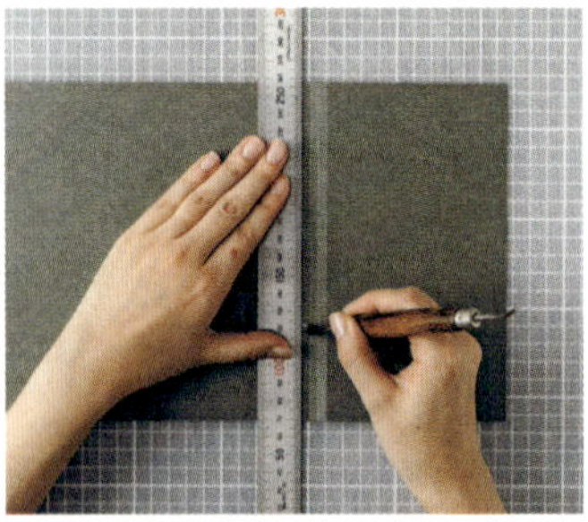

1. Die Falzlinien anreißen und das Papier falzen (Abb. A).

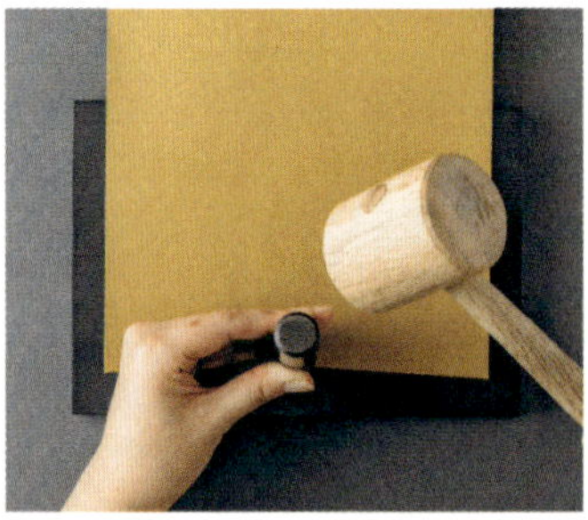

2. Die Lasche zuschneiden und die Ecken mit der Schere abrunden. Ein halbrundes Griffloch mittig in die Oberkante der Umschlaginnenseite stanzen oder schneiden. (Abb. A).

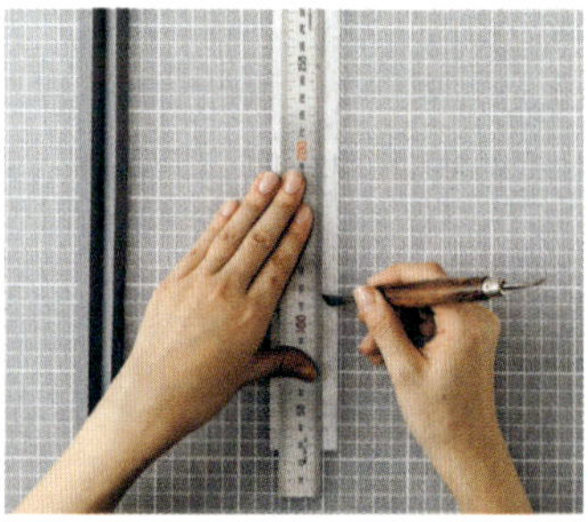

3. Auf dem Bucheinbandgewebe die Falten anreißen und mit einem Falzbein eindrücken.

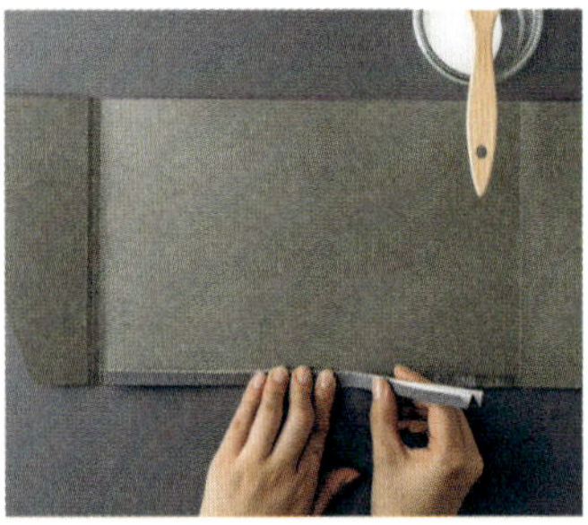

4. PVA-Kleber 10 mm breit auf die Klebelaschen a auftragen und das gefaltete Bucheinbandgewebe mit der rechten und offenen Seite nach außen aufkleben.

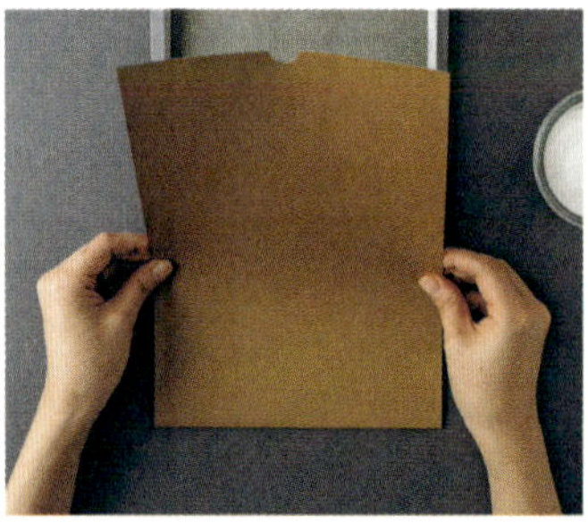

5. PVA-Kleber 10 mm breit auf die Klebelaschen b auftragen. Halten Sie das Bucheinbandgewebe in Position und falten Sie die Mappe vom unteren Falz ausgehend in die fertige Form. Beschweren Sie die Mappe über Nacht mit einem Gewicht.

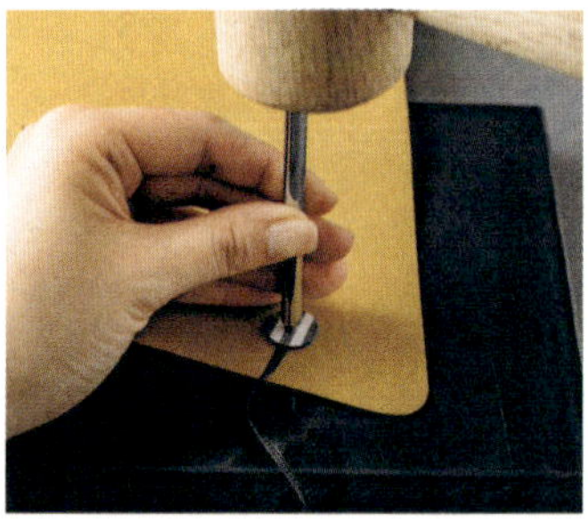

6. Ein Loch an Position c stanzen und den Knopf mit einem Niet fixieren (Abb. B; S. 21). Den zweiten Knopf an Position d befestigen.

#17

DOKUMENTENMAPPE

Mit Innentaschen und Spanngummis

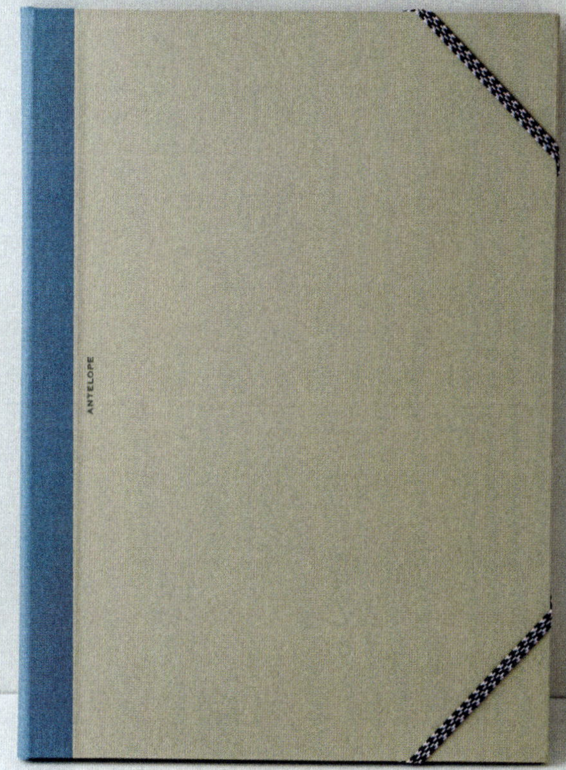

Diese Dokumentenmappe im DIN-A4-Format besitzt drei praktische Innentaschen für kleinere Dokumente und Visitenkarten. Die Eingriffe werden mit Papier oder Bucheinbandgewebe verstärkt. Größere Mappen sind in der Handhabung oft umständlicher, zum Einstieg empfehle ich deshalb dieses Format.

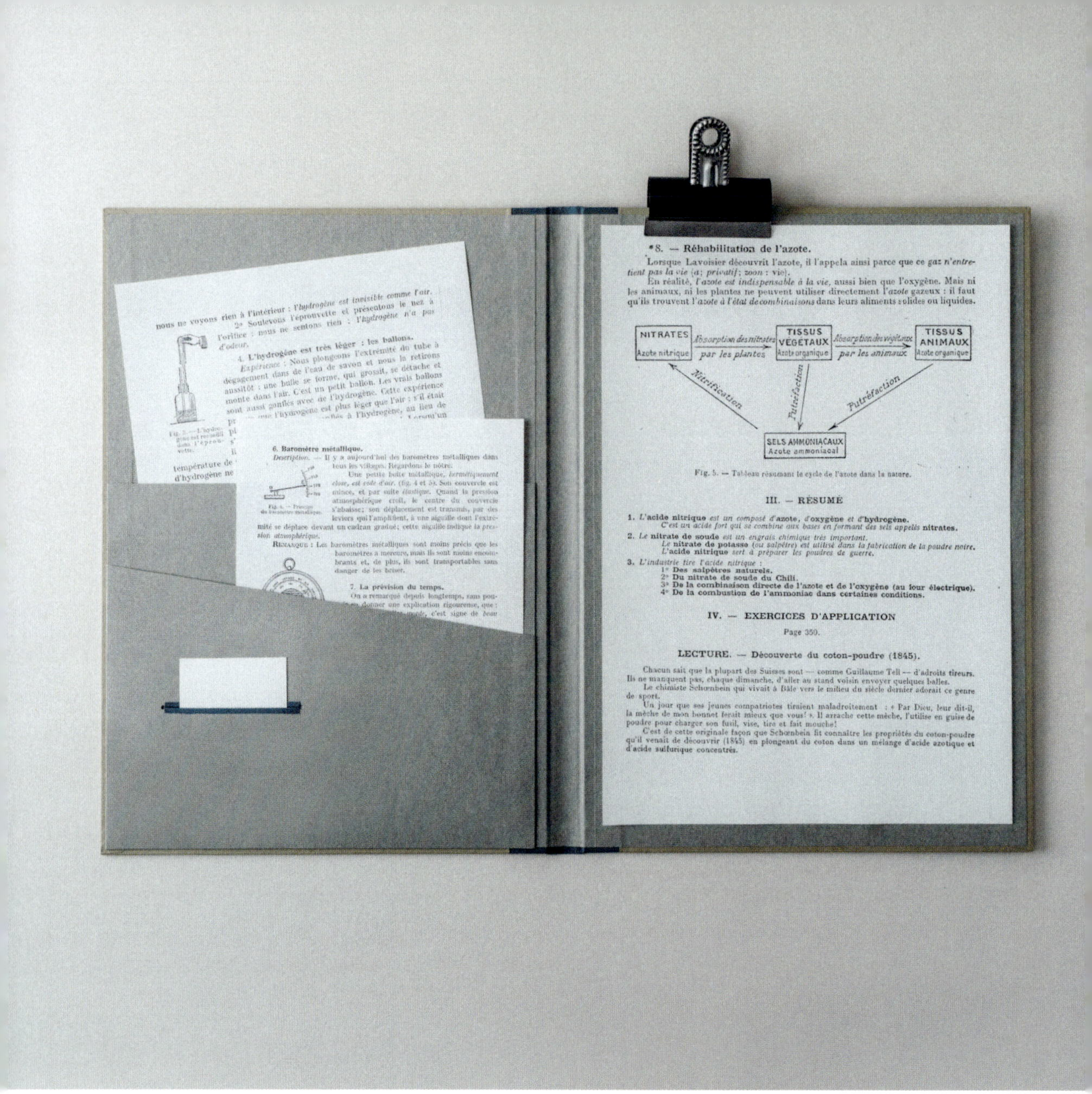

Materialien

- Einband: 2 Bogen Papier (115 g/m^2), 350 × 227 mm ⓐ
- Rücken: 1 Stück Bucheinbandgewebe, 350 × 60 mm ⓑ
- Deckel: 2 Bogen Karton, 320 × 230 mm, 2 mm stark ⓒ
- Futter: 2 Bogen Papier (115 g/m^2), 314 × 220 mm ⓓ
- Einlage Rücken: 1 Bogen Papier (115 g/m^2), 314 × 50 mm ⓔ
- Taschen: 1 Bogen Papier (115 g/m^2), 185 × 240 mm (groß), 155 × 241 mm (klein) ⓕ
- Taschen: 2 Stücke Bucheinbandgewebe, 8 × 70 mm ⓖ
- 2 Gummibänder, jeweils ca. 170 mm lang
- 4 Ösen (4 mm Innendurchmesser)

Größe

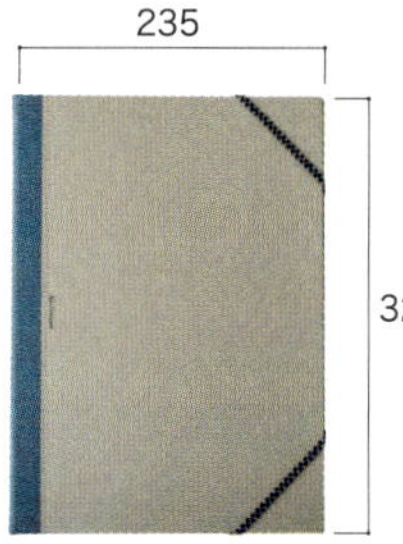

Konstruktionszeichnungen

Abb. A (Taschen)

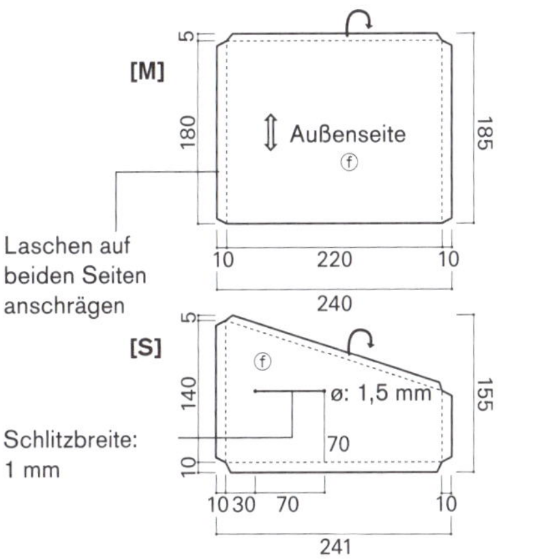

Abb. B (Rücken)

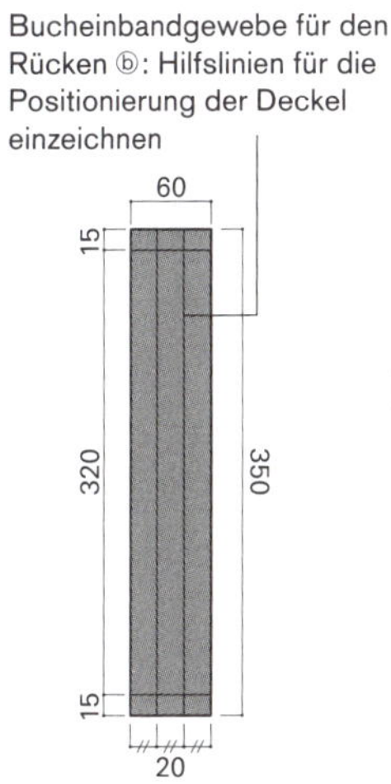

Abb. C (Deckel)

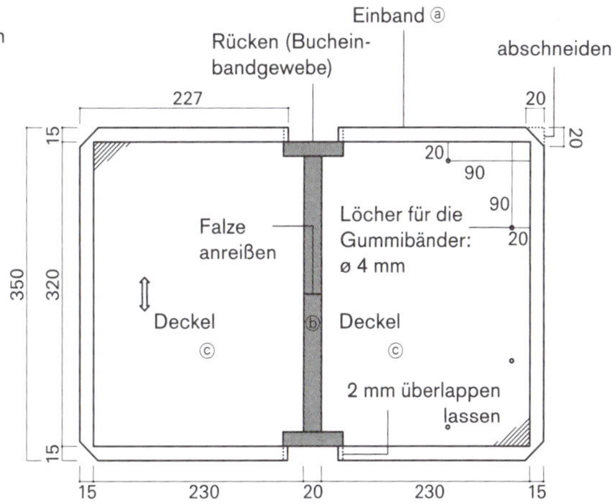

Anleitung

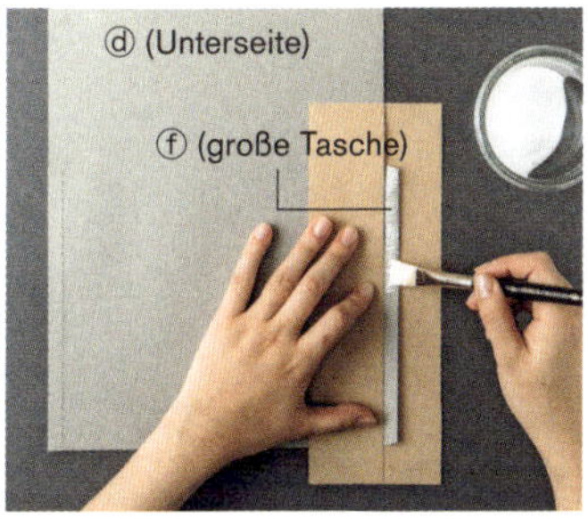

1. Die Falten für die Taschen auf dem Papier anreißen und falzen ⓕ (Abb. A). Auf die Laschen der großen Tasche PVA-Kleber auftragen und die Tasche auf das Futterpapier ⓓ kleben.

(Das Bucheinbandgewebe in der Mitte falten und den Eingriff damit verstärken.)

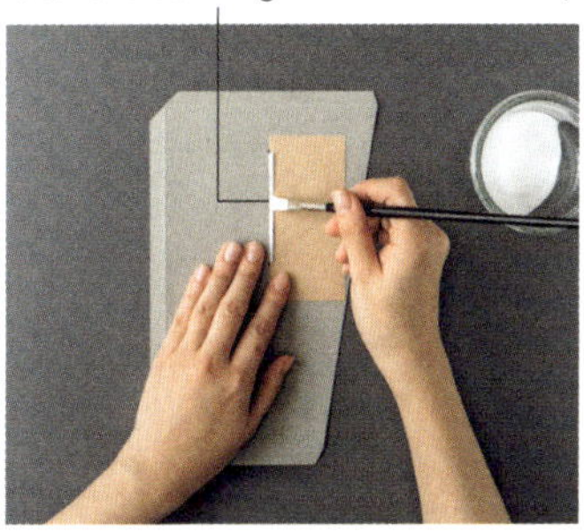

2. Einen Schlitz in das Papier für die kleine Tasche schneiden (Abb. A; S. 16). Die Schlitzöffnung mit Bucheinbandgewebe ⓖ verstärken. PVA-Kleber auf die Laschen auftragen und die kleine auf die große Tasche kleben.

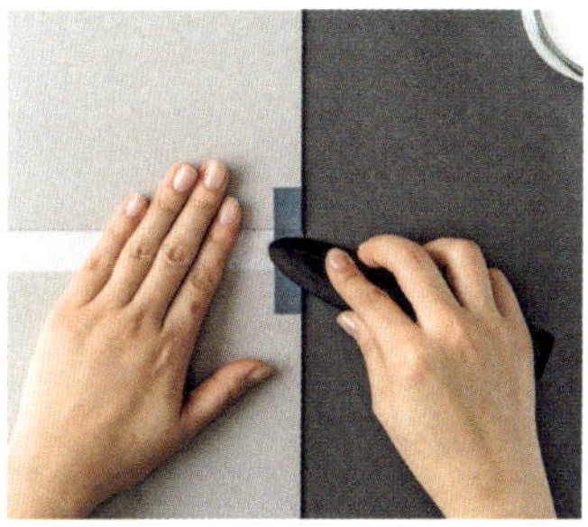

3. Auf der Rückseite des Bucheinbandgewebes für den Rücken ⓑ Hilfslinien für die Platzierung der Deckel einzeichnen, Stärkekleber auftragen und die Deckel ⓒ aufkleben. Das Gewebe oben und unten nach innen einschlagen (S. 71, Schritte 5–6).

(Die Kanten des Rückeneinbandes 2 mm breit überkleben.)

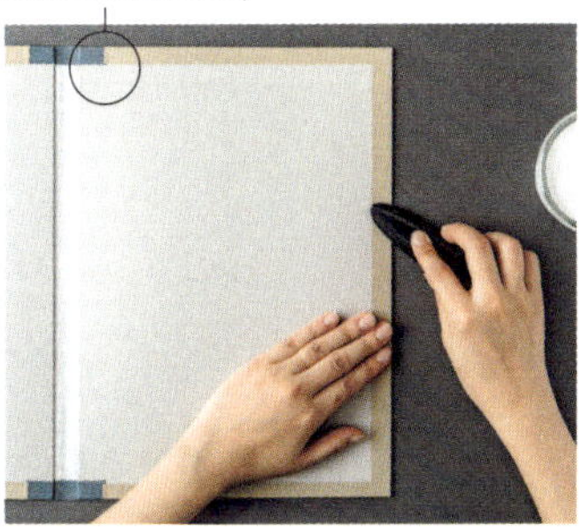

4. Auf die Rückseite des Papiers für den Einband ⓐ Stärkekleber auftragen und die Deckel einschlagen (Abb. C; S. 71, Schritte 7–8).

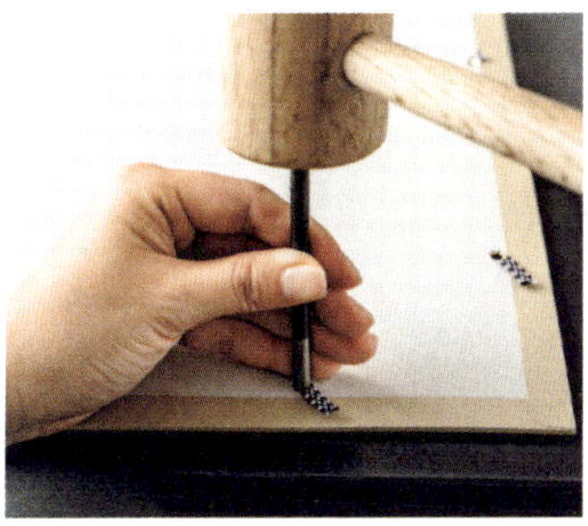

5. Die Löcher für die Gummibänder in die Deckel stanzen, die Gummibänder einfädeln und mit Ösen fixieren (Abb. C; S. 21), ohne sie zu verdrehen.

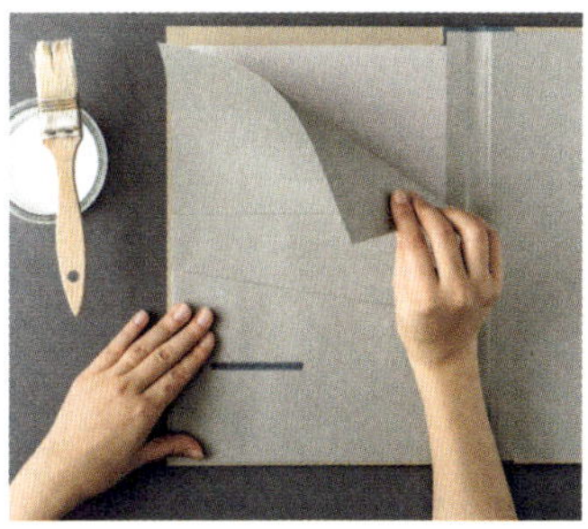

6. Die Einlage für den Rücken ⓔ aufkleben. Die Taschen auf eine Innenseite kleben, das verbliebene Futterpapier ⓓ auf die andere (S. 71, Schritte 9–10). (Sie müssen schnell arbeiten, damit beim Aufkleben keine Falten entstehen.)

#18

SCHUBLADENBOX FÜR KLEBEFILME

Die Patentlösung für bunte Klebe- und Gewebebänder

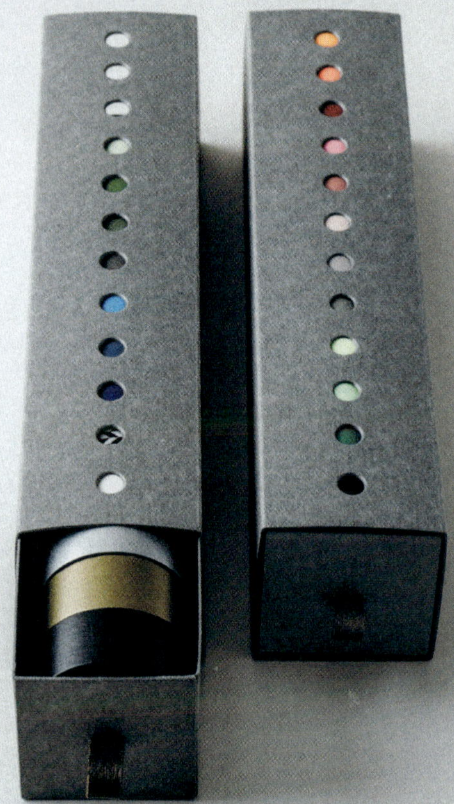

Klebefilme vernünftig unterzubringen, ist gar nicht so einfach, vor allem, wenn man so viele besitzt wie ich. Verstaut man sie in Schachteln, weiß man hinterher oft nicht mehr, welche Schachtel man für welche Bänder in welchen Farben verwendet hat. Deshalb besitzt diese Schubladenbox runde Gucklöcher, durch die man die Klebefilme sehen kann.

Materialien

- Schublade: 1 Stück Karton (350 g/m^2), 120 × 350 mm (hier wurde Kompositpapier verwendet)
- Schuber: 1 Stück Karton (350 g/m^2), 178 × 191 mm
- Einlage: 1 Stück Karton (350 g/m^2), 117 × 187 mm
- Lederband: 40 mm lang, 6 mm breit

(Die Schachtel in diesem Beispiel enthält zwölf 15 mm breite Klebefilmrollen mit 35 mm Außendurchmesser. Für alle Größen gilt: Die Schachtel sollte innen 5–10 mm breiter sein als der Außendurchmesser der Klebefilmrollen.)

Größe

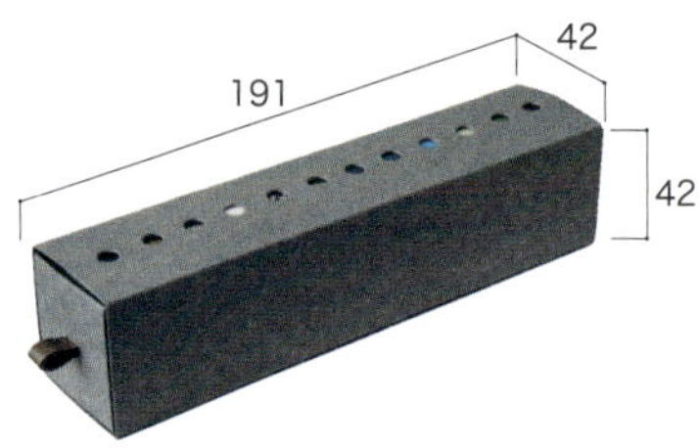

Konstruktionszeichnungen

Abb. A (Schublade)

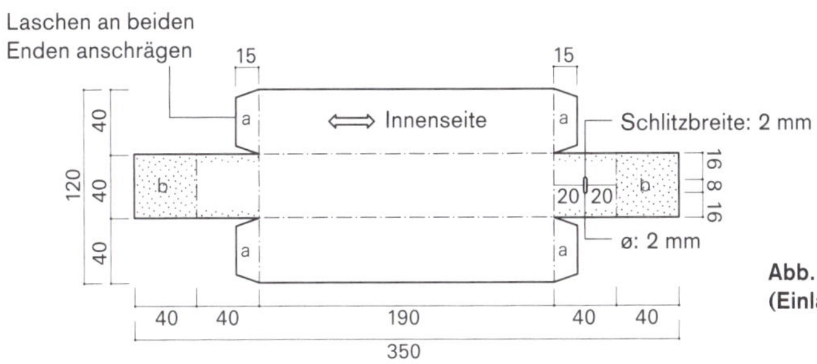

Abb. B (Schuber)

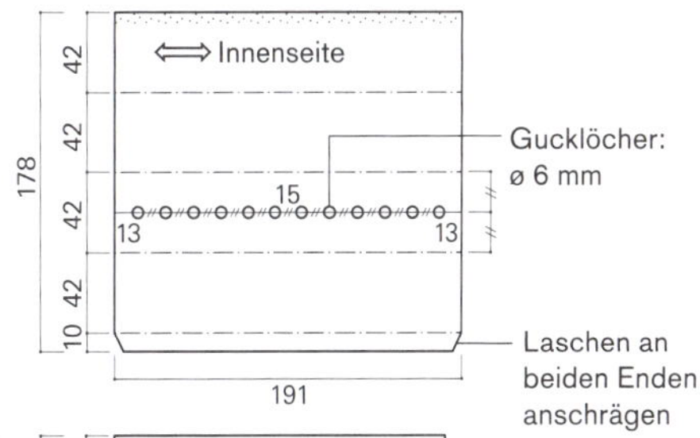

Abb. C (Einlage)

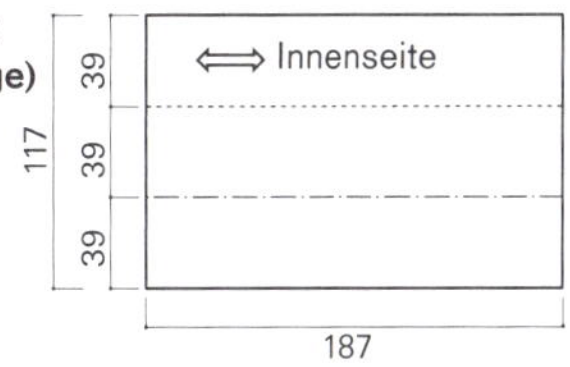

Anleitung

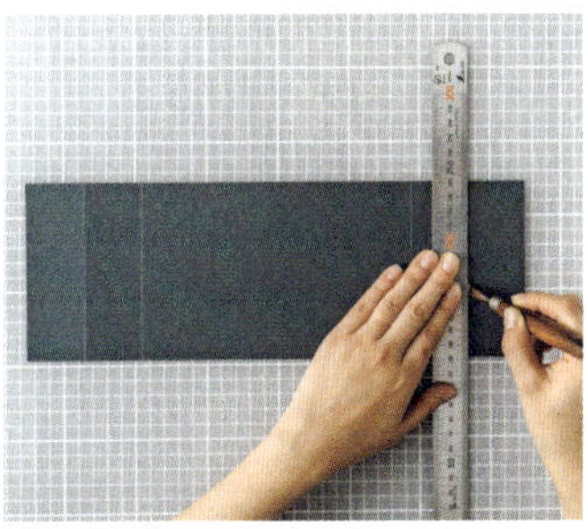

1. Die Falten für die Schublade auf dem Papier anreißen und das Papier falten (Abb. A).

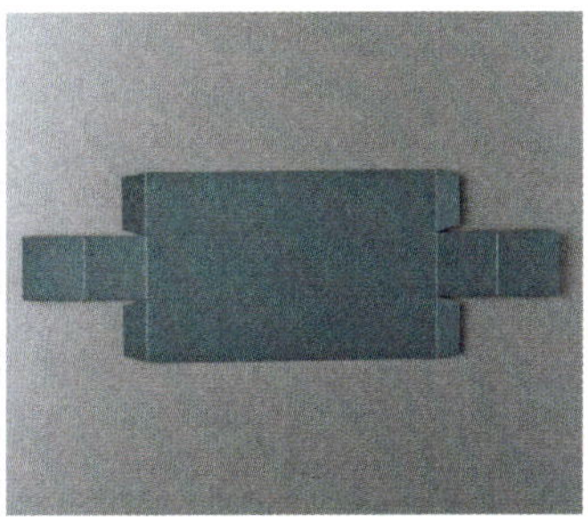

2. Die Schublade zuschneiden und formen (Abb. A).

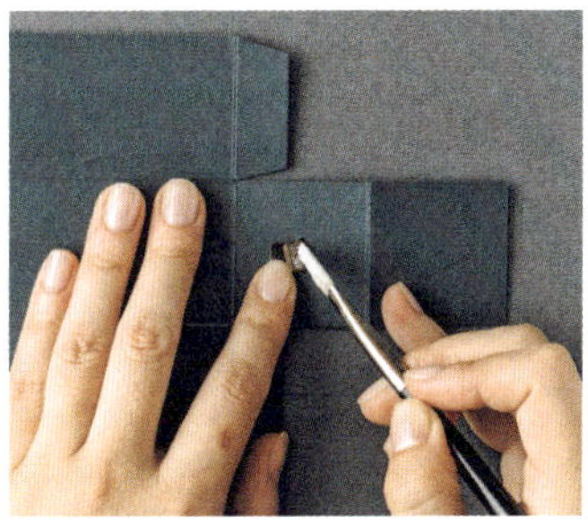

3. Den Schlitz für das Lederbändchen in die Schubladenfront schneiden (Abb. A; S. 16). Den Lederstreifen zu einer Schlaufe legen, die Enden durch den Schlitz stecken und mit PVA-Leim fixieren.

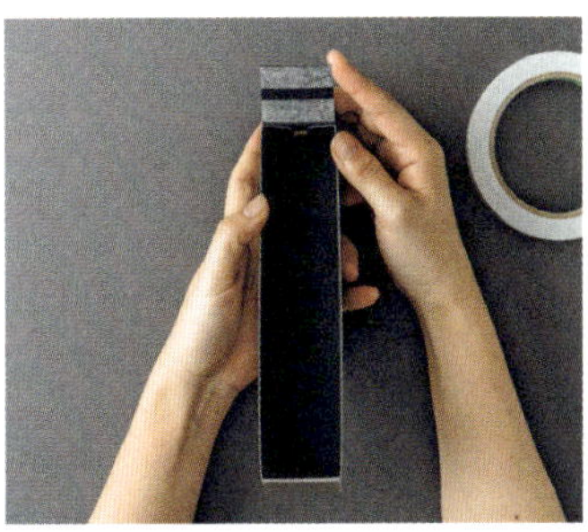

4. PVA- Kleber auf die Laschen ⓐ auftragen und die Schublade zusammenkleben. Die Laschen ⓑ nach innen falten und mit doppelseitigem Klebeband fixieren.

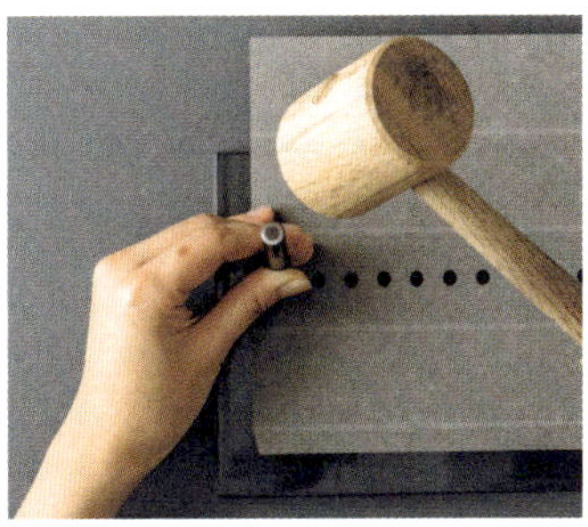

5. Die Falten für den Schuber auf dem Papier anreißen und vorfalzen. Die Gucklöcher einstanzen (Abb. B). PVA-Kleber auf die Klebelaschen auftragen und den Schuber zusammenkleben.

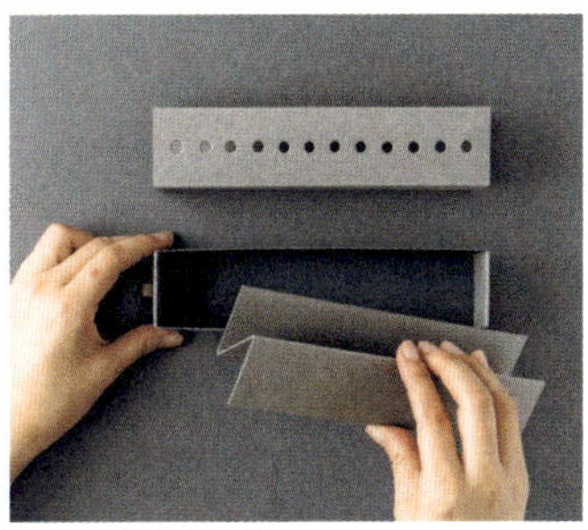

6. Die Falten für die Einlage auf dem Papier anreißen und falzen (Abb. C). Die Einlage in die Schublade legen.

#19

BUCHSCHUBER

Eine edle Hülle für Paperbacks

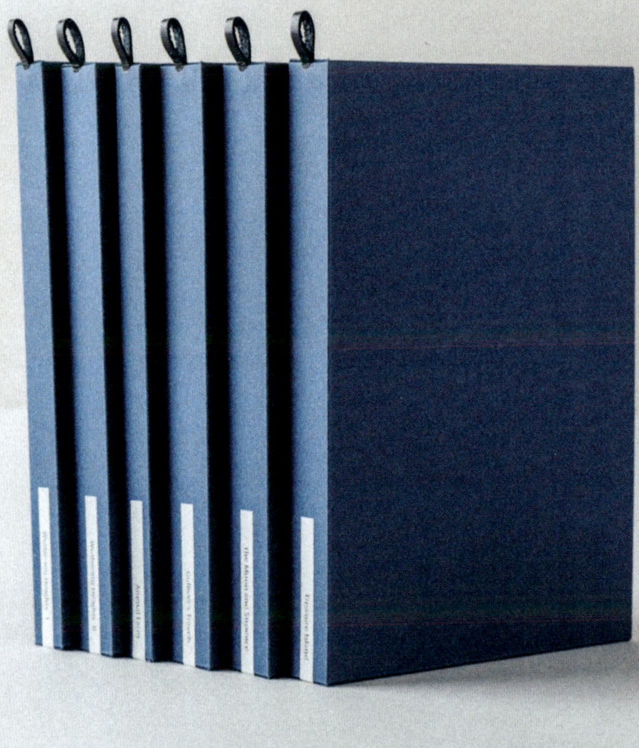

Nebeneinander aufgereiht ziehen die Buchschuber sofort alle Blicke auf sich – selbst wenn sie „nur“ Paperbacks enthalten. An der oben angebrachten Lederschlaufe lassen sie sich leicht aus dem Regal ziehen. Durch das kleine Format und die dezent beschrifteten Etiketten wirken sie besonders edel.

Materialien

- Schuber: 1 Bogen Papier (230 g/m²)
- 1 Bogen Pergamentpapier: (Höhe des Buches + 60 mm) × (Breite des Buches × 2) + Breite des Buchrückens + 100 mm)
- Lederband, 40 mm lang, 3 mm breit
- 1 Etikett

(Da Bücher in der Regel unterschiedlich groß und dick sind, müssen Sie die Größe der Schuber jeweils individuell berechnen.)

Größe

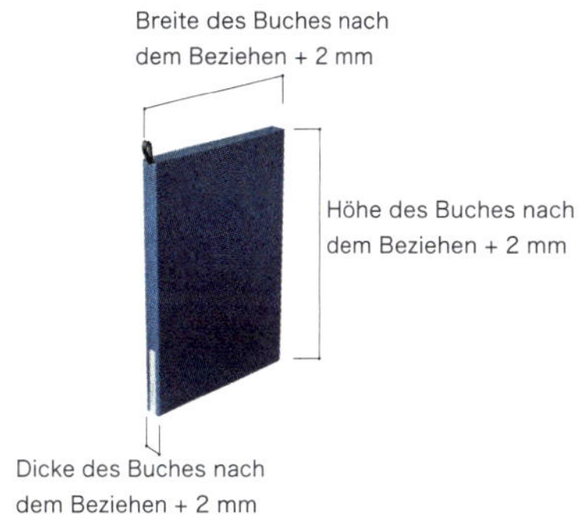

Konstruktionszeichnungen

Abb. A (Einband)

Buch auf das Pergamentpapier legen und einschlagen

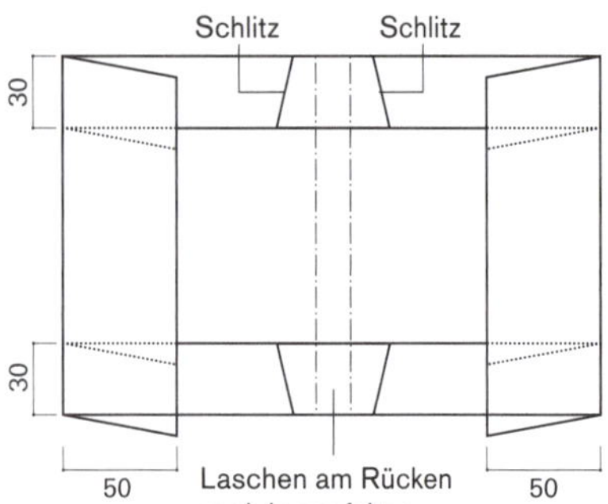

Abb. B (Schuber)

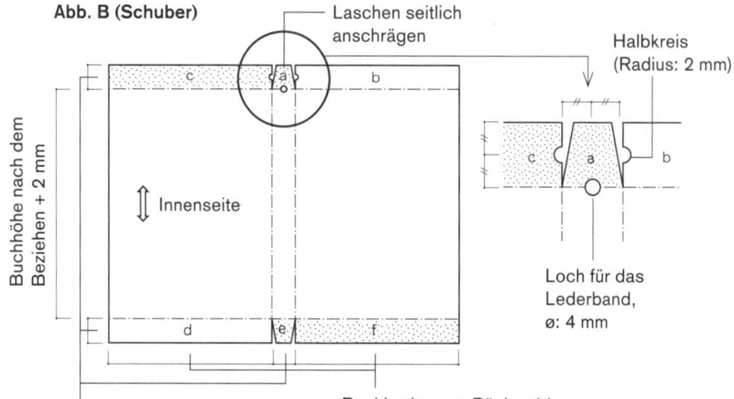

Anleitung

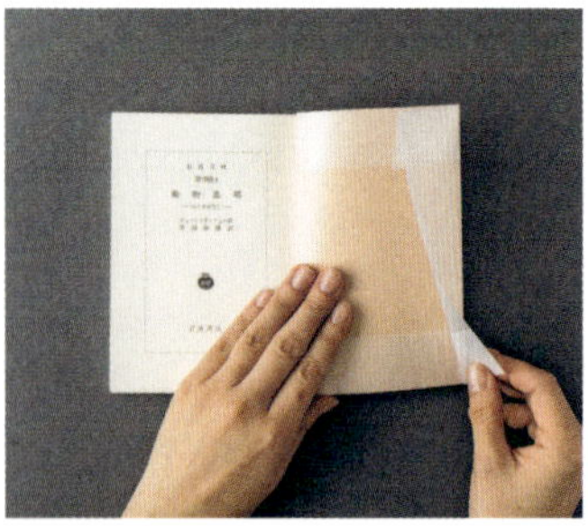

1. Den Schutzumschlag des Buches ggf. entfernen und das Buch in Pergamentpapier einschlagen (Abb. A). Das Buch anschließend ausmessen, um die Größe des Schubers zu berechnen: Höhe, Breite (Rücken bis Vorderkante) und Dicke.

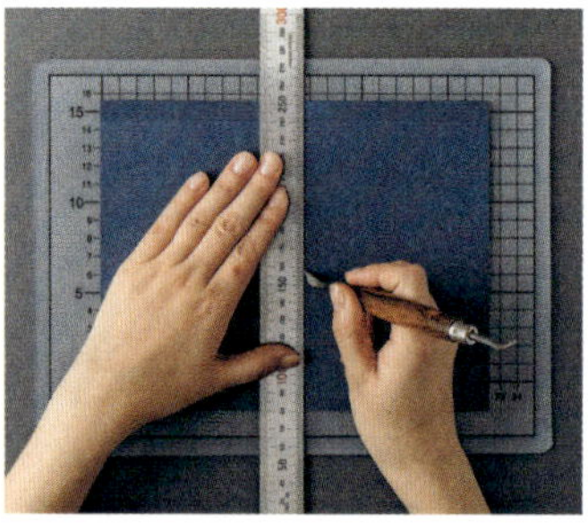

2. Das Papier für den Schuber gemäß der berechneten Maße zuschneiden. Die Falten anreißen und falzen (Abb. B).

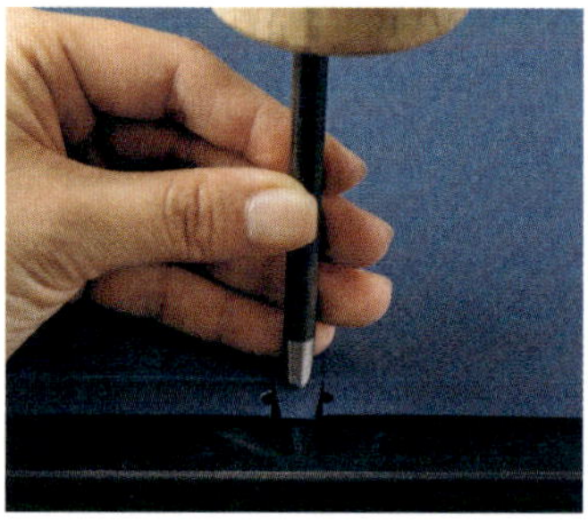

3. Die Löcher für das Lederband stanzen (ein rundes Loch und zwei halbrunde Löcher; Abb. B).

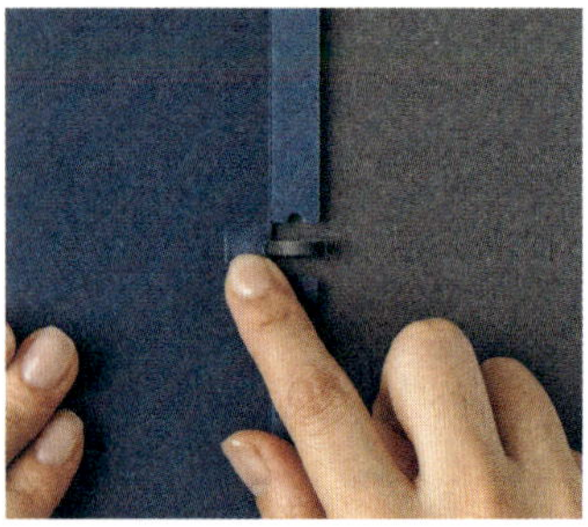

4. Das Lederband zu einer Schlaufe legen und die Enden durch das Loch fädeln. PVA-Kleber auf die Lasche a auftragen und die Lasche nach innen falten.

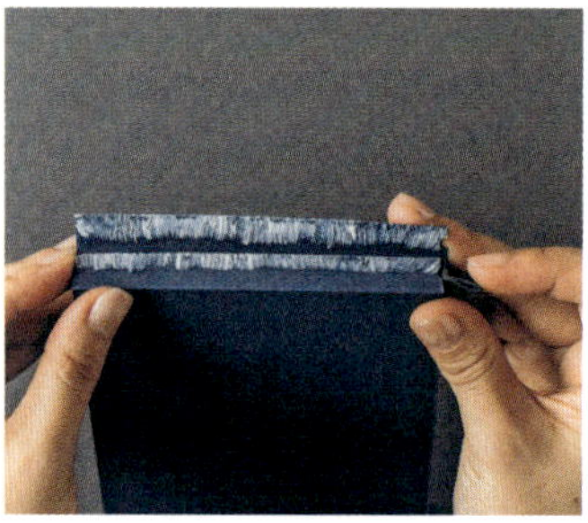

5. PVA-Kleber auf die Lasche c auftragen und die Laschen zusammenkleben (b unter c). Dabei darauf achten, dass kein Leim an das Lederbändchen gerät und die Kanten rund um das Bändchen bündig liegen.

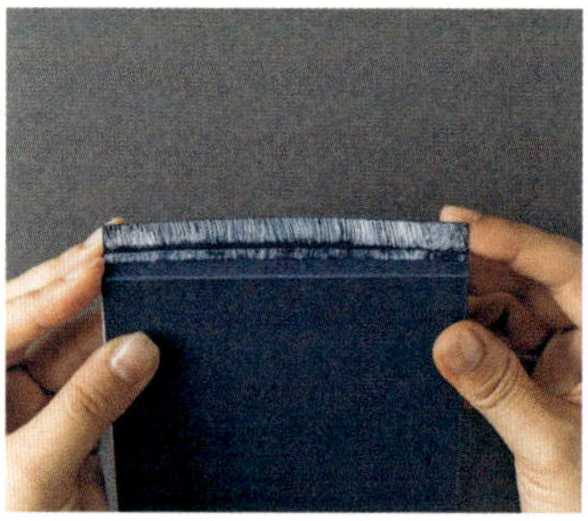

6. PVA-Kleber auf die Laschen e und f auftragen und die Laschen zusammenkleben (d über e über f). Das Buch einschieben und die Klebenähte an Ober- und Unterseite des Schubers glatt streichen. Ein Etikett nach Wahl am Rücken fixieren.

#20

STAPELBOXEN

Praktische Schachteln in drei verschiedenen Größen

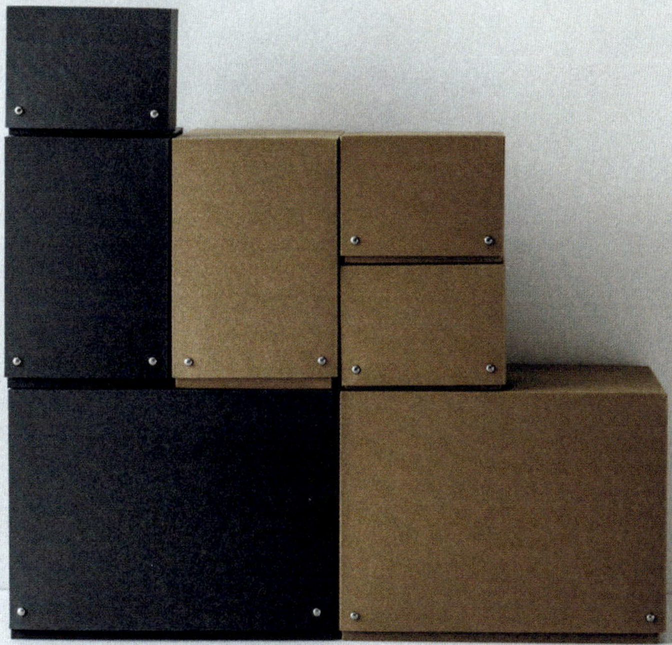

In der großen Schachtel habe ich Fotos der Größe 9 × 13 cm untergebracht, in der mittleren Visitenkarten und in der kleinen Büroutensilien wie Haftnotizen und Büroklammern. Damit sich die Boxen wie Bauklötze stapeln lassen, muss die Grundfläche jeweils verdoppelt bzw. halbiert werden. Die Niete dienen zur Verstärkung der Klebenähte und setzen hübsche Akzente.

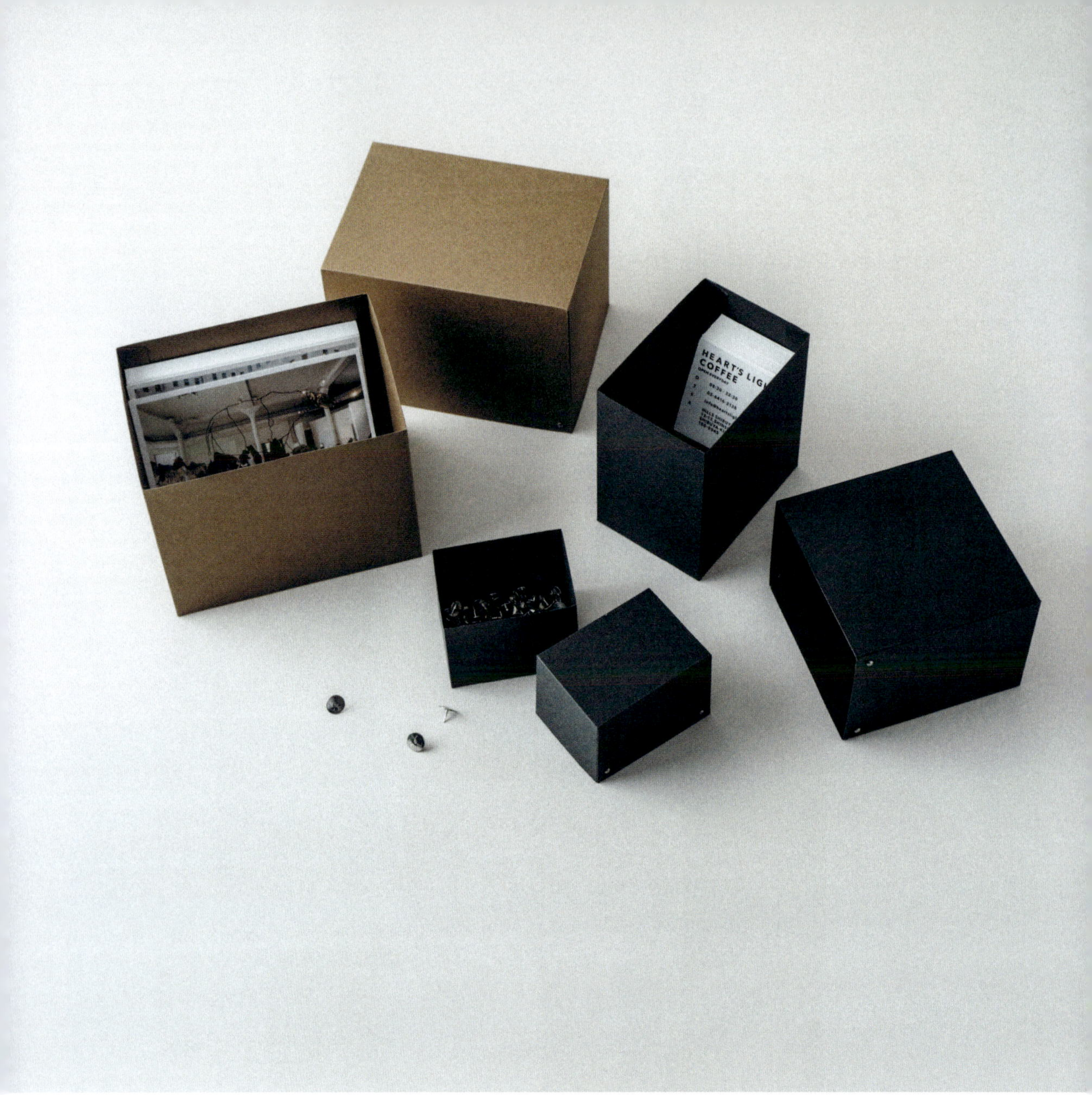

Materialien

- Box: 1 Bogen Papier (230 g/m^2), 306 × 346 mm (groß) oder 306 × 276 mm (mittel) oder 152 × 172 mm (klein)
- Deckel: 1 Bogen Papier (230 g/m^2), 300 × 340 mm (groß) oder 300 × 270 mm (mittel) oder 150 × 170 mm (klein)
- 4 Doppelkopfniete pro Box, ø 3,5 mm

Größe

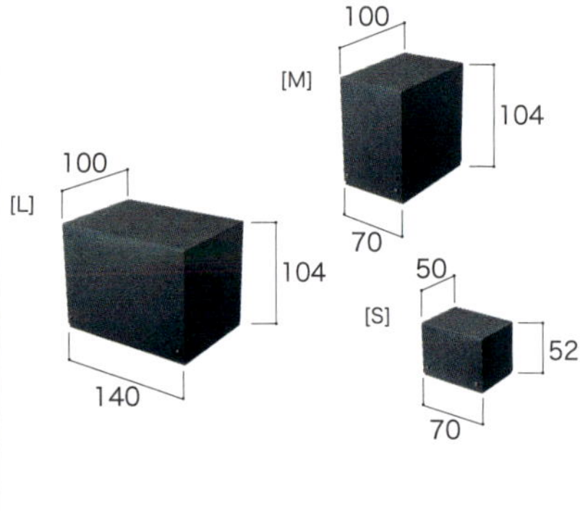

Konstruktionszeichnungen

Abb. Schachtel mit Deckel

Alle Maßangaben in der Reihenfolge Box–Deckel. Je nach Stärke des gewählten Papiers oder infolge kleiner Ungenauigkeiten kann der Deckel etwas zu groß oder zu klein für die Schachtel geraten. Die Maße anpassen, falls erforderlich.

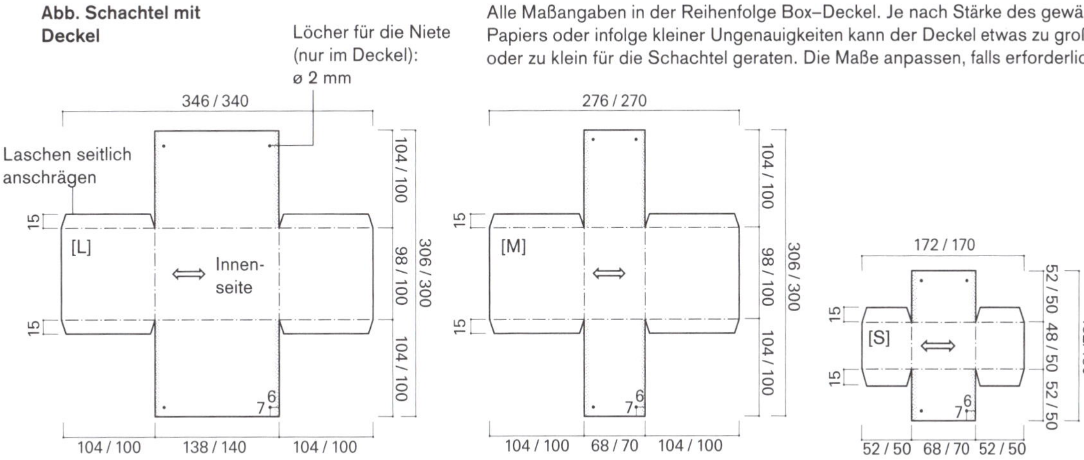

Anleitung

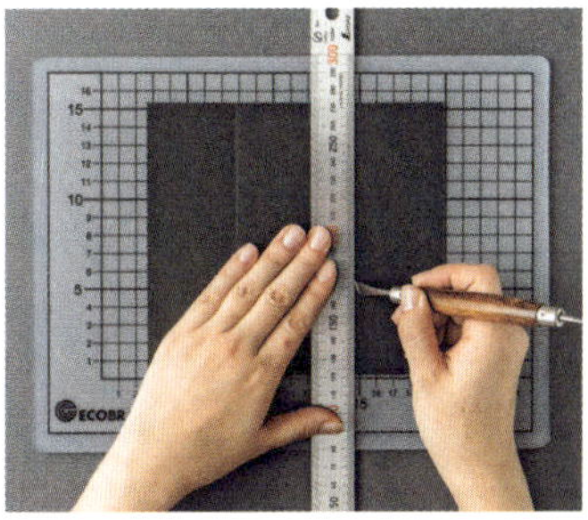

1. Die Falten für die Box auf dem Papier anreißen und vorfalzen (Abb.).

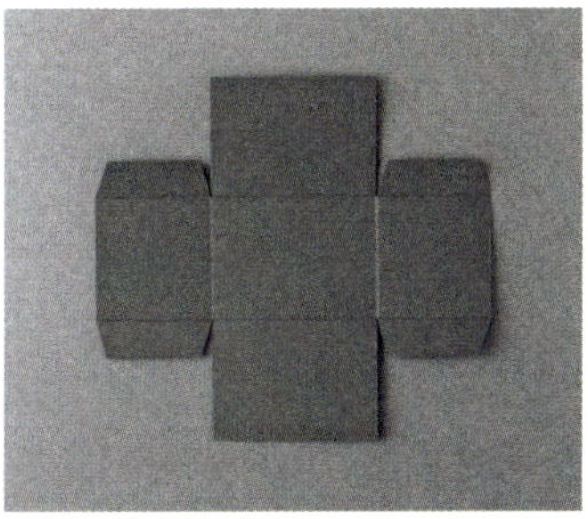

2. Das Papier exakt zuschneiden (Abb.).

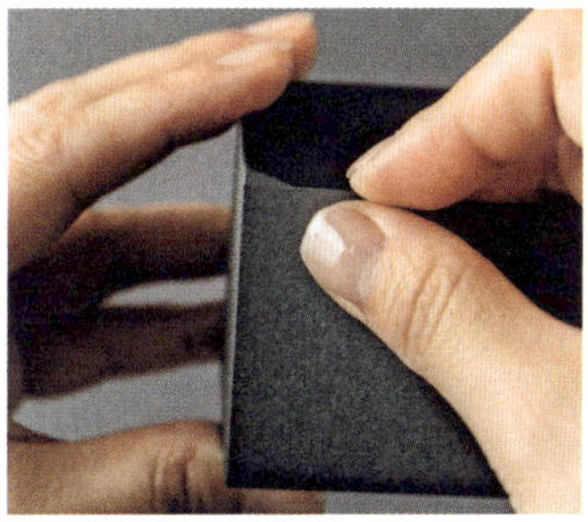

3. Die Schachtel falten, aber noch nicht kleben. Die Oberkanten bei Bedarf angleichen, sodass alle exakt auf gleicher Höhe sind.

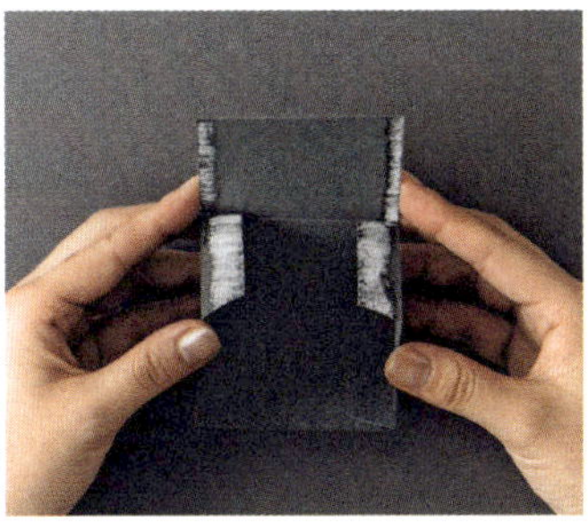

4. PVA-Kleber auf die Klebelaschen auftragen und die Schachtel zusammenkleben.

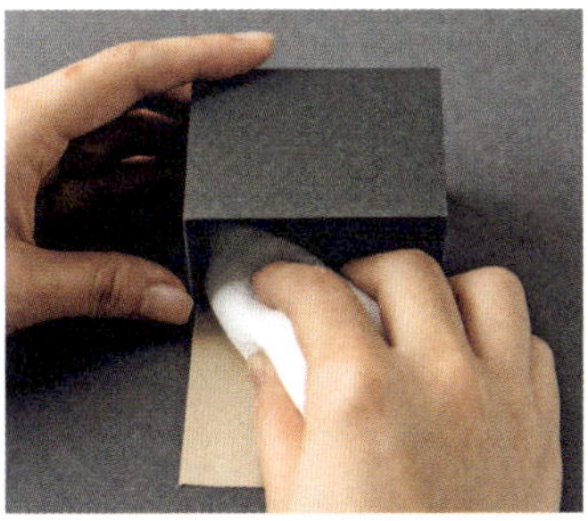

5. Die Klebenähte von innen glatt streichen. Den Deckel auf die gleiche Weise formen und zusammenkleben.

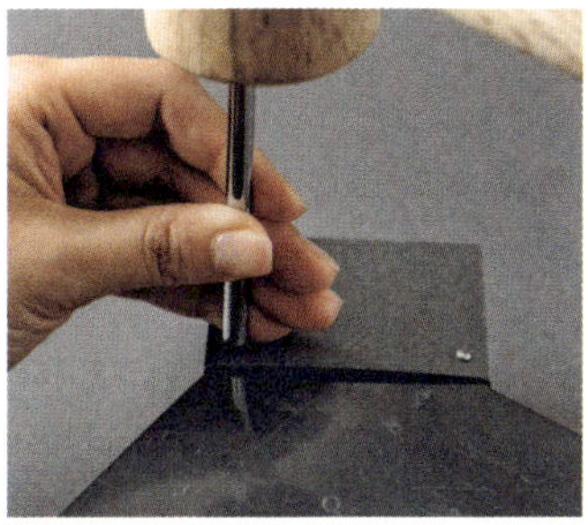

6. Die Niete in den Deckel stanzen. Das geht am besten mit einem Buch oder einem anderen Gegenstand als Unterlage.

4. AUFBEWAHREN

#21

FOTOAUFSTELLER

Ihre schönsten Fotos hübsch präsentiert

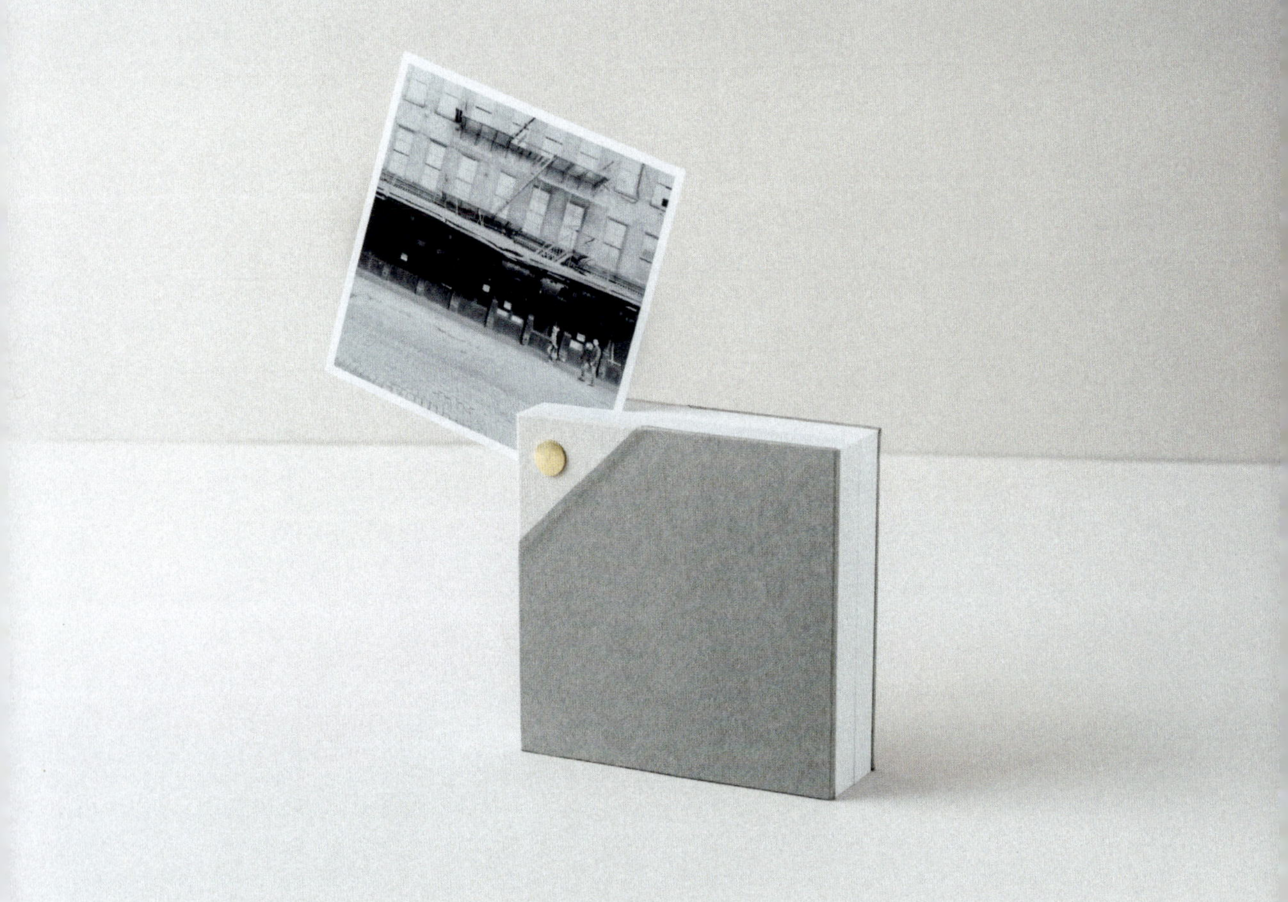

Dieses schlichte, kleine Fotoalbum wird durch eine einzige Buchschraube an einer Ecke zusammengehalten und lässt sich zugleich als Präsentationsständer verwenden. Zum Anschauen werden die Fotos einfach aus dem Buchblock herausgedreht. Sie lassen sich problemlos austauschen.

Materialien

- Einband: 2 Bogen Papier (115 g/m^2), 119 × 119 mm
- Ecken: Bucheinbandgewebe, 70 × 70 mm, geschnitten in 2 gleiche Dreieicke
- Deckel: 2 Bogen Karton, 89 × 89 mm, 2 mm stark
- Vorsatzpapier: 2 Bogen Papier (Geschenkpapier oder anderes dekoratives Papier), 83 × 83 mm
- Fotos (89 × 89 mm), Gesamthöhe des Stapels: 25 mm
- Buchschraube, 30 mm lang

(Tipp: Sie können das Album in jeder beliebigen Größe anfertigen. Das Format der Buchdeckel entspricht dem Format der Fotos.)

Größe

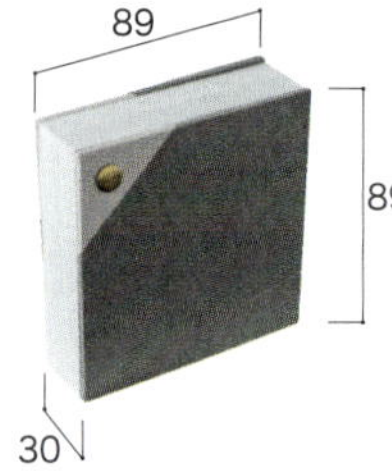

Konstruktionszeichnungen

Abb. A (Ecke)

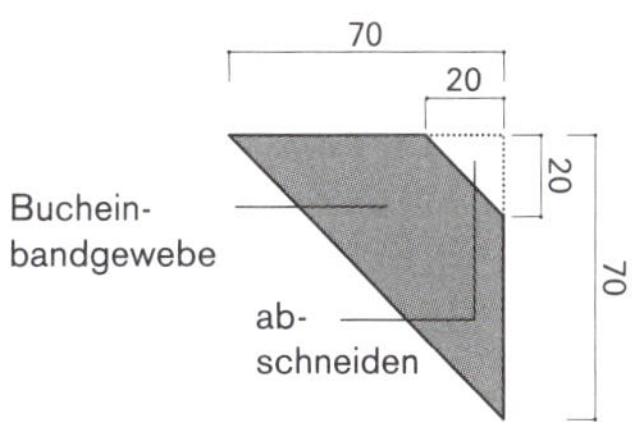

Abb. B (Deckel)

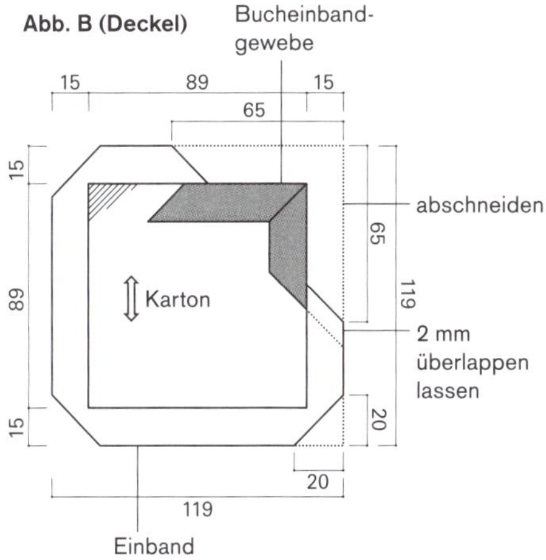

Abb. C (Befestigung)

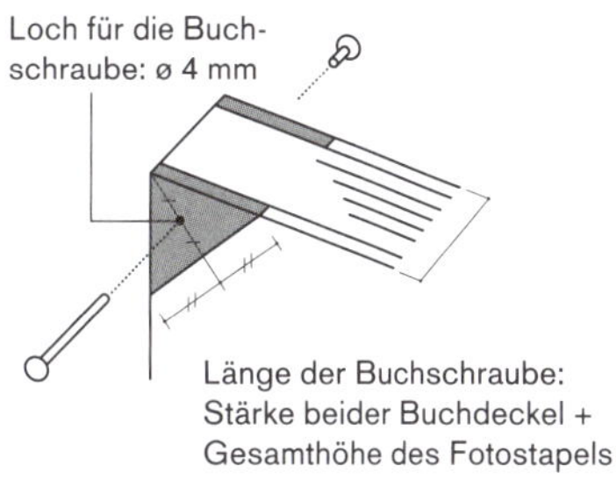

Anleitung

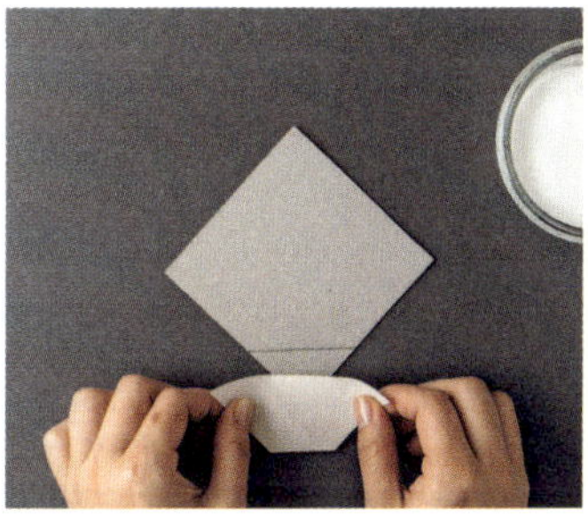

1. Das Bucheinbandgewebe an den Ecken schräg abschneiden. Das Gewebe mit Stärkekleber auf den Karton kleben (Abb. A).
(Auf beiden Seiten mit 35 mm Abstand zur Ecke eine Markierung vornehmen und die beiden Markierungen mit einer Bleistiftlinie verbinden.)

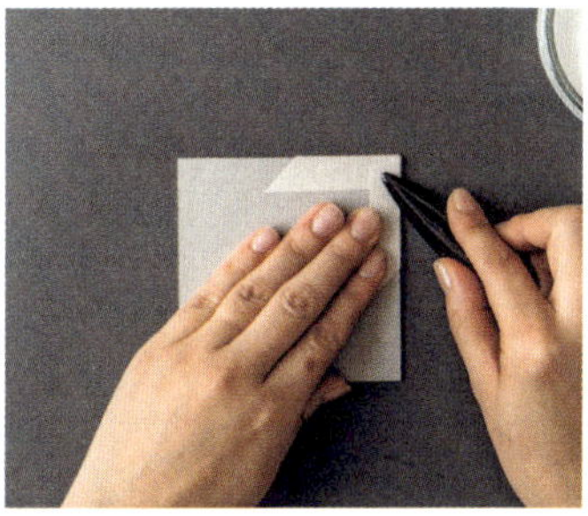

2. Das Bucheinbandgewebe um den Karton schlagen und mit Stärkekleber fixieren (siehe S. 19).

(Bucheinbandgewebe 2 mm überlappen lassen.)

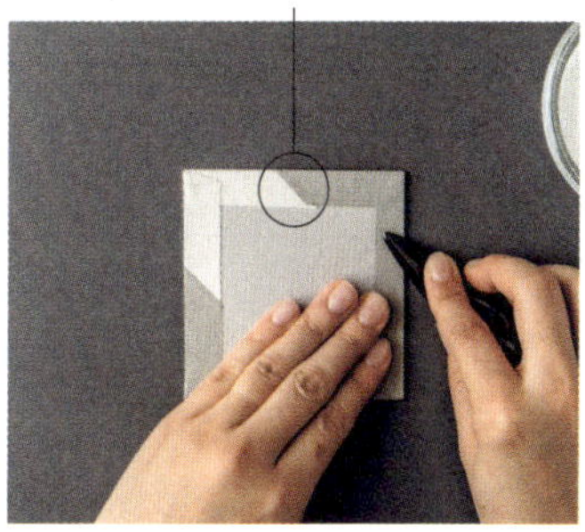

3. Die Ecken des Papiers für den Einband zurückschneiden (Abb. B). Auf die Rückseite des Papiers Stärkekleber auftragen und den Karton einschlagen (siehe S. 19).

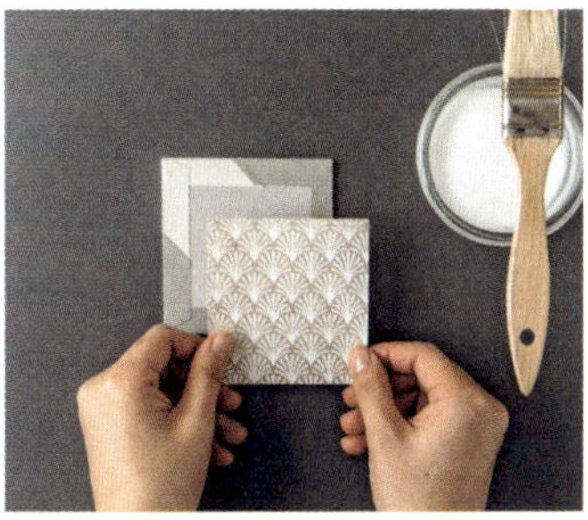

4. Auf die Rückseite des Vorsatzpapiers Stärkekleber auftragen, das Papier mittig auf die Innenseite der Buchdeckel kleben und glatt streichen. Mit einem Gewicht beschweren und über Nacht trocknen lassen.

Die Ecken mit der Buchschraube liegen sich bei den beiden Einbänden gegenüber.

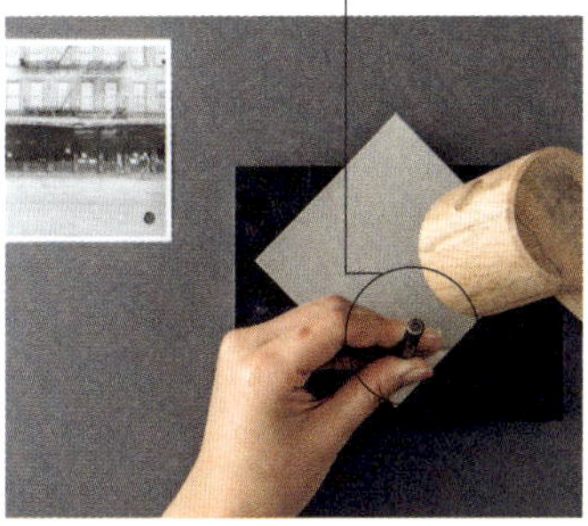

5. Die Löcher für die Buchschraube in die Fotos (in die untere rechte Ecke) und in die beiden Deckel stanzen (Abb. C). Mit einem Foto beginnen und dieses als Schablone verwenden. Immer nur wenige Löcher auf einmal stanzen.

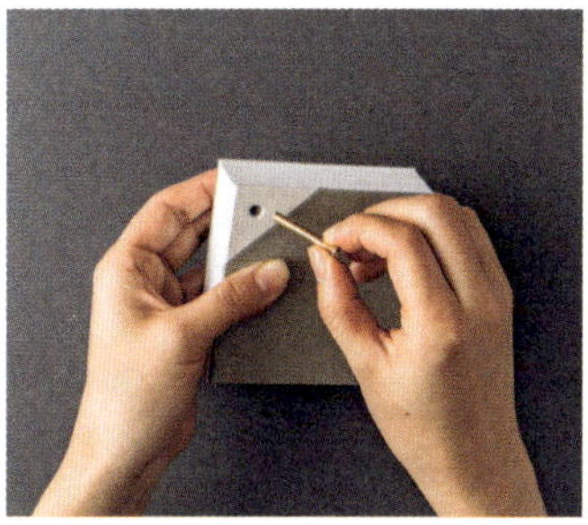

6. Das Buch zusammensetzen (vorderer Deckel – Fotos – hinterer Deckel) und die Buchschraube einsetzen (Abb. C).

#22

COLLAGENBUCH

Ein Collagenbuch im französischen Stil

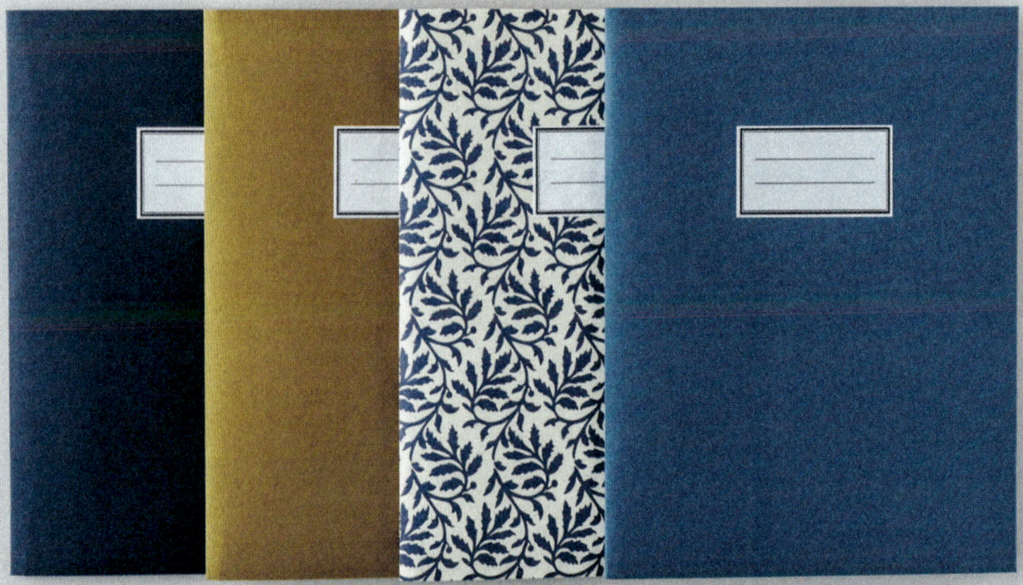

Jede Seite in diesem Collagenbuch lässt sich ein weiteres Mal aufklappen und bietet so Platz für jede Menge Karten, Sticker oder Lieblingsbilder. Zum Schutz des Inhalts habe ich zwischen die einzelnen Seiten Pergamentpapier geheftet. Das flexible Cover ist im französischen Stil eingeschlagen.

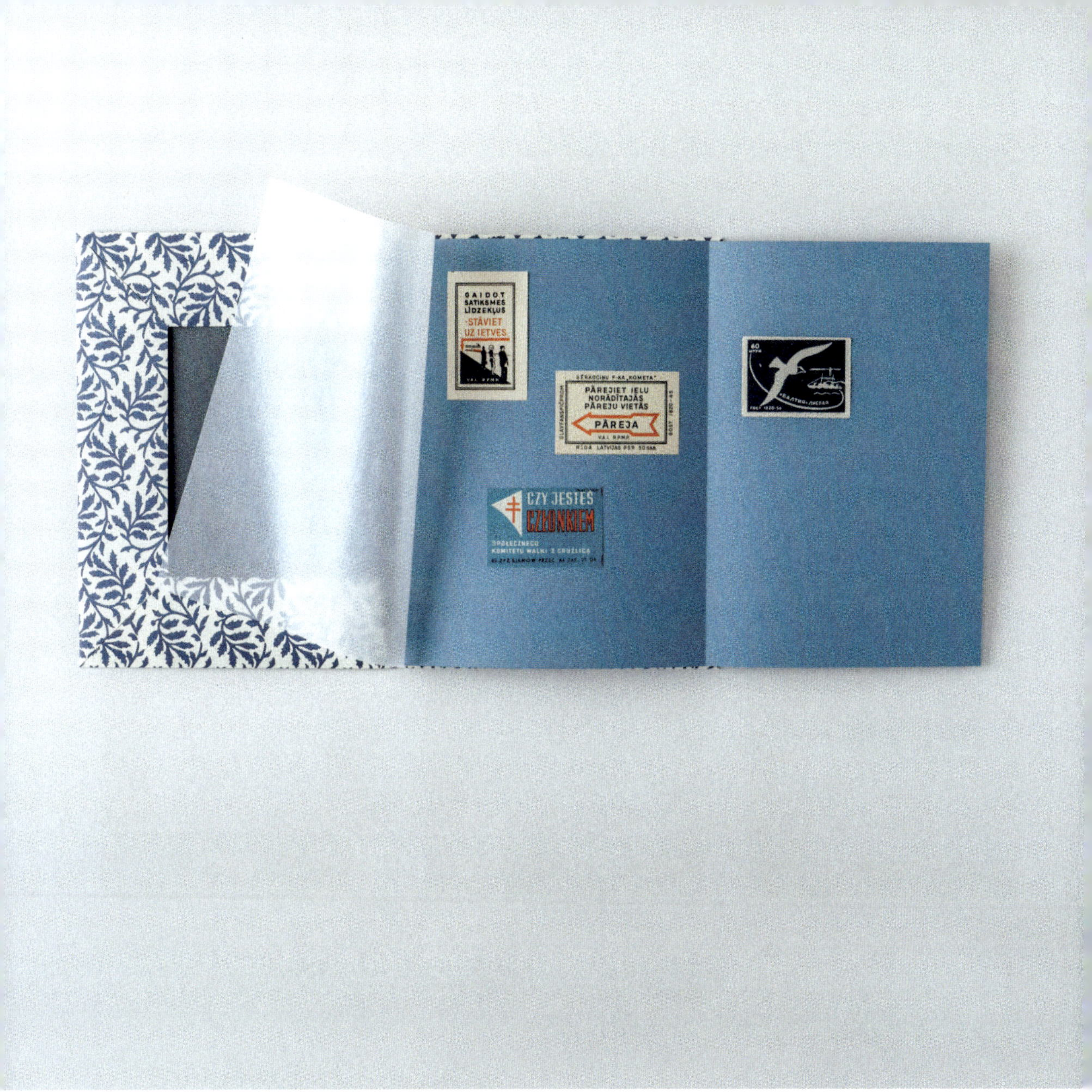

Materialien

- Einband: 1 Bogen Papier (115 g/m^2), 264 × 360 mm ⓐ
- Cover: 1 Bogen Papier (230 g/m^2), 180 × 276 mm ⓑ
- Buchblock: 4 Bogen Papier (115 g/m^2), je 180 × 520 mm ⓒ
- 5 Bogen Pergamentpapier, 180 × 260 mm ⓓ
- Hanfgarn: Höhe des Buchblocks × 3
- 1 Etikett

Größe

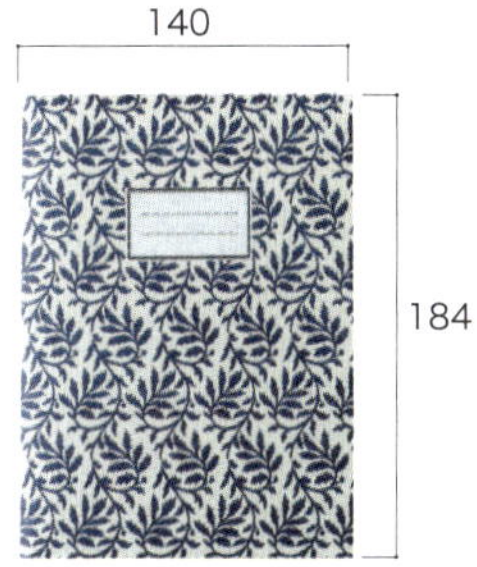

Konstruktionszeichnungen

Abb. A (Buchblock)

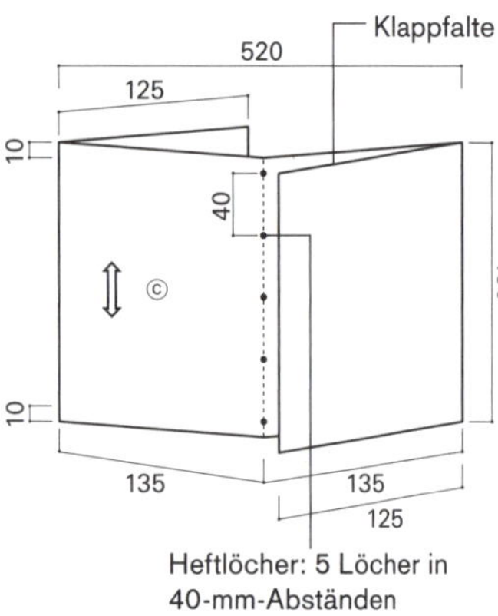

Abb. B (Seitenanordnung)

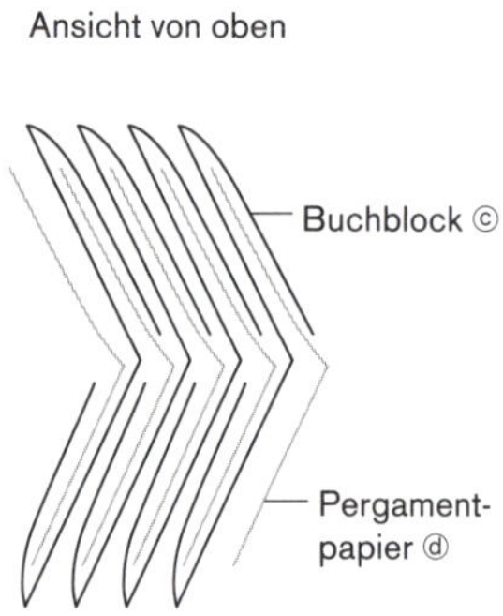

Abb. C (Einband)

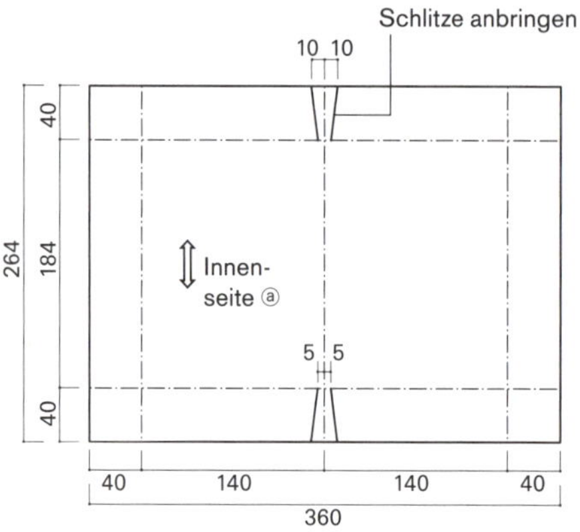

Anleitung

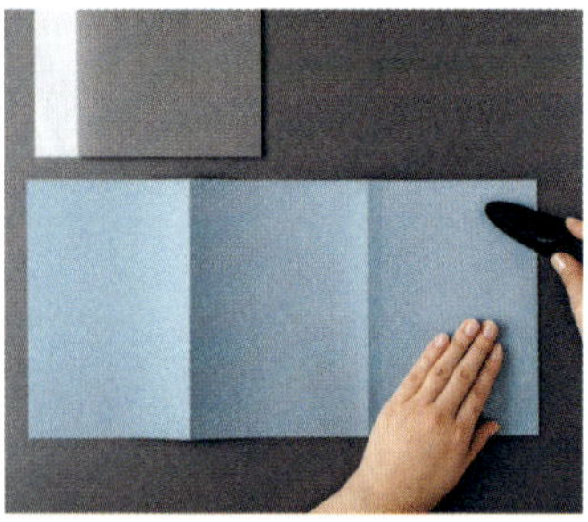

1. Das Papier für den Einband ⓑ und das Pergamentpapier ⓓ in der Mitte falten. Das Papier für den Buchblock ⓒ zunächst in der Mitte falten, anschließend jeweils eine Klappfalte zur Vorder- und Rückseite arbeiten (Abb. A).

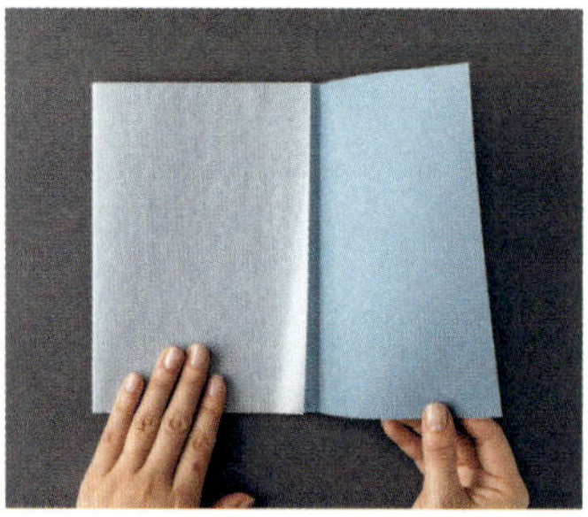

2. Buchseiten und Pergamentpapier ⓓ zum Buchblock ⓒ zusammensetzen. Das Pergamentpapier dabei zwischen die Klappfalten legen (Abb. B).

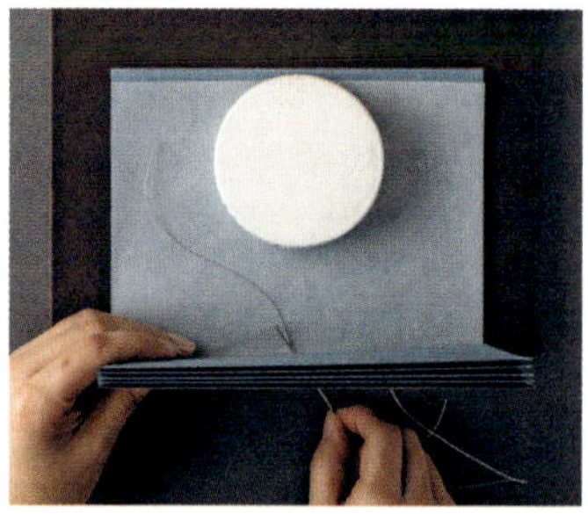

3. Das Papier für das Cover ⓑ um den Buchblock legen und die Heftlöcher vorstechen (Abb. A). Das Buch mit Hanffaden heften (S. 26, Schritte 3–5).

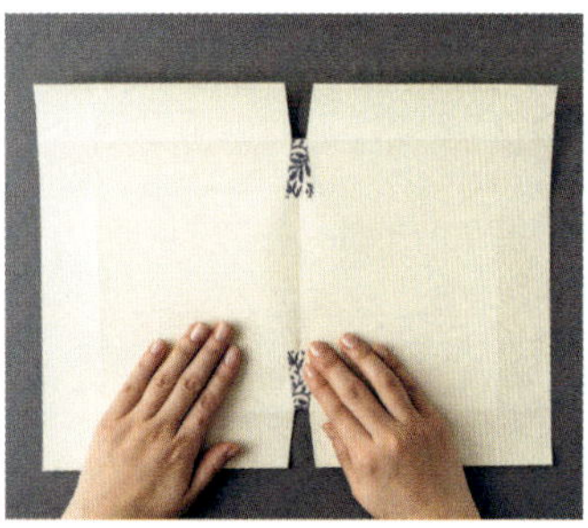

4. Auf dem Papier für den Einband ⓐ die Falten anreißen und vorfalzen. Die Schlitze anbringen (Abb. C). PVA-Kleber auf die Rückseiten der Laschen auftragen und die Laschen nach innen falten.

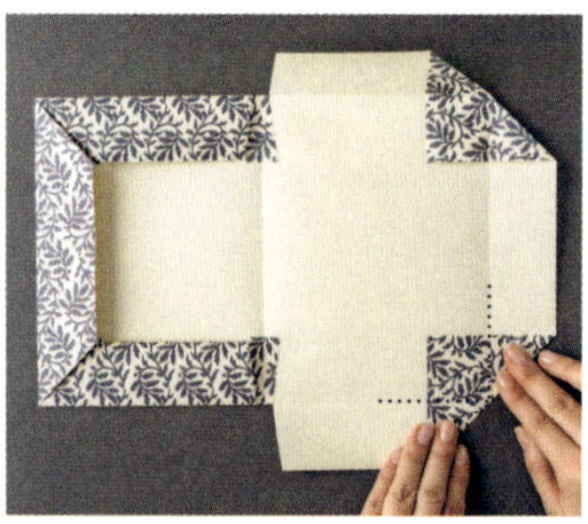

5. Die Ecken des Einbands schräg nach innen falten und die Laschen so einschlagen, dass saubere Briefecken entstehen.

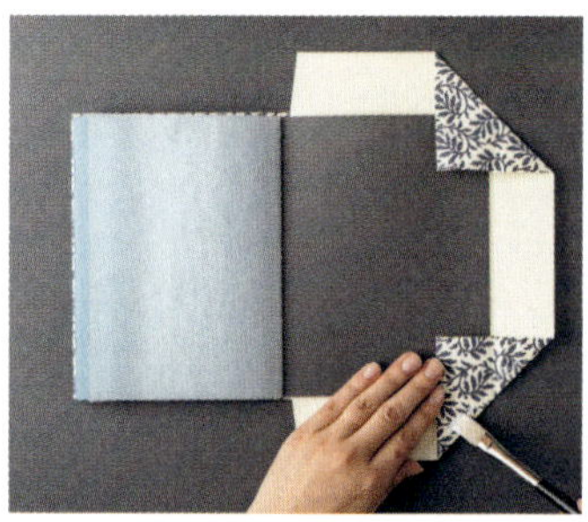

6. Das Buch in den Einband legen und den Einband an den Ecken zusammenkleben. Ein Etikett nach Wunsch auf das Cover kleben.

#23

GÄSTEBUCH

Ein Gästebuch mit Lederband

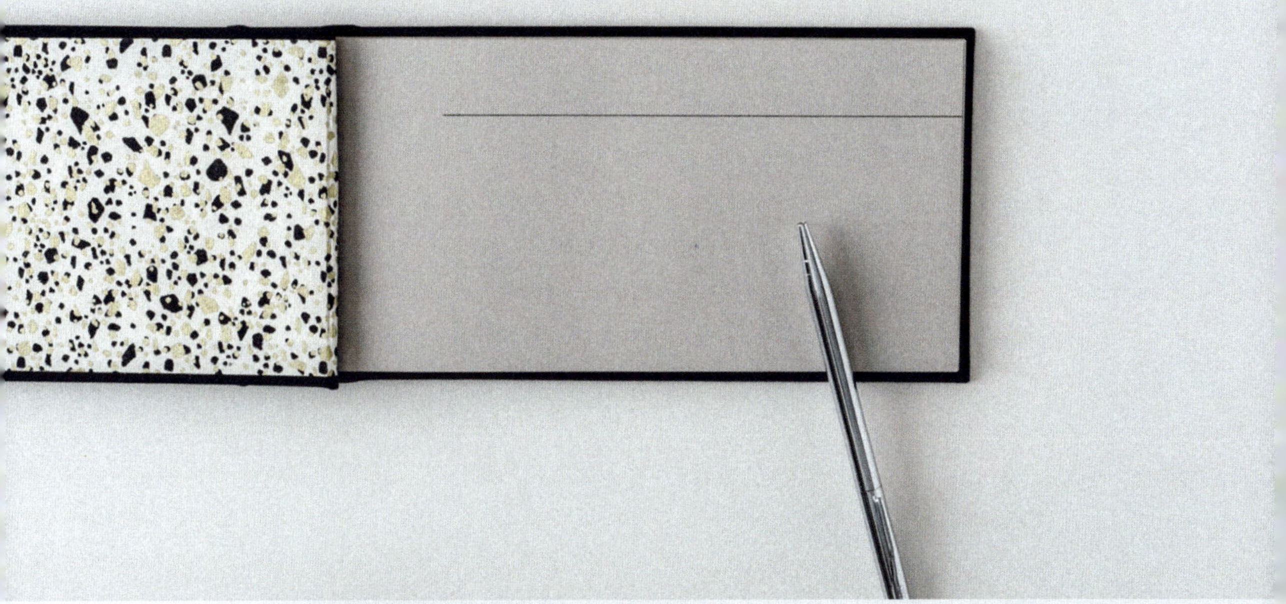

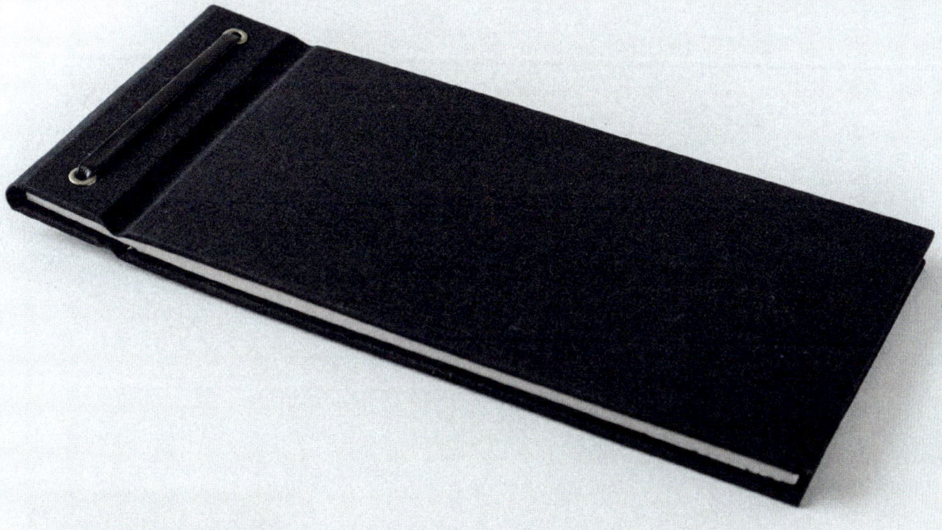

In dieses vielseitige, kompakte Gästebuch wird sich jeder Gast gerne eintragen. Um Blätter herauszunehmen, auszutauschen oder hinzuzufügen, müssen Sie nur das Lederband lösen.

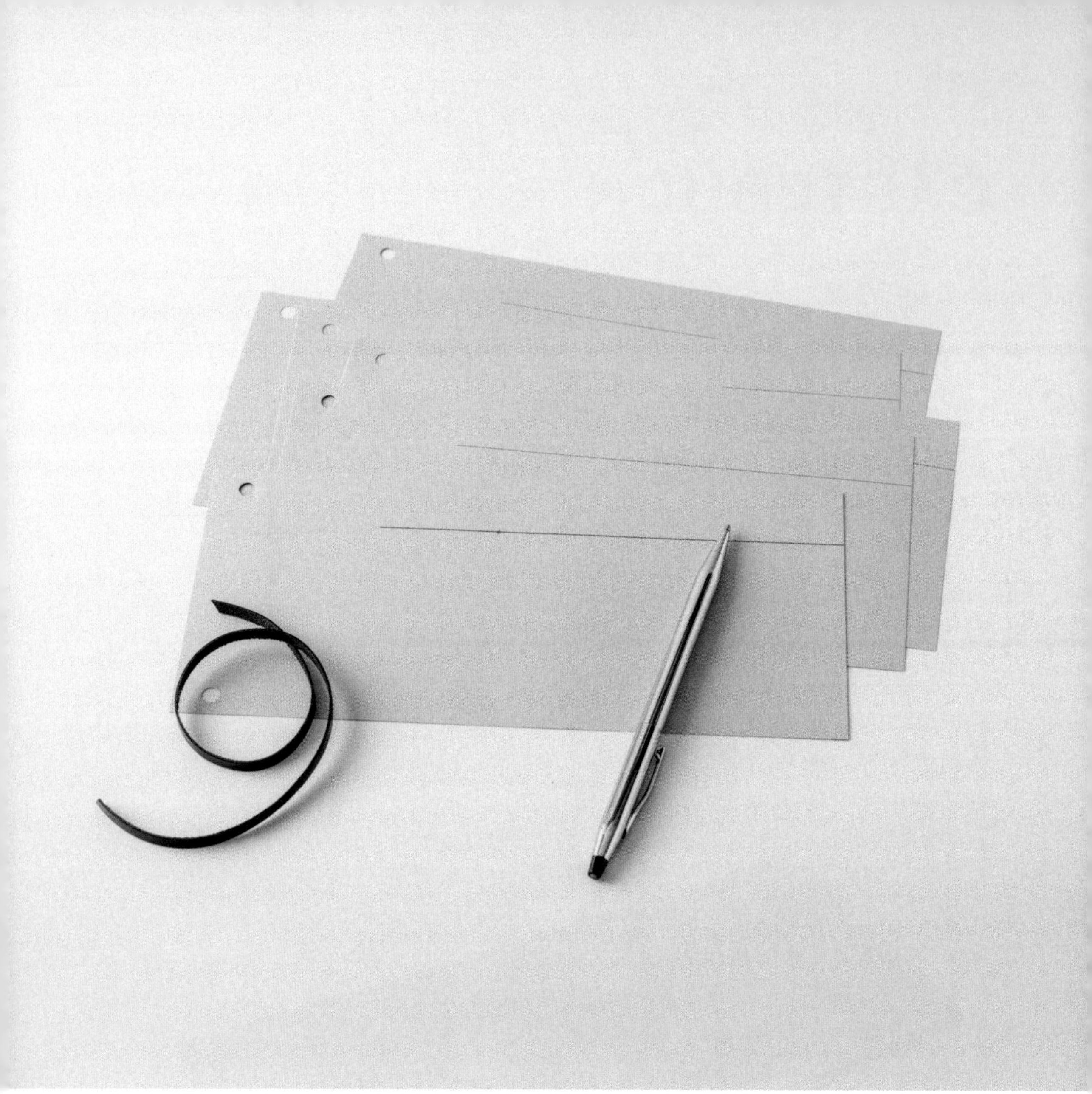

Materialien

- 1 Stück Bucheinbandgewebe, 131 × 473 mm ⓐ
- Deckel: 2 Bogen Karton, 101 × 180 mm, 2 mm stark ⓑ
- Rücken: 2 Bogen Karton, 101 × 24 mm ⓒ
- Vorsatzpapier: 2 Bogen Papier, 95 × 205 mm ⓓ
- Einlage Rücken: 1 Bogen Papier, 95 × 35 mm ⓔ
- Buchblock: Papier, 95 × 210 mm, Gesamthöhe des Stapels: 3–6 mm ⓕ
- Lederband, 300 mm lang, 5 mm breit
- 4 Ösen (4 mm Innendurchmesser)

Größe

Konstruktionszeichnungen

Abb. A (Buchblock)

Papier linieren, falls gewünscht.
Aus einem DIN-A4-Blatt lassen sich drei Blätter für den Buchblock schneiden.

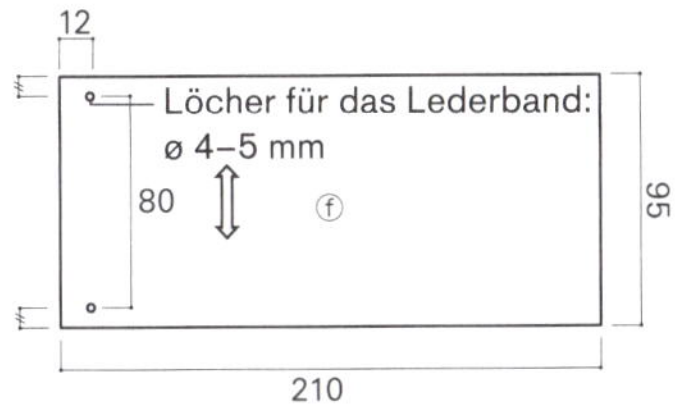

Abb. B (Deckel)

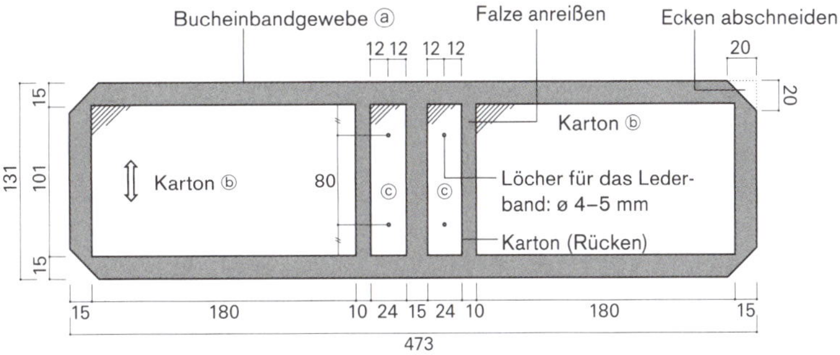

Anleitung

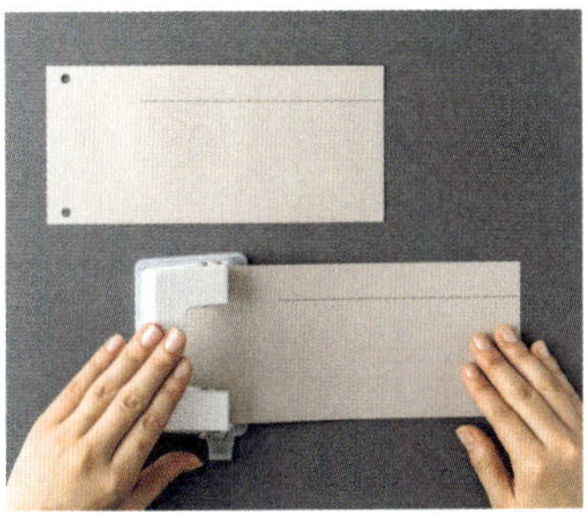

1. Die Löcher für das Lederband mit einem Locher oder Locheisen in den Buchblock ⓕ und die Deckel mit 80 mm Abstand von Lochmitte zu Lochmitte stanzen (Abb. A).

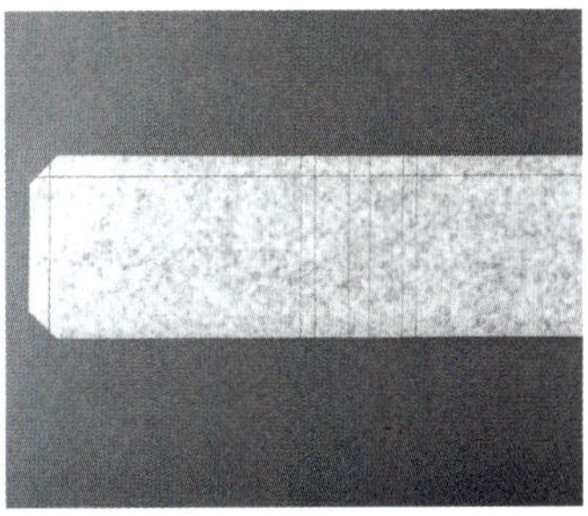

2. Auf der Rückseite des Bucheinbandgewebes ⓐ in 15 mm Abstand vom oberen und linken Rand Hilfslinien einzeichnen und am Rücken Markierungen für die Falze anbringen. Die Ecken schräg abschneiden (Abb. B).

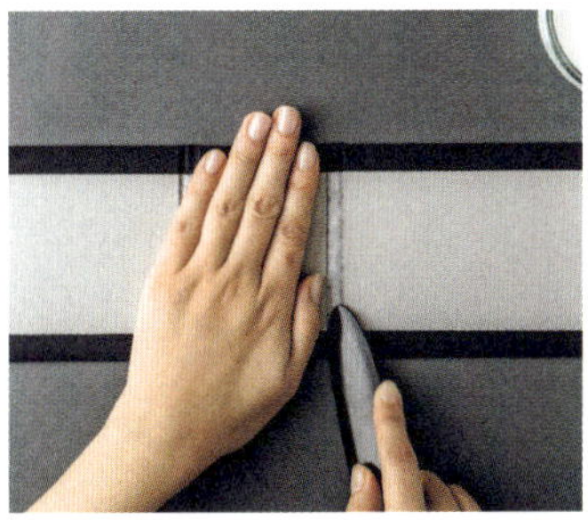

3. Auf die Rückseite des Bucheinbandgewebes ⓐ Stärkekleber auftragen und den Karton (ⓑ und ⓒ) einschlagen (Abb. B; S. 19). Das Gewebe mit einem Falzbein gut in die Falze drücken.

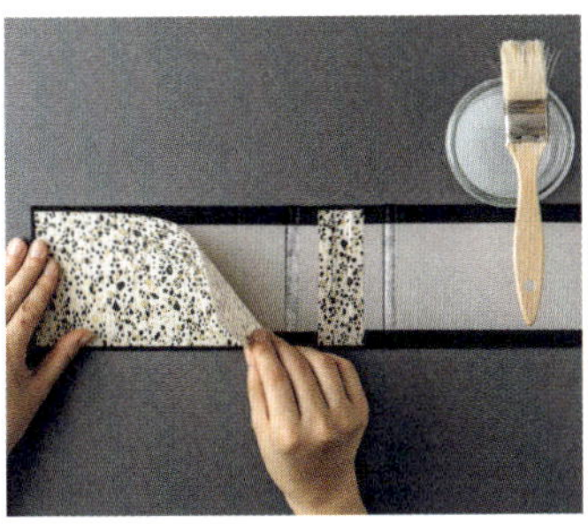

4. Das Vorsatzpapier ⓓ und die Einlage für den Rücken ⓔ mittig in die Deckel und den Rücken kleben (S. 71, Schritt 9) und glatt streichen. Mit einem Gewicht beschweren und über Nacht trocknen lassen.

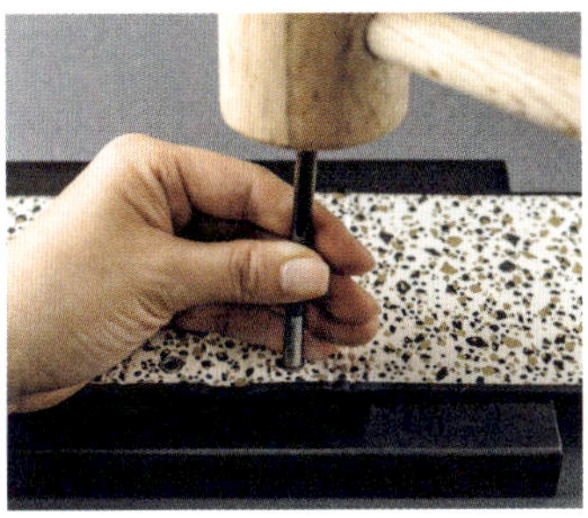

5. Die Löcher für das Lederband stanzen (Abb. B) und Ösen einsetzen.

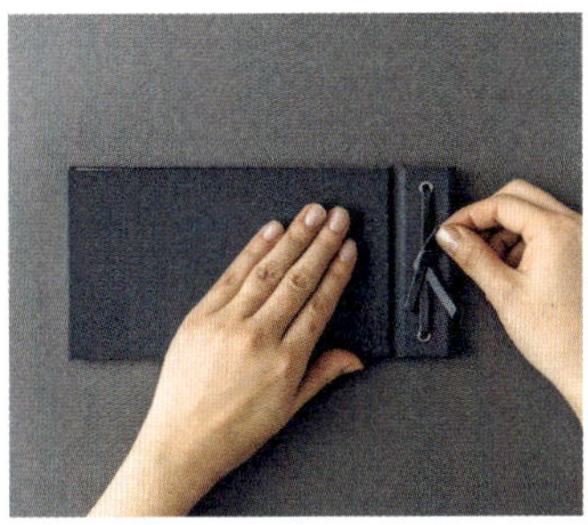

6. Den Buchblock zwischen die Deckel legen. Das Lederband durch die Löcher fädeln und auf der Buchunterseite verknoten.

#24

FOTOBOX

Eine praktische Schachtel zum Archivieren von Fotos

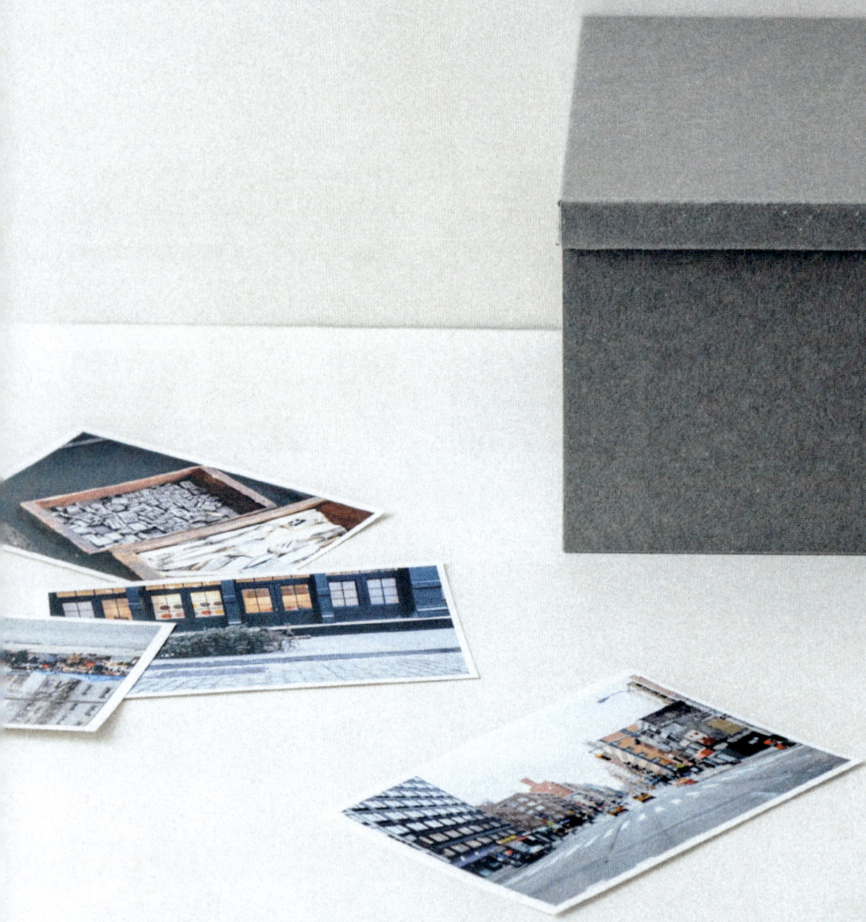

Ich drucke meine Fotos gerne aus, habe aber nicht die Zeit, für alle Fotoalben zu basteln. Sie nach Aufnahmemonat sortiert in einer Schachtel aufzubewahren, finde ich praktischer. Diese Fotobox besitzt zwölf Taschen – eine für jeden Monat. Jedes Jahr kommt eine neue Box hinzu.

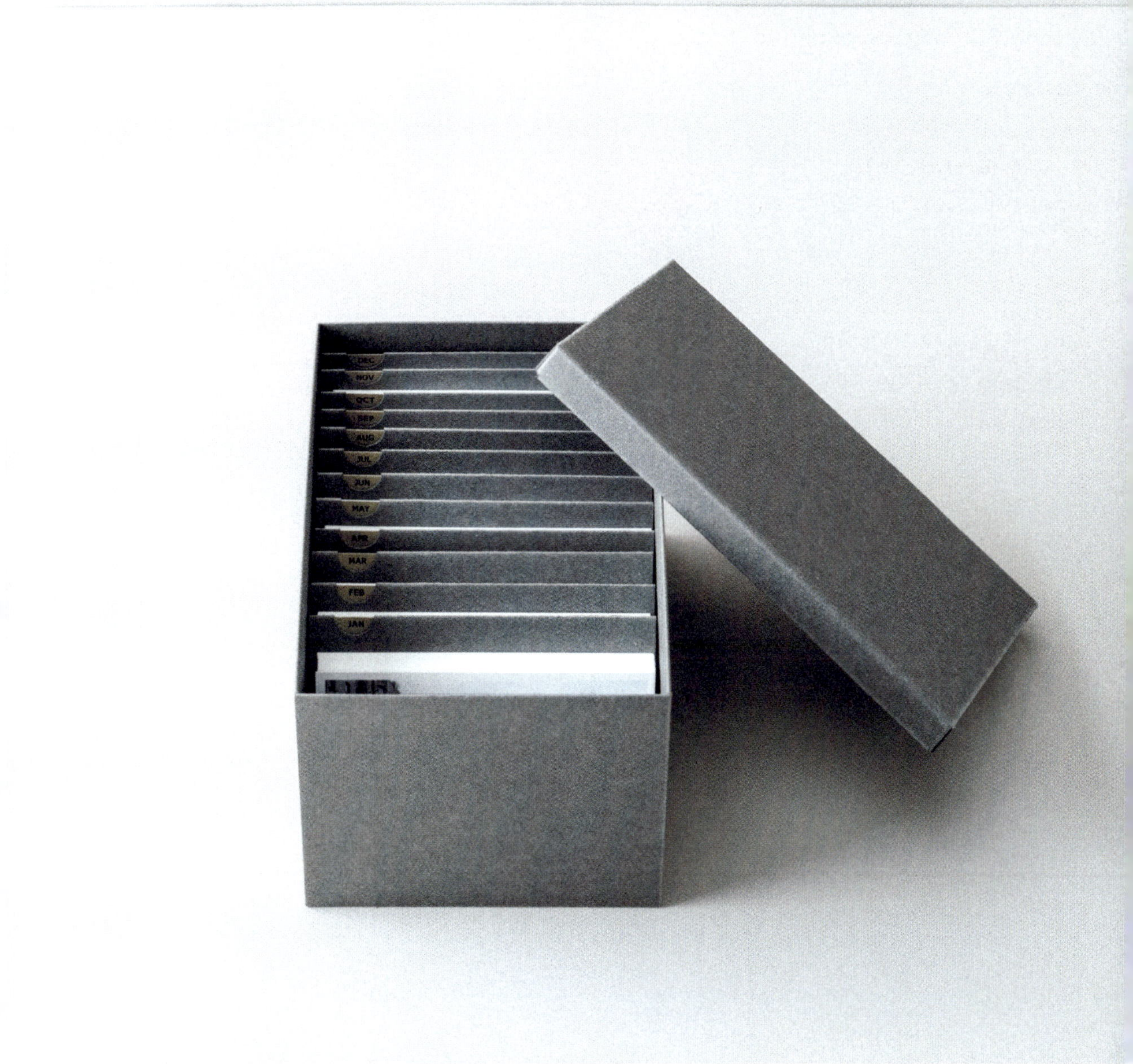

Materialien

- Box: 1 Stück Karton (350 g/m^2), 595 × 660 mm
- Deckel: 1 Stück Karton (350 g/m^2), 198 × 265 mm
- Taschen: 1 Stück Karton (350 g/m^2), 131 × 2580 mm
  (kleinere Bogen einfach zusammenkleben)
- 12 Etiketten

Größe

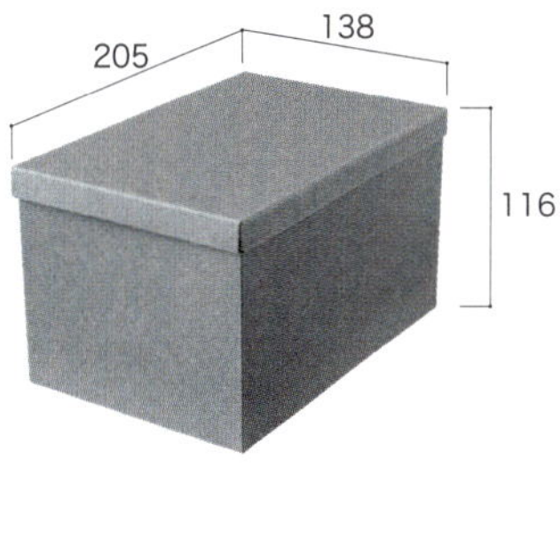

Konstruktionszeichnungen

Abb. A (Box)

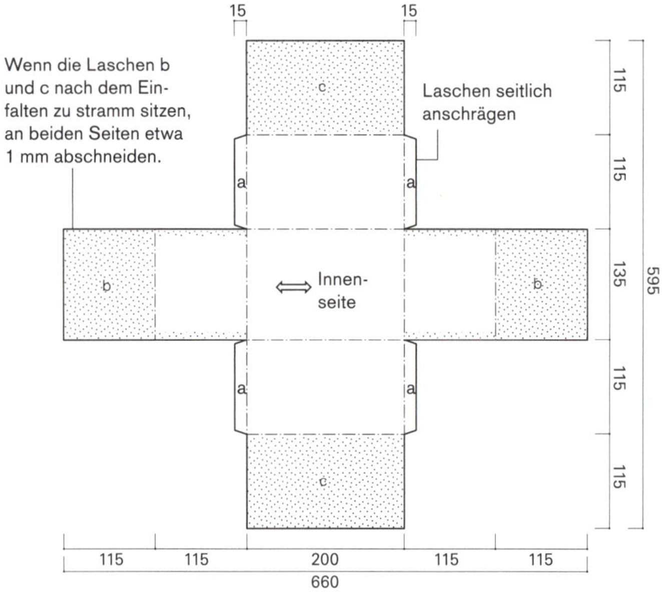

Abb. B (Deckel)

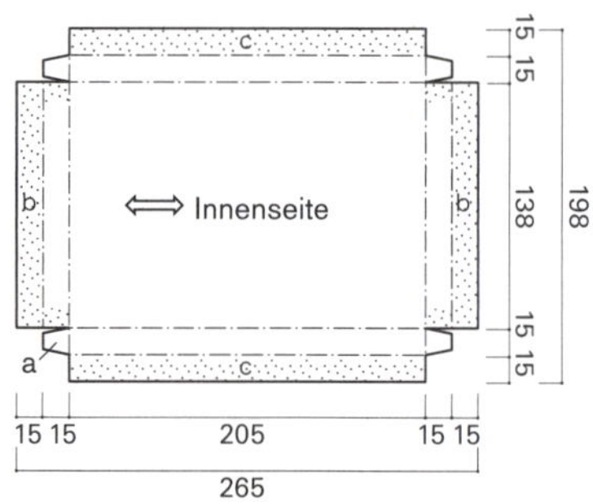

Abb. C (Taschen)

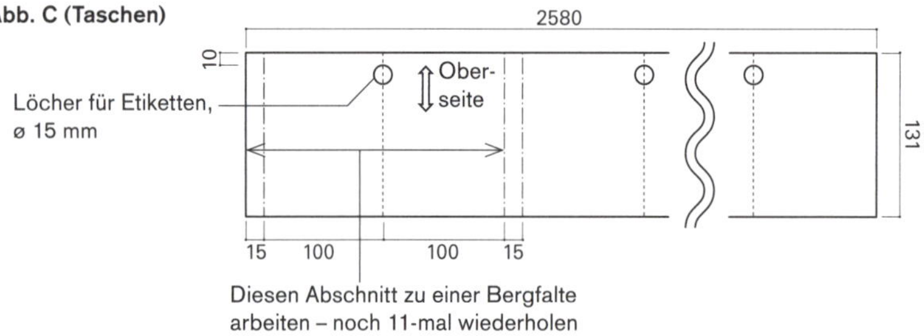

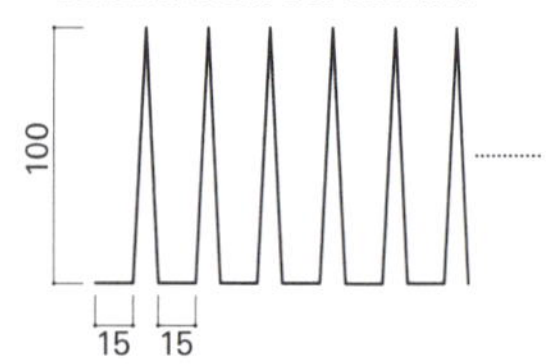

Anleitung

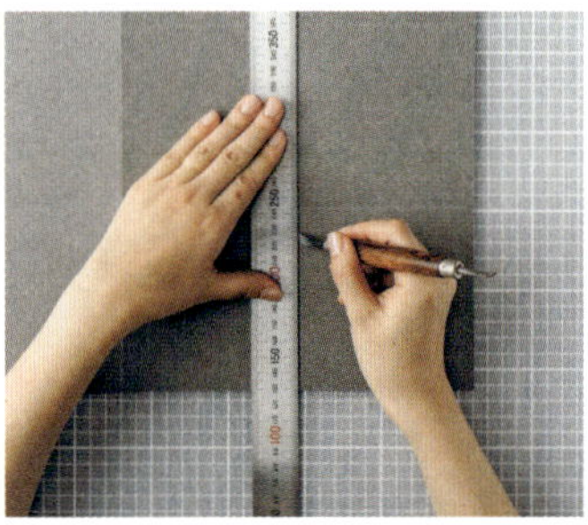

1. Die Falzlinien für die Box auf dem Karton anreißen und vorfalzen (Abb. A).

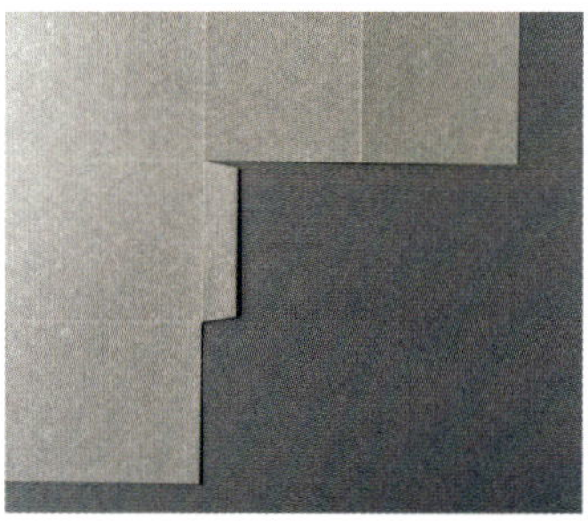

2. Die Box exakt zuschneiden und formen (Abb. A).

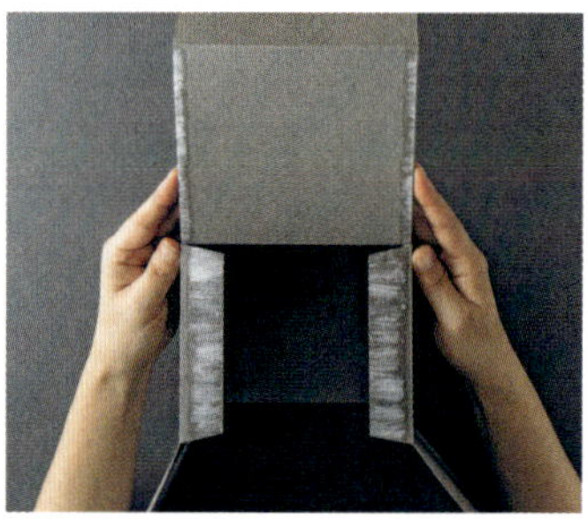

3. PVA-Kleber auf die Laschen a auftragen und die Schachtel zusammenkleben.

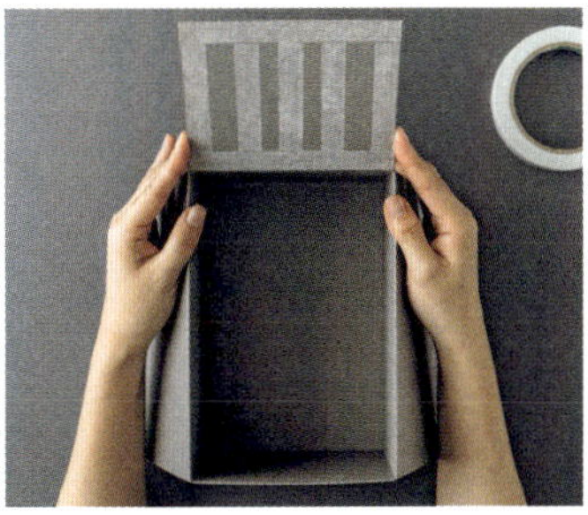

4. Die Laschen b und c mit doppelseitigem Klebeband in die Box kleben.

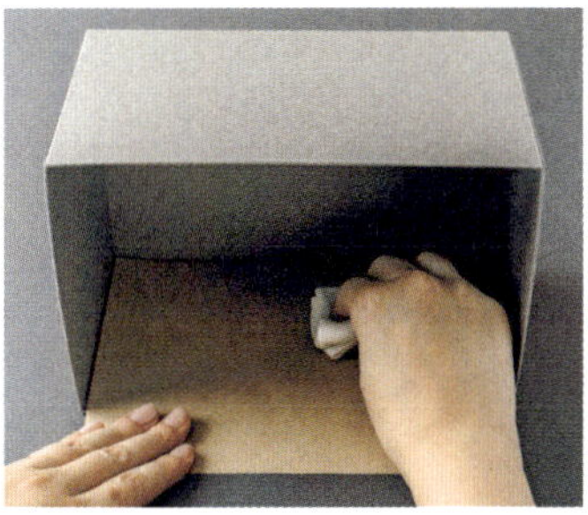

5. Die verleimten Bereiche von innen glatt streichen.

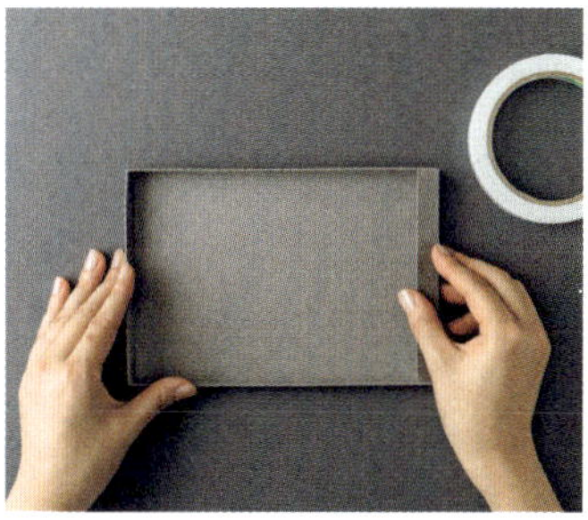

6. Den Deckel auf die gleiche Weise arbeiten (Abb. B) und die verleimten Bereiche glatt streichen.

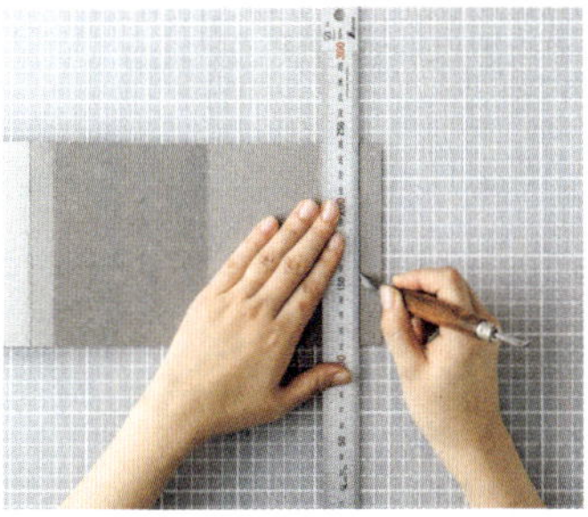

7. Auf dem Papier für die Taschen die Falten anreißen und vorfalzen.

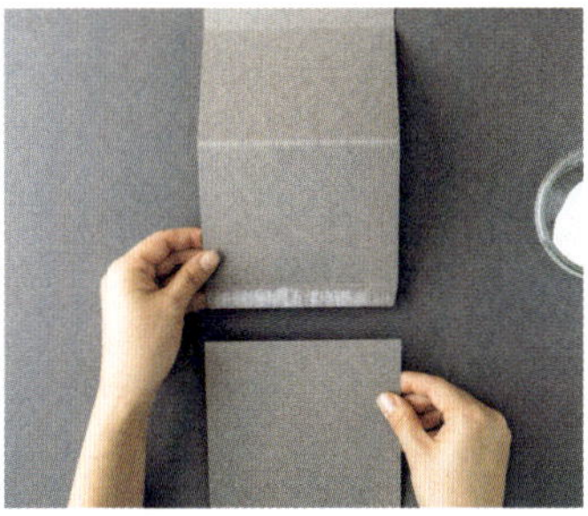

8. Ist Ihr Papierbogen zu kurz, setzen Sie mehrere Bogen zusammen. Die Enden mit Stärkekleber einpinseln und über eine Breite von jeweils 15 mm überlappend zusammenkleben. Insgesamt zwölf Bergfalten arbeiten.

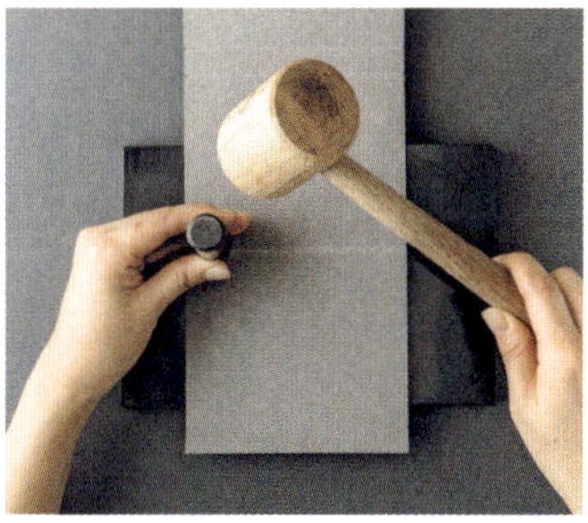

9. Löcher für die Etiketten oben in die Bergfalten stanzen (Abb. C).

(Die Etiketten in der Mitte falten und auf beiden Seiten beschriften, sodass sie von beiden Seiten lesbar sind.)

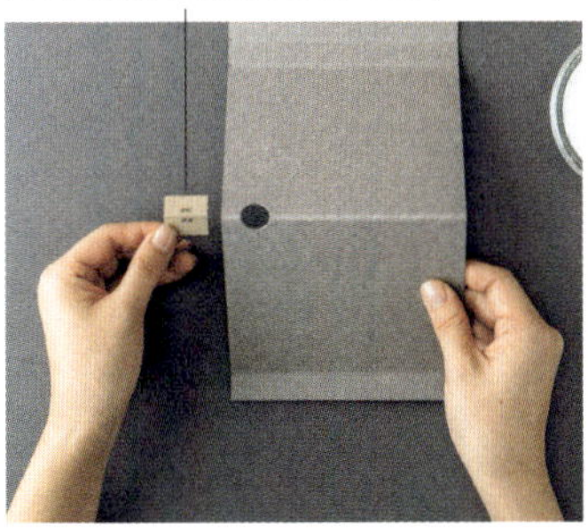

10. Von innen PVA-Kleber auf die Lochränder auftragen und die Etiketten einkleben.

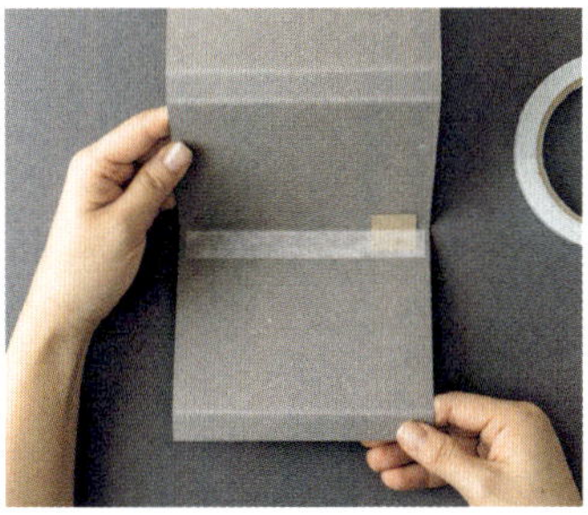

11. Vorder- und Rückseite der Bergfalten jeweils mit doppelseitigem Klebeband zusammenkleben.

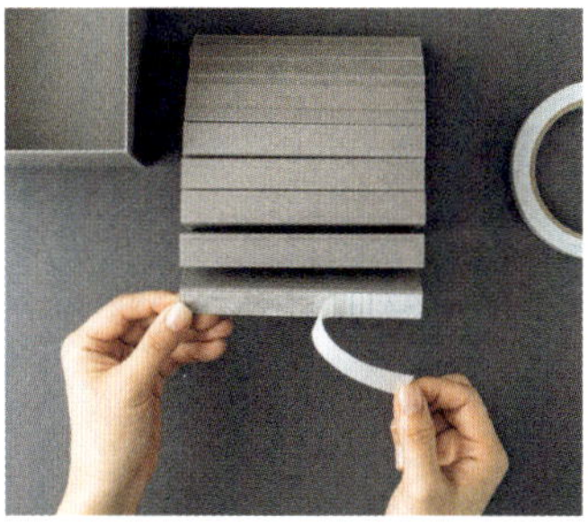

12. Die Basis der ersten Falte mit doppelseitigem Klebeband auf dem Boden der Box fixieren. Der Kleberand sollte 15 mm breit sein.

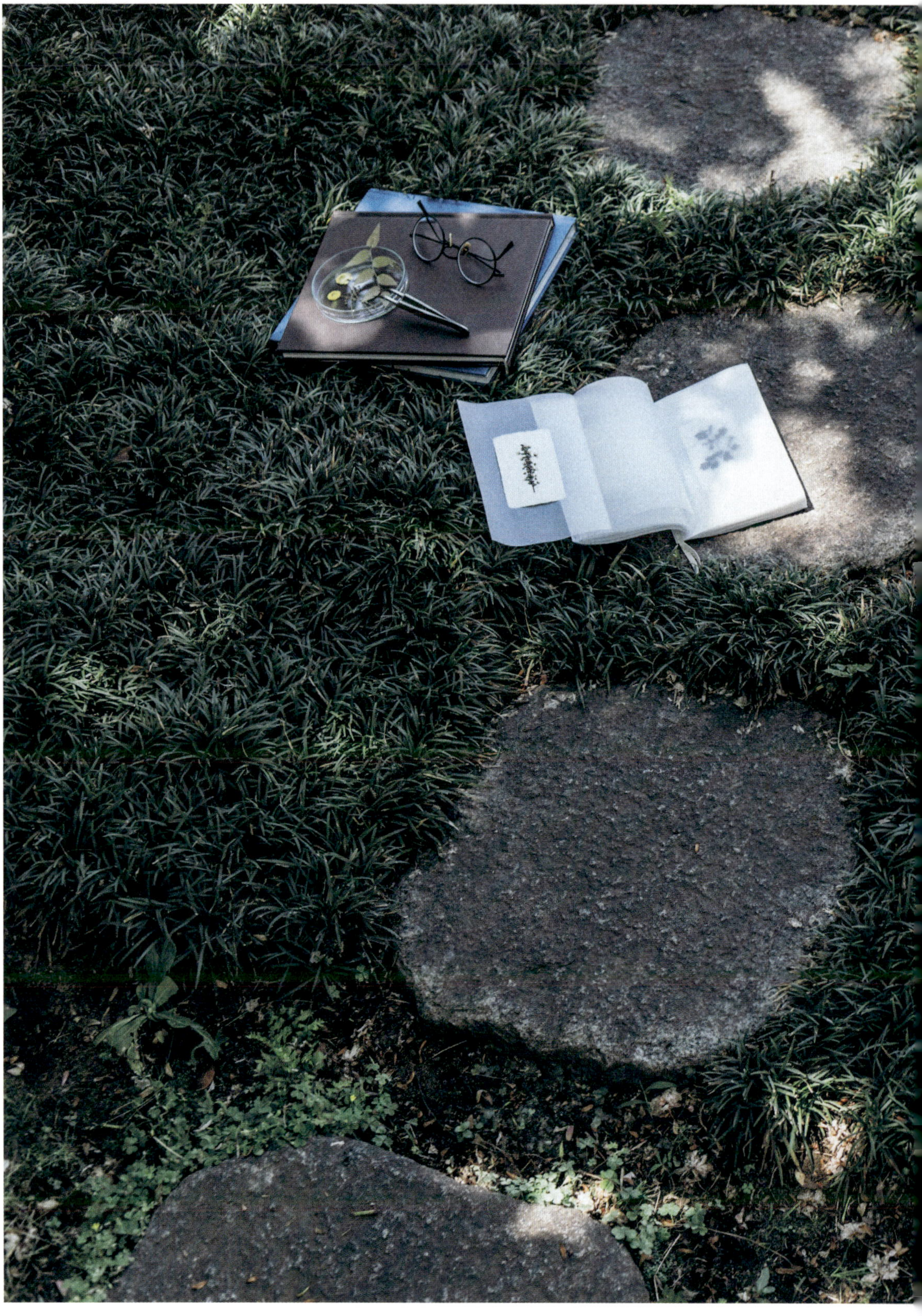

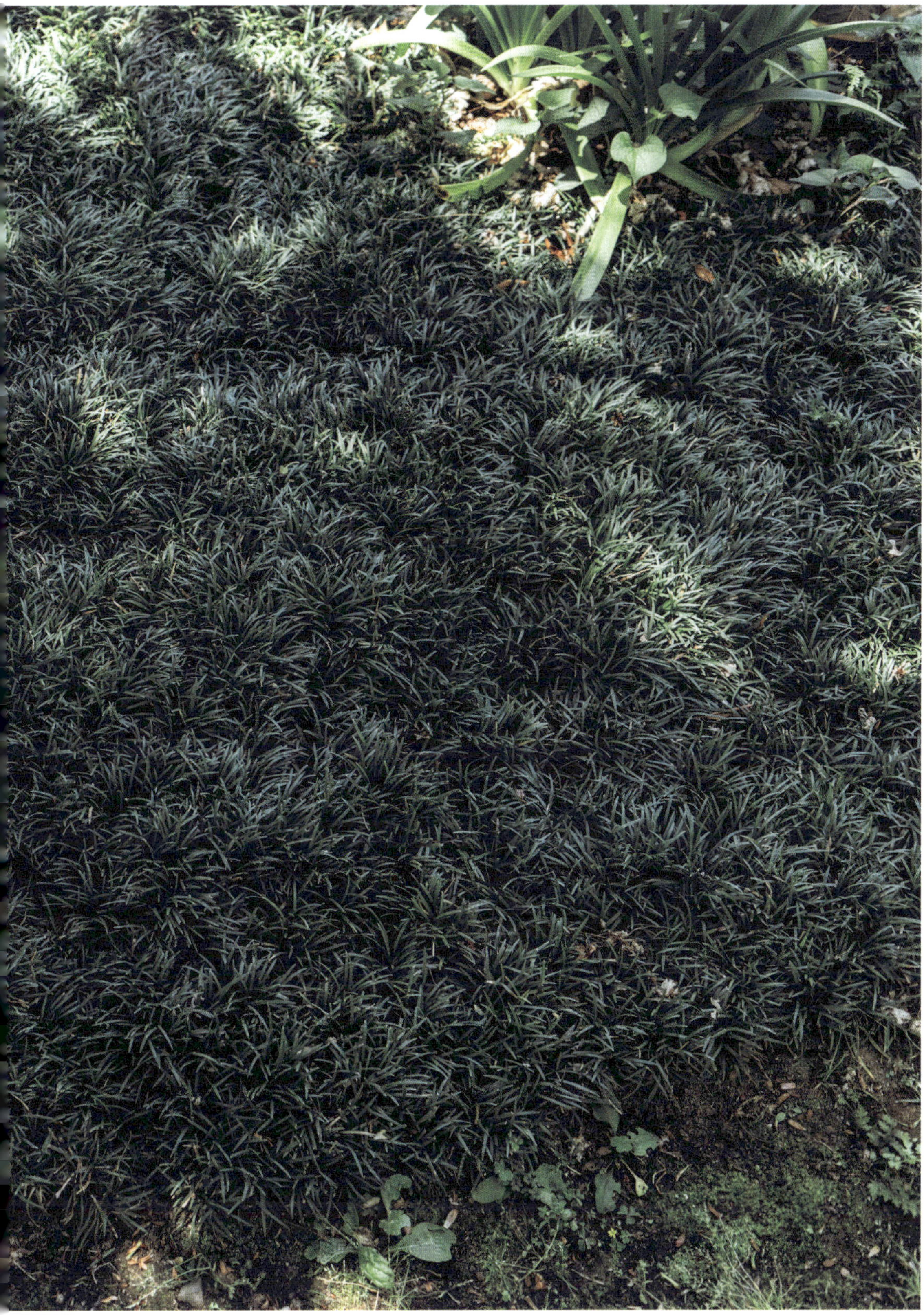

#25

SAMMELALBUM

Ein Sammelalbum mit Dreilochbindung

Dieses stabile Sammelalbum enthält satte 320 Seiten und wird mit einfachen Stichen geheftet. Den Rücken habe ich mit Bucheinbandgewebe verstärkt, damit er sich nicht so schnell abnutzt, die Ecken mit Buchecken aus Metall eingefasst. Da das Buch bis in den Falz aufgeschlagen werden kann, ist es einfach zu benutzen und anzuschauen.

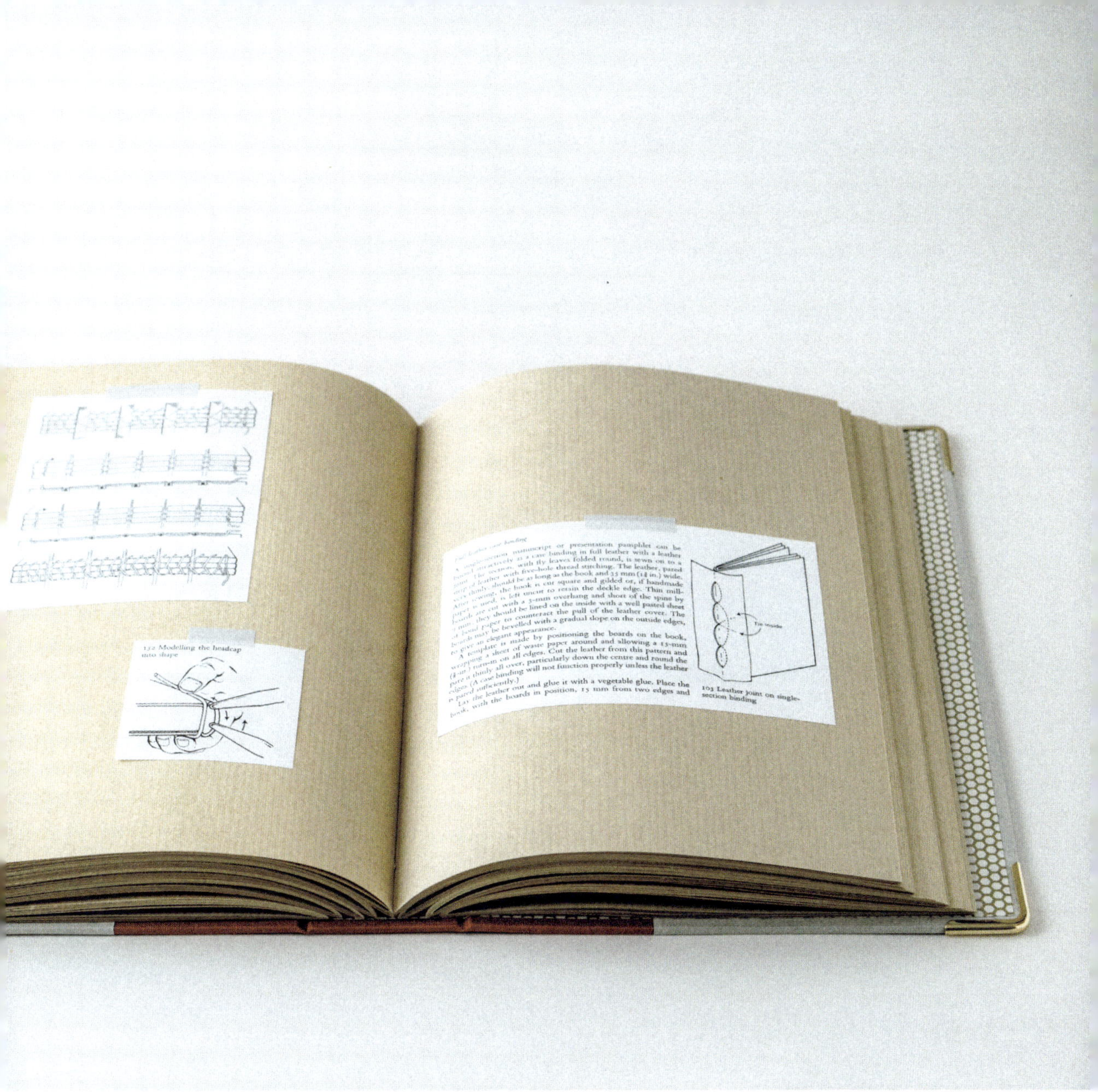

Materialien

- Einband: 2 Bogen Papier (115 g/m^2), 246 × 118 mm ⓐ
- 1 Stück Bucheinbandgewebe, 246 × 154 mm ⓑ
- Deckel: 2 Stücke Pappe, 216 × 154 mm, 2 mm stark ⓒ
- Rücken: 1 Stück Pappe, 216 × 40 mm, 2 mm stark ⓓ
- Vorsatzpapier: 2 Bogen Papier (115 g/m^2), 210 × 148 mm ⓔ
- Einlage Rücken: 1 Bogen Papier (115 g/m^2), 210 × 70 mm ⓕ
- Buchblock: 80 Bogen Papier, 210 × 297 mm (DIN-A4), z. B. Packpapier ⓖ
- Hanfgarn: Höhe des Buchblocks × 3
- 12 Ösen (4 mm Innendurchmesser)
- 4 Buchecken aus Metall (Öffnungsweite: 2,5 mm)

Größe

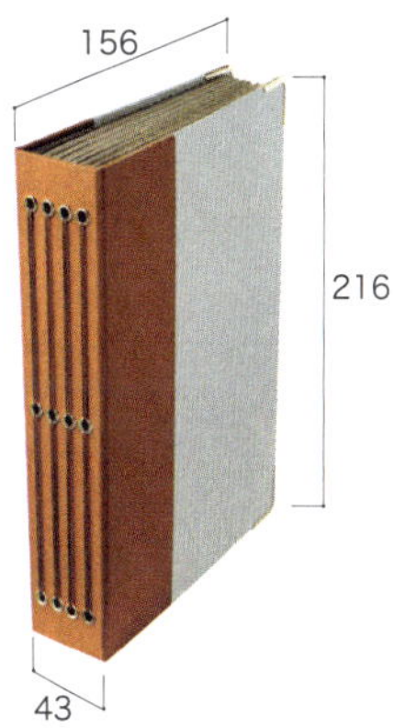

Konstruktionszeichnungen

Abb. A (Buchblock)

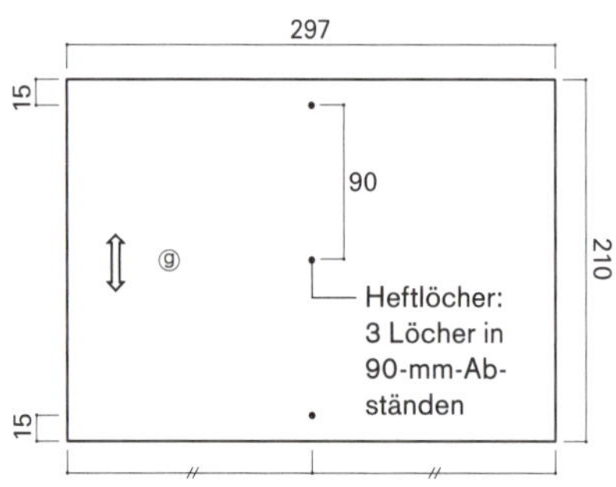

Abb. B (Bucheinband-gewebe)

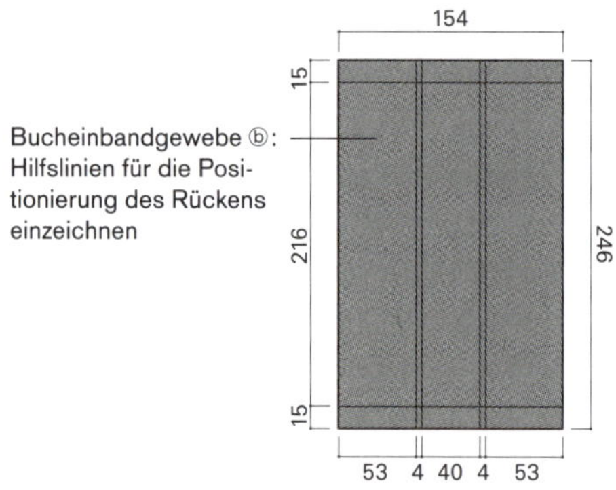

Abb. C (Deckel)

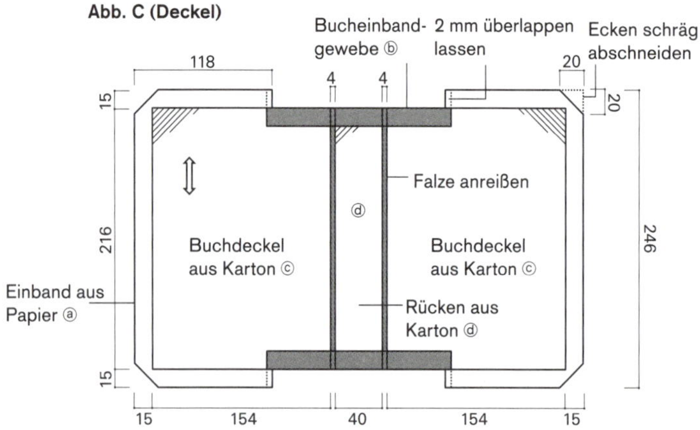

Abb. D (Rücken)

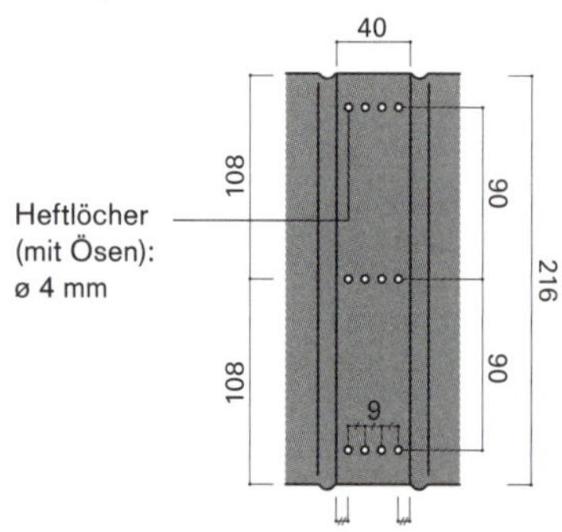

Anleitung

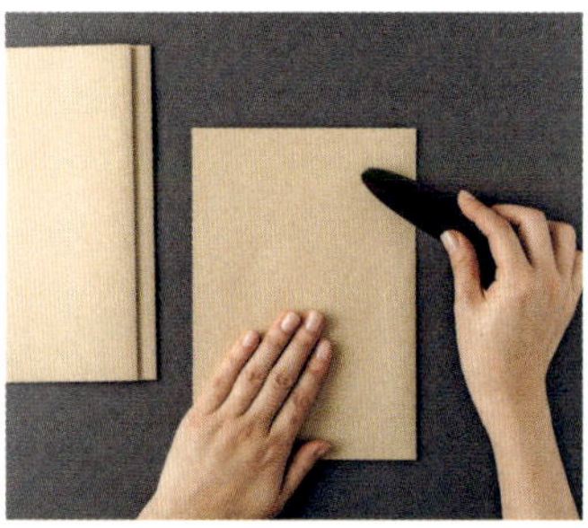

1. Die Bogen für den Buchblock ⓖ mithilfe des Falzbeins mittig falten und zu Lagen aus je 10 Blättern zusammenfügen. Insgesamt 8 Lagen zusammenfügen und aufeinanderstapeln (S. 50, Schritt 2).

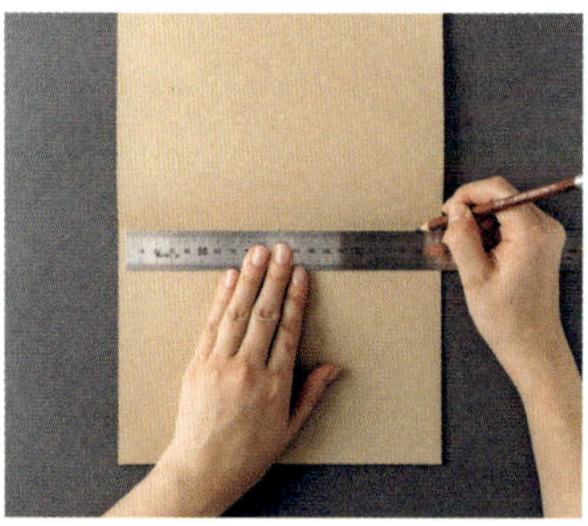

2. Die Positionen der Heftlöcher im Falz des inneren Bogens jeder Lage markieren (Abb. A).

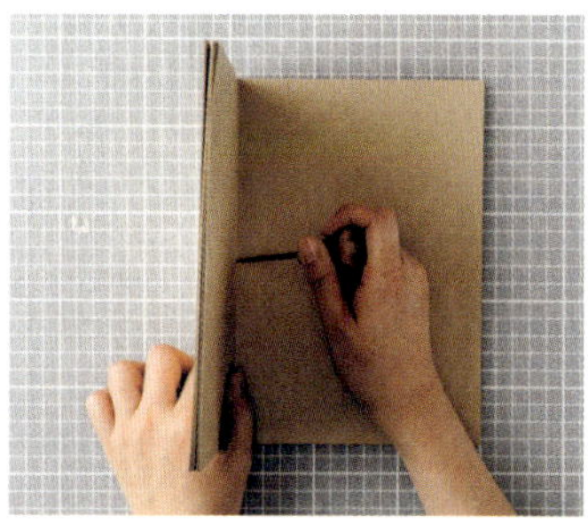

3. Die erste Lage in einem 90-Grad-Winkel halten und mit der Ahle die Heftlöcher im 45-Grad-Winkel durch alle Papierlagen hindurch vorstechen. Die anderen Lagen auf die gleiche Weise zum Heften vorbereiten.

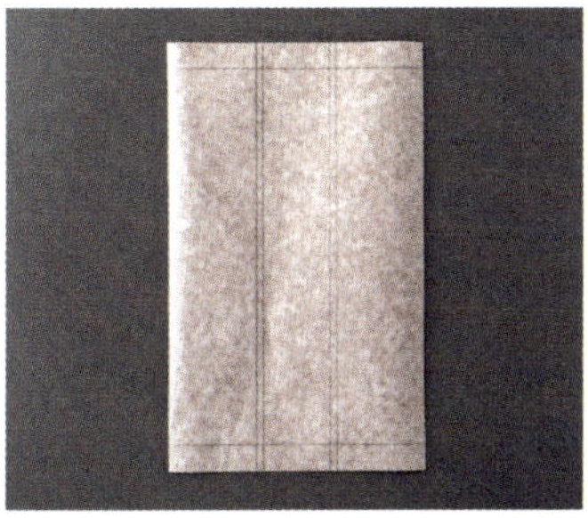

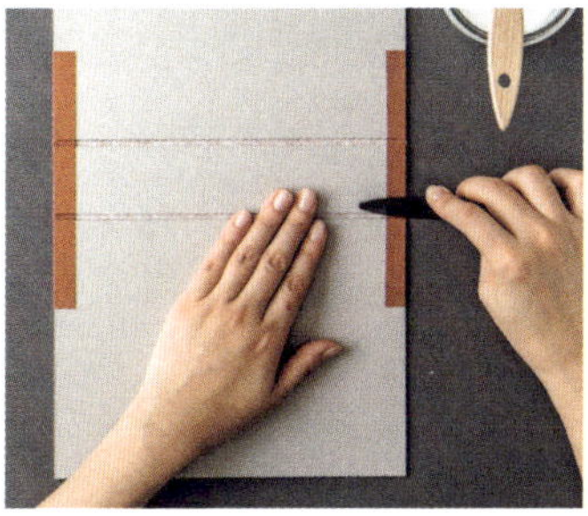

(Bucheinbandgewebe 2 mm überlappen lassen.)

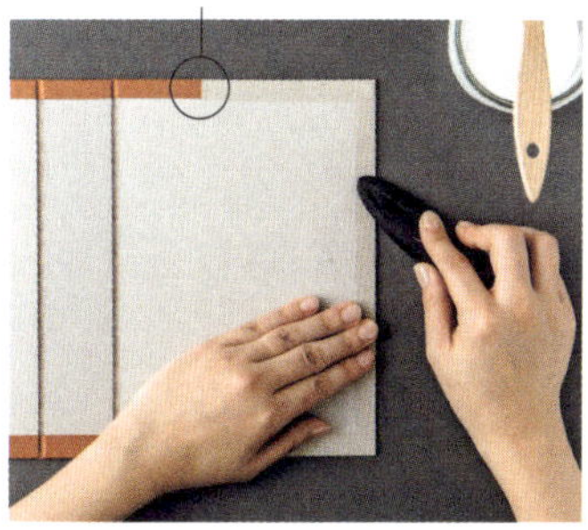

4. Auf der Rückseite des Bucheinbandgewebes Markierungslinien für die Positionierung des Rückens ⓑ einzeichnen (Abb. B).

5. Auf die Rückseite des Bucheinbandgewebes Stärkekleber auftragen, die Deckel (ⓒ und ⓓ) aufkleben und an Ober- und Unterkante einschlagen. Das Gewebe mit dem Falzbein gut andrücken.

6. Für den Einband ⓐ Stärkekleber auf die Rückseite des Papiers auftragen und die Deckel beziehen (Abb. C.; S. 71, Schritte 7-8).

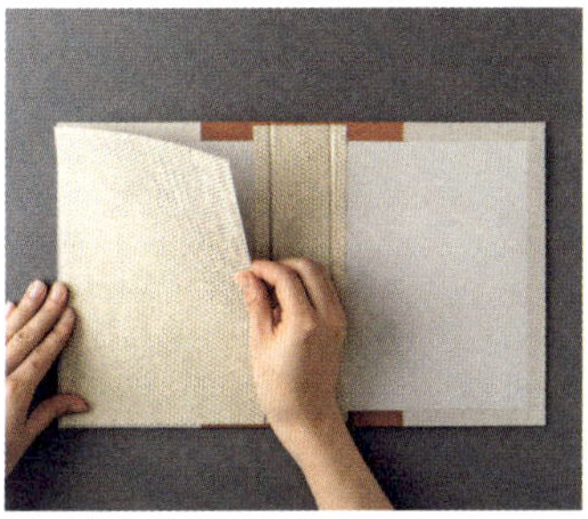

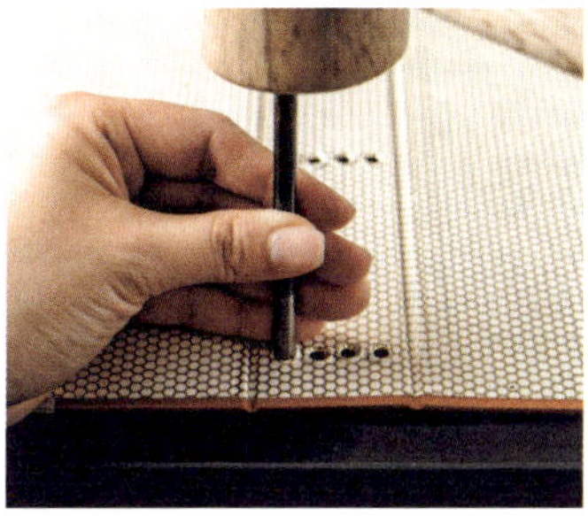

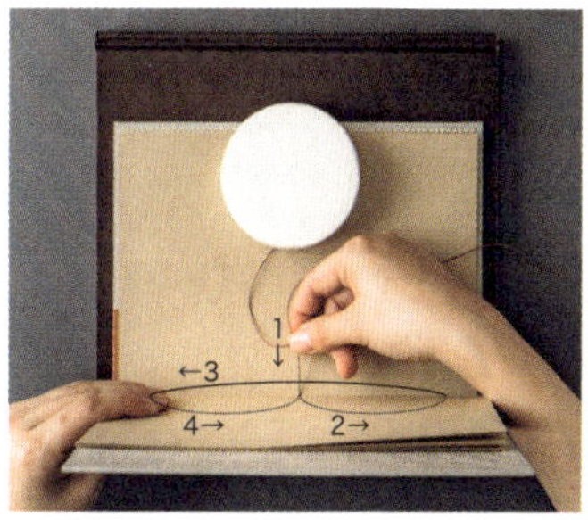

7. Die Einlage für den Rücken ⓕ (S. 71, Schritt 9) und das Vorsatzpapier ⓔ mittig in Deckel und Rücken kleben und glatt streichen. Mit einem Gewicht beschweren und über Nacht trocknen lassen.

8. Die Heftlöcher von außen durch den Buchrücken stanzen und in jedes Loch eine Öse einsetzen (Abb. D).

9. Die erste Lage des Buchblocks an den Deckel heften (siehe S. 20).

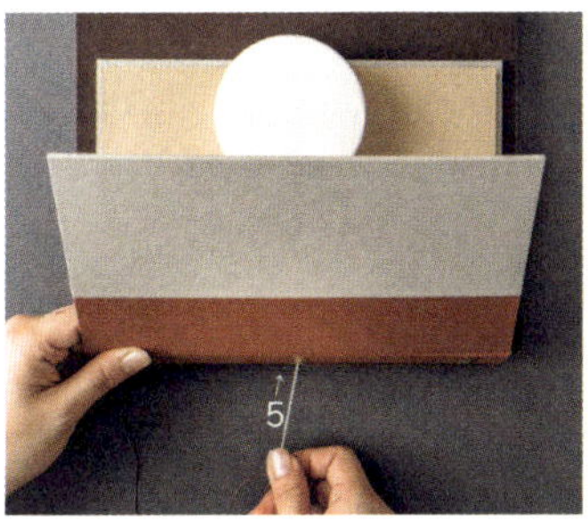

(Den Faden beim Heften nicht verdrehen. Verhedderte Fäden entwirren.)

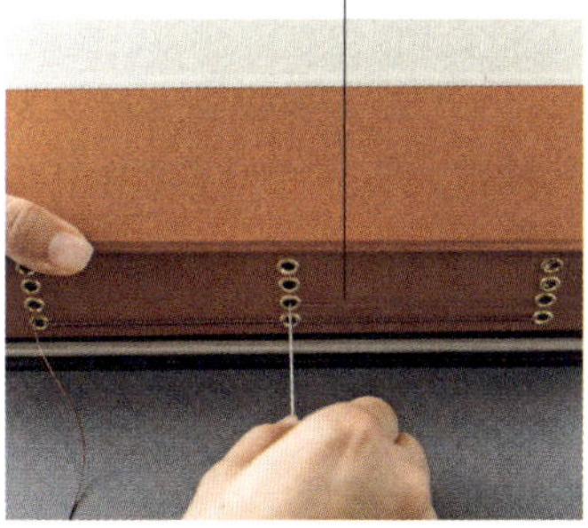

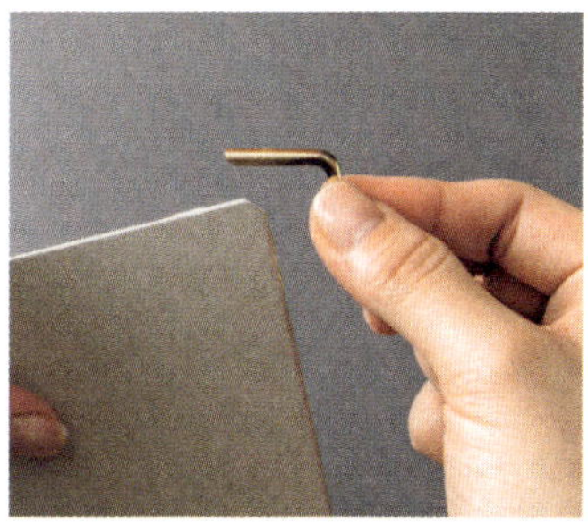

10. Das Garn mit einem Weberknoten innerhalb der Lage sichern und die Enden abschneiden. Die zweite Lage in dieselbe Lochreihe heften.

11. Die dritte Lage in die folgende Lochreihe heften. Fortfahren, bis alle Lagen eingeheftet sind (jeweils zwei Lagen pro Lochreihe).

12. Die Ecken des Deckels so zurückschneiden, dass die Buchecken exakt passen. Etwas PVA-Kleber auf die Buchecken und die Ecken des Deckels auftragen und die Buchecken aufkleben.

#26

SAMMELMAPPE FÜR TICKETS

Ein pfiffiger Hefter aus Briefumschlägen

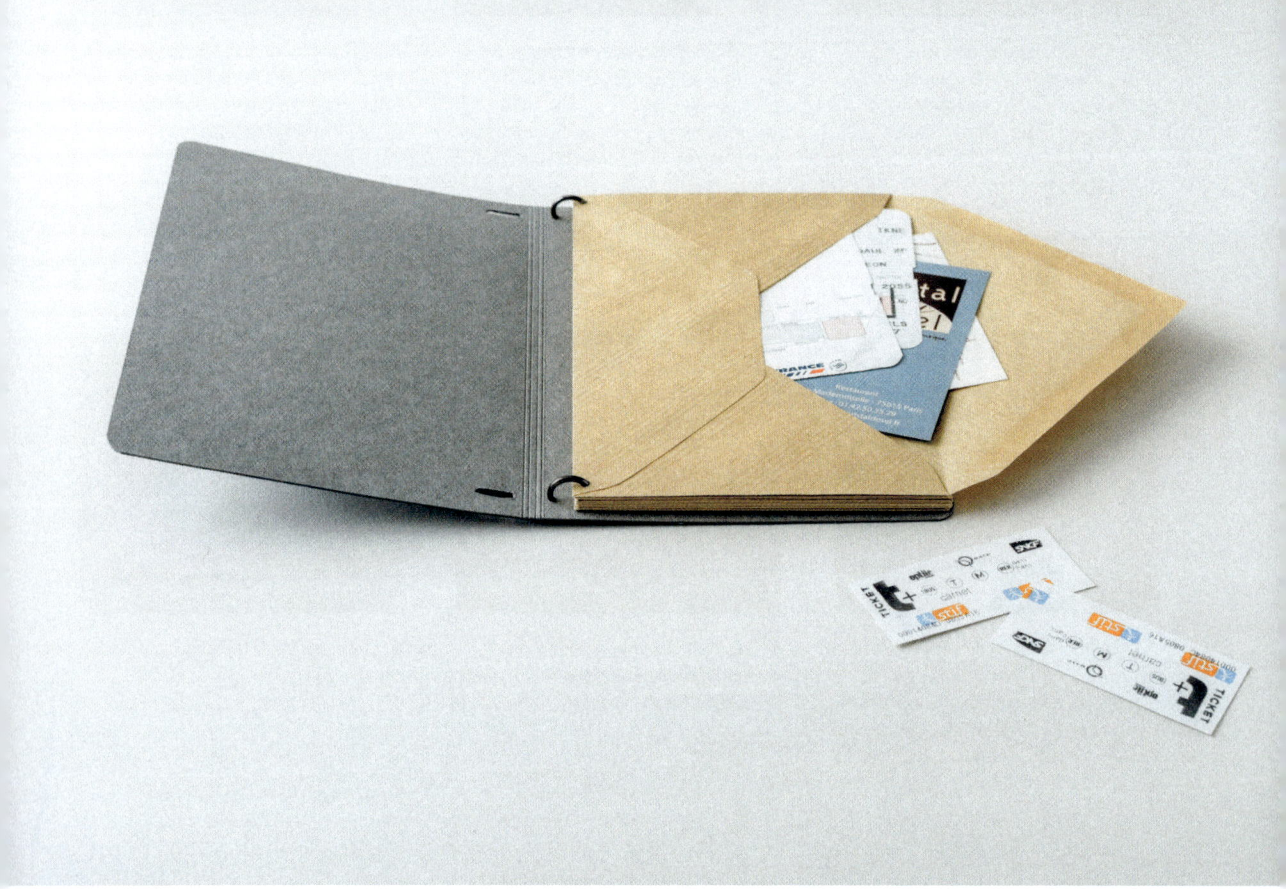

Diese legere Sammelmappe aus gekauften Briefumschlägen wird mit Biegeringen und einem Gummiband zusammengehalten. Sie können darin all die lieb gewordenen Kleinigkeiten verstauen, die sich so gerne in Schubladen ansammeln. Halbtransparente Umschläge sind besonders praktisch, weil dann der Inhalt von außen erkennbar ist.

Materialien

- Einband: 1 Stück Bucheinbandgewebe (Längsseite des Umschlags + 50 mm) × (2 × Schmalseite des Umschlags + 70 mm)
- Deckel: 1 Bogen Karton (350 g/m^2) (Längsseite des Umschlags + 30 mm) × (2 × Schmalseite des Umschlags + 50 mm)
- 8–12 Briefumschläge (Gesamthöhe des Stapels: 3–4 mm)
- Gummiband: Höhe des Deckels × 2
- 2 Biegeringe (2 mm stark, 10 mm Innendurchmesser)
- 1 Öse (4 mm Innendurchmesser)

Größe

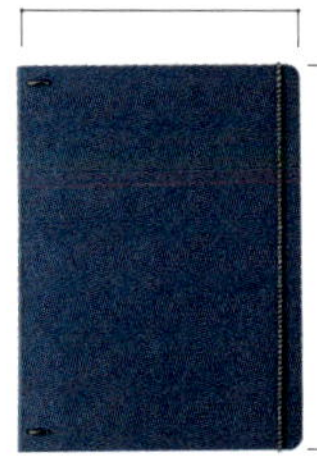

Konstruktionszeichnungen

Abb. A (Umschlag)

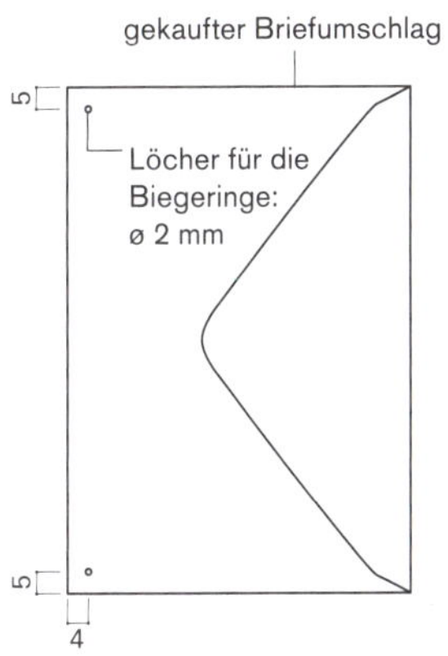

Abb. B (Deckel)

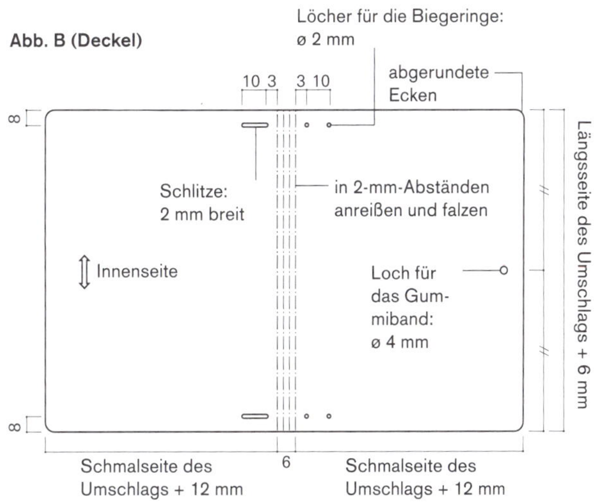

Anleitung

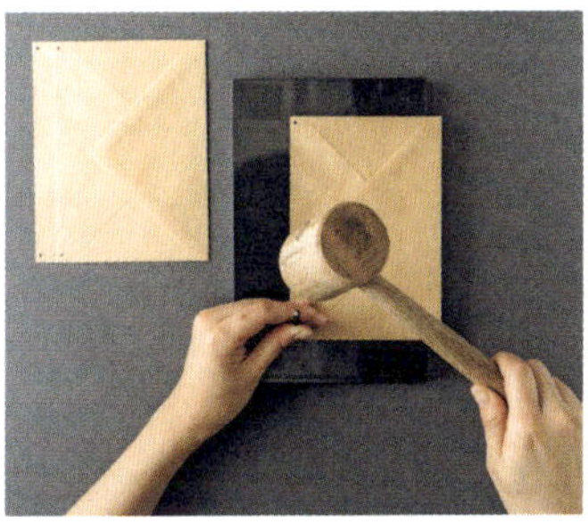

1. In einen der Briefumschläge die Löcher für die Biegeringe stanzen (Abb. A) und diesen als Schablone verwenden. Immer nur wenige Umschläge auf einmal lochen.

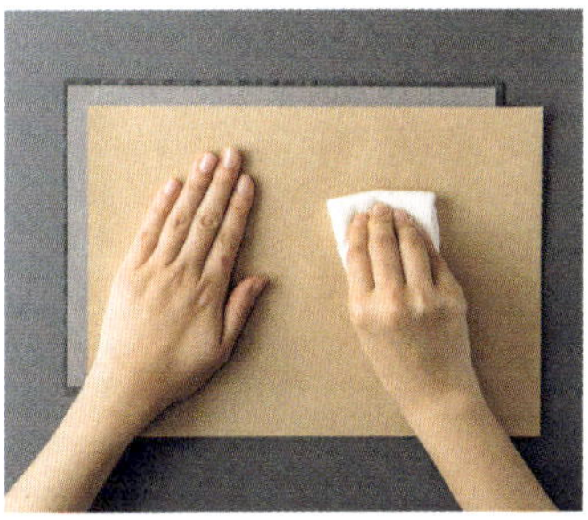

2. Auf die Rückseite des Kartons für den Deckel Stärkekleber auftragen und den Deckel auf die Rückseite des Einbandgewebes kleben. Gut andrücken und glatt streichen, mit einem Gewicht beschweren und über Nacht trocknen lassen.

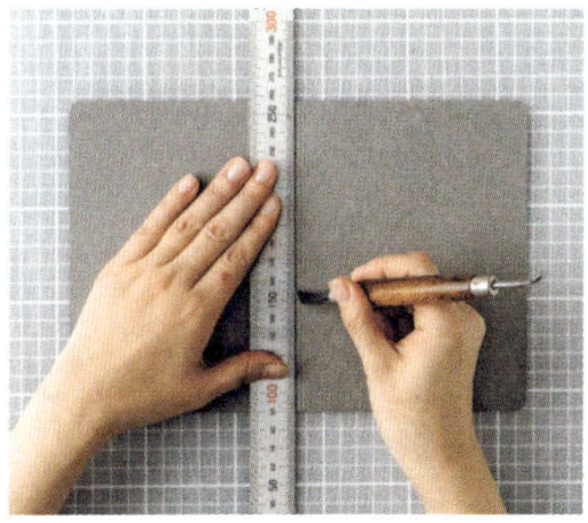

3. Den Deckel exakt zuschneiden und formen. Die Falze im Rücken anreißen und einarbeiten, die Ecken mit einem Eckenrunder abrunden (Abb. B).

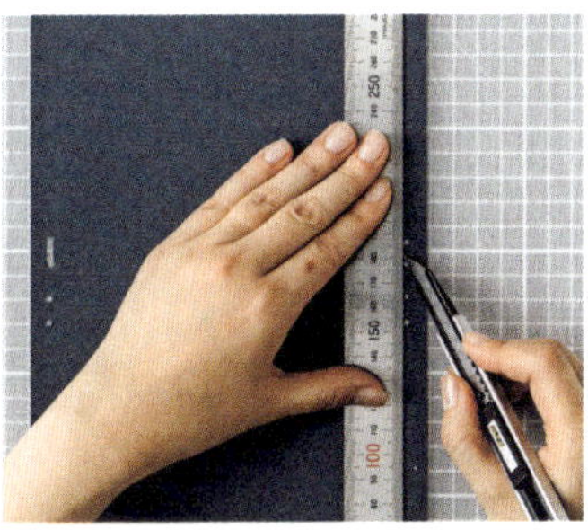

4. Die Löcher für die Biegeringe in den hinteren Deckel stanzen und Schlitze in der Breite der Ringe in den vorderen Deckel schneiden (Abb. B).

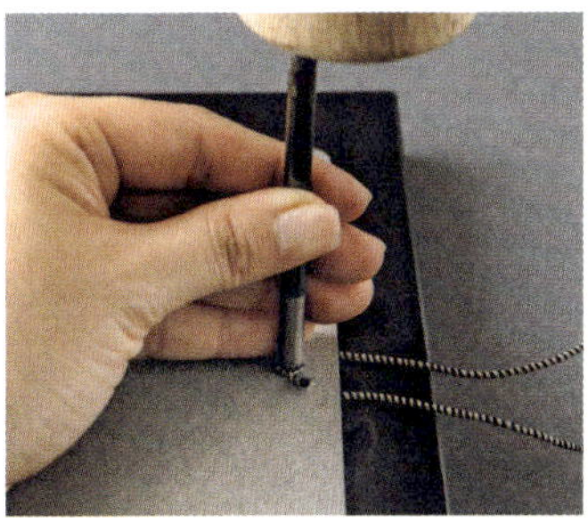

5. In den hinteren Deckel ein Loch für das Gummiband stanzen, das Gummiband einfädeln und die Enden mit einer Öse fixieren (siehe S. 21).

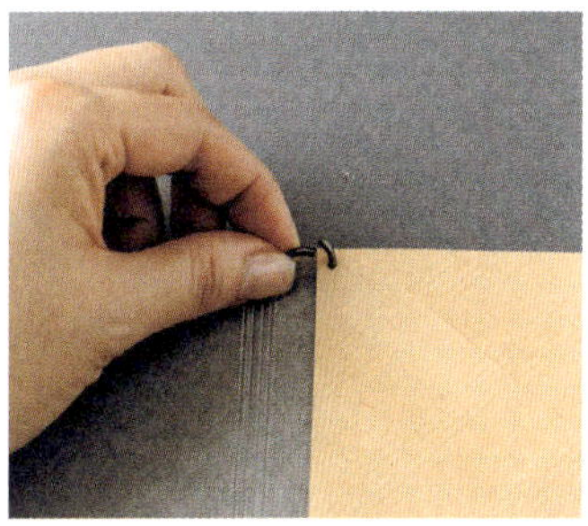

6. Die Biegeringe einsetzen (Schritt 4), die Umschläge einheften und die Ringe zubiegen (siehe S. 21).

#27

LEPORELLO ZUM AUFSTELLEN

Ein dekoratives Faltbuch aus Papierhäuschen

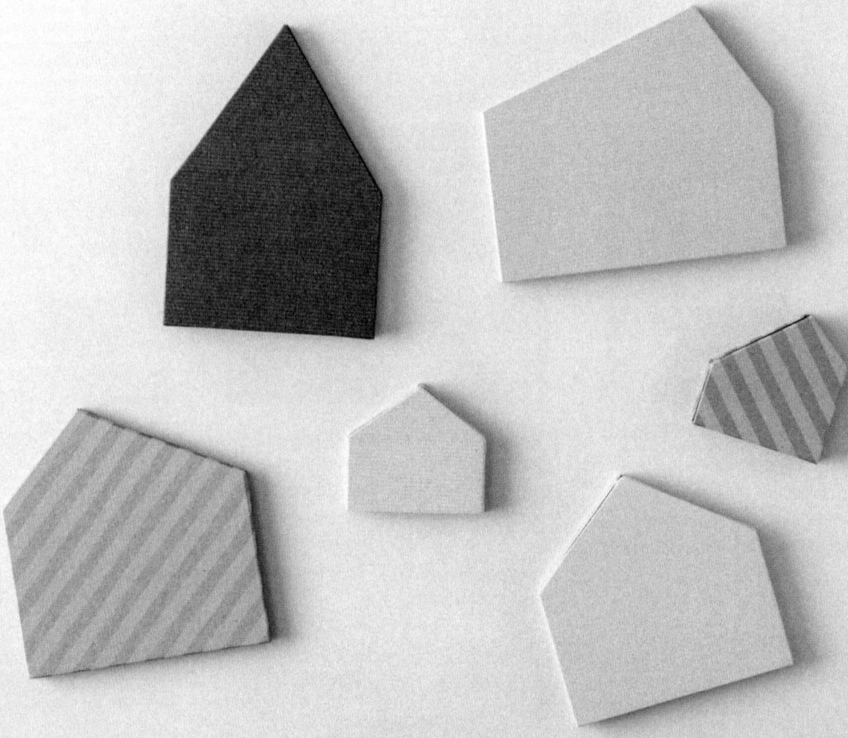

An diesem hübschen kleinen „Buch“ werden Sie bestimmt so viel Freude haben, dass sie es in unterschiedlichen Varianten basteln möchten – etwa mit einer Kirchturmspitze oder einem Fabrikdach. Es kann als Briefmarkenheftchen oder Minialbum für Fotos dienen – oder einfach als kleines Dekoobjekt, das im Regal die Blicke auf sich zieht.

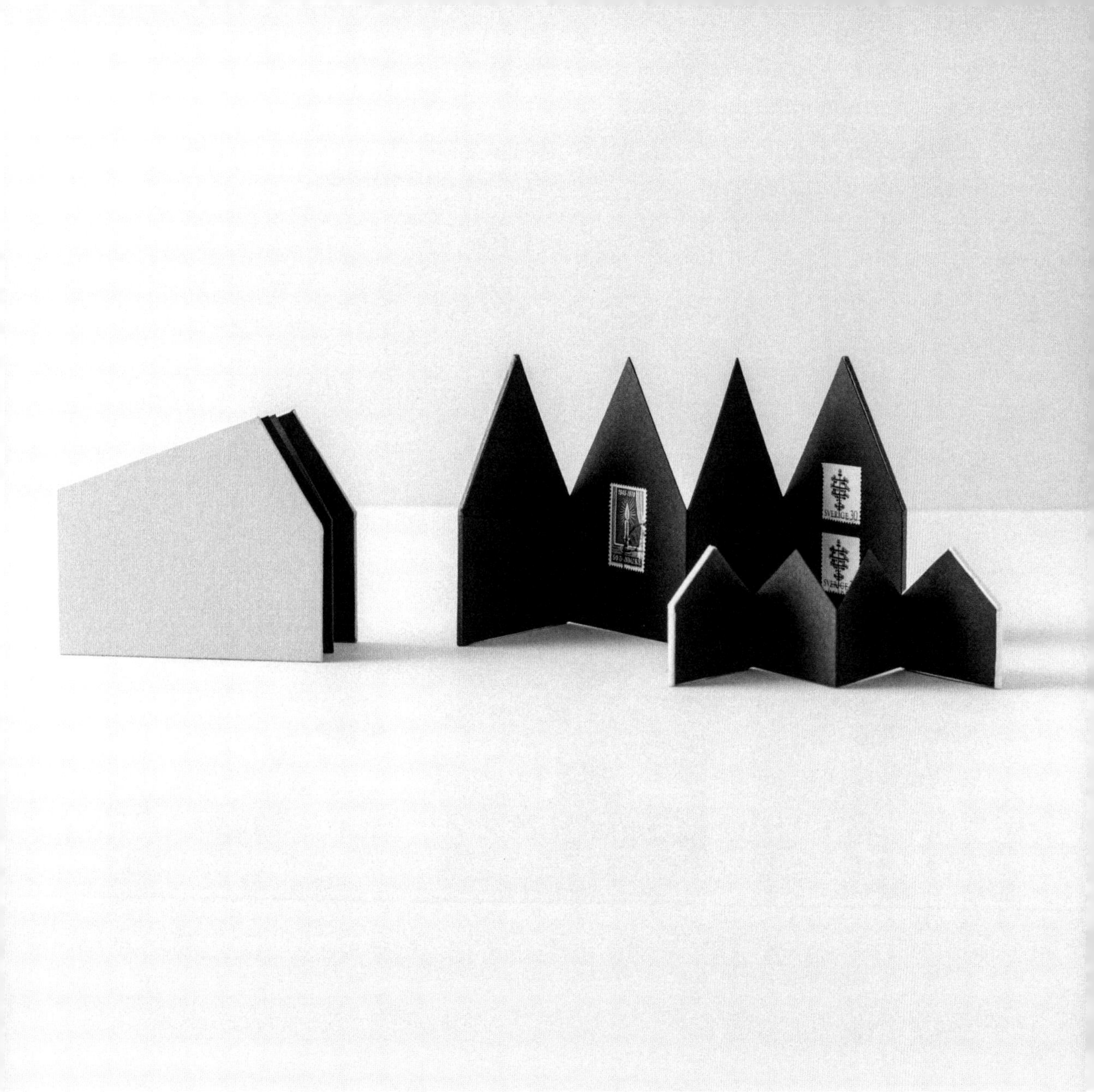

Materialien

- Einband: 2 Bogen Papier (115 g/m^2)
- Deckel: 2 Bogen Karton, 2 mm stark
- Leporello: 3 Bogen Papier (230 g/m^2), 45–100 × 90–200 mm

(Tipp: Diese Maßangaben sind nur Empfehlungen. Fertigen Sie die Häuser in jeder Größe Ihrer Wahl an.)

Größe

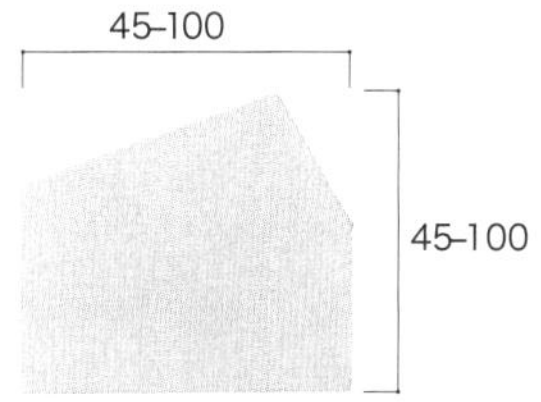

Konstruktionszeichnungen

Abb. A (Buchblock)

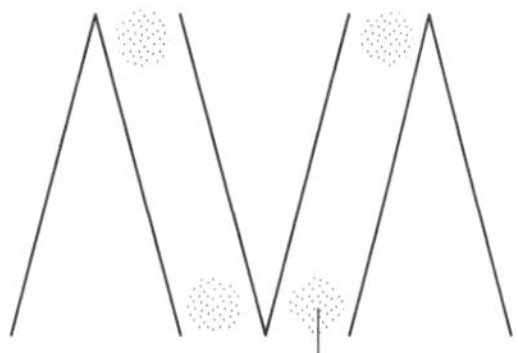

Abb. B (Einband)

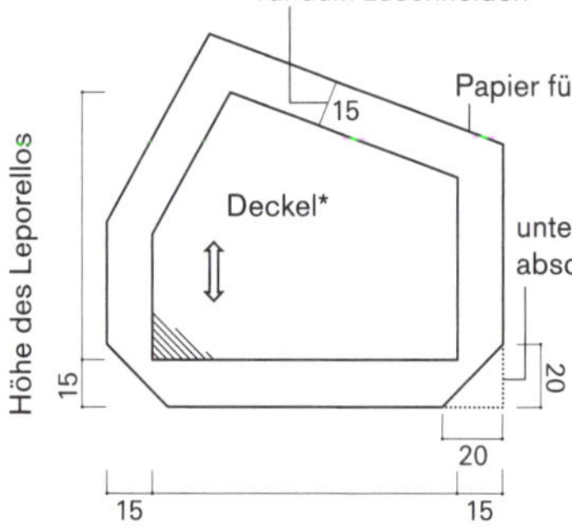

(* Deckel passend zum Leporello zuschneiden)

Anleitung

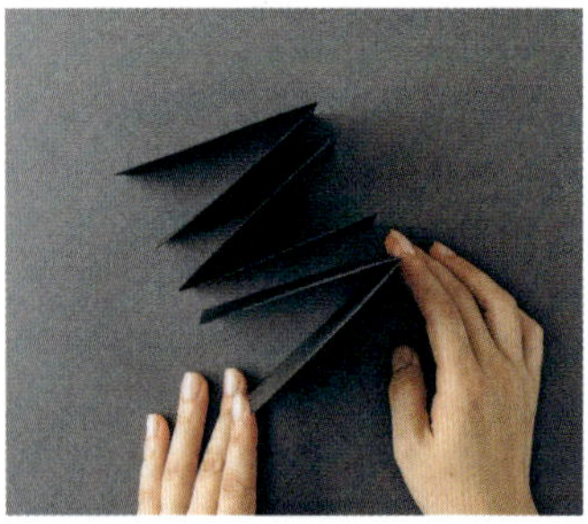

1. Das Leporellopapier in der Mitte anreißen und falten. Die Bogen so aufstellen, dass der Falz abwechselnd nach rechts und nach links zeigt.

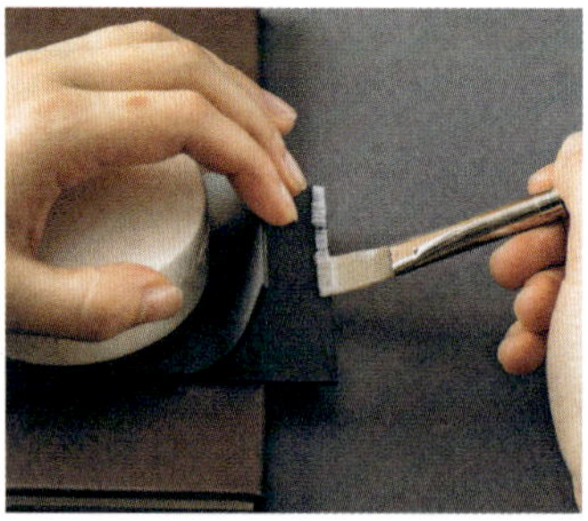

2. Die Bogen flach hinlegen und an den Kanten über eine Breite von 3 mm mit PVA-Kleber zusammenkleben (Abb. A).

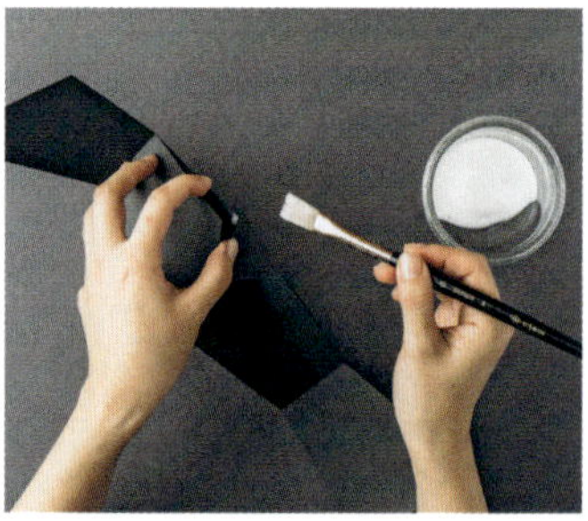

3. Die Oberkanten des Leporellos dreieckig zuschneiden. Etwas PVA-Kleber zwischen die oberen Ecken der doppelt gelegten Papierlagen auftragen, um sie zusammenzuhalten.

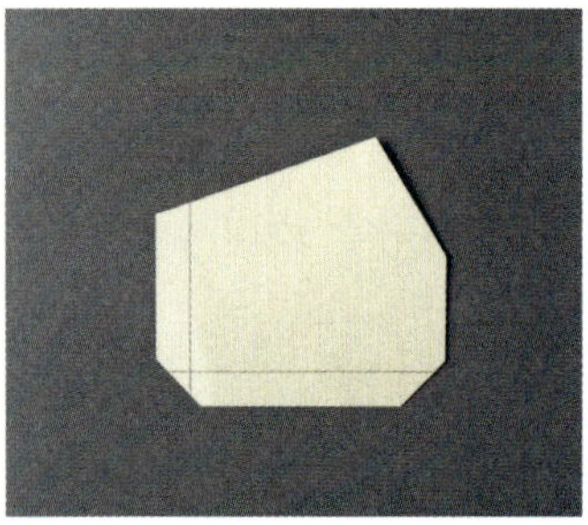

4. Das Papier für den Einband des vorderen Deckels zuschneiden (rundum mit 15 mm Zugabe). Auf der Rückseite mit 15 mm Abstand zum Rand links und unten Hilfslinien einzeichnen und die Ecken am unteren Ende schräg abschneiden.

(Mithilfe des Falzbeins die Ecken ausformen.)

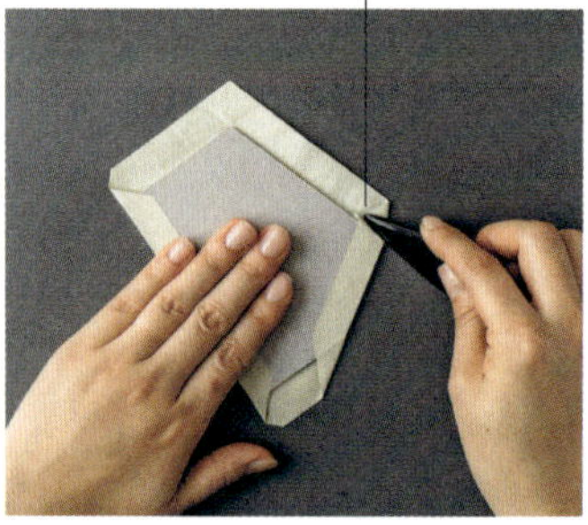

5. Den Deckel passend zum Leporello zuschneiden. Stärkekleber auf die Unterseite des Einbandpapiers auftragen und den Deckel beziehen (Abb. B; S. 19). Den hinteren Deckel spiegelgleich arbeiten.

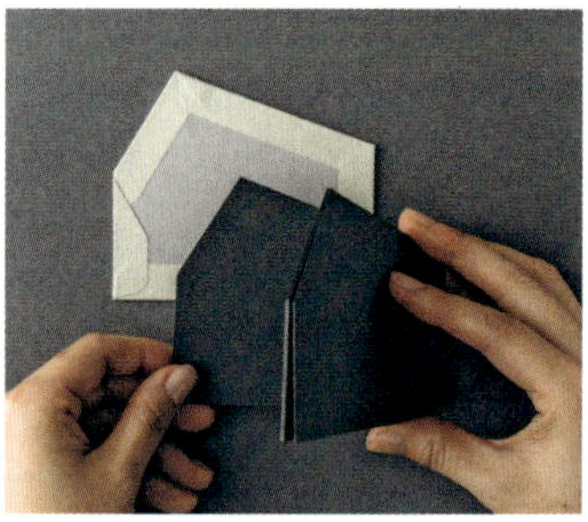

6. PVA-Kleber auf die erste und letzte Seite des Leporellos auftragen und den Leporello in den Deckel kleben. Gut andrücken und glatt streichen, mit einem Gewicht beschweren und über Nacht trocknen lassen.

#28

SIEGELBUCH

Ein Goshuincho aus feucht gerissenem Japanpapier

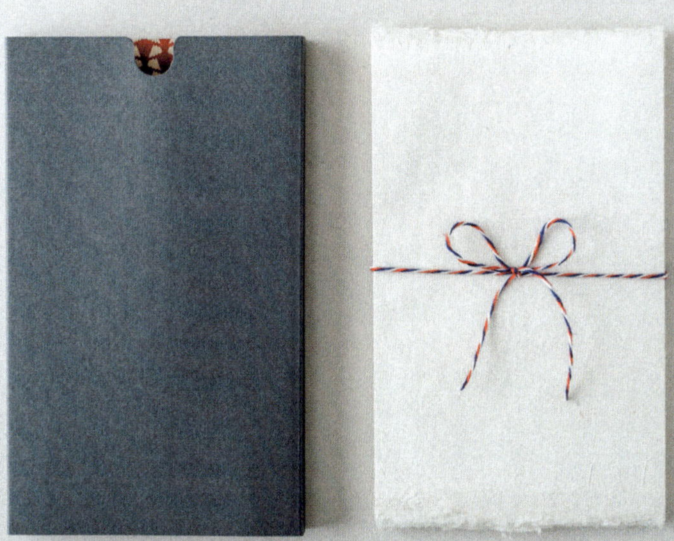

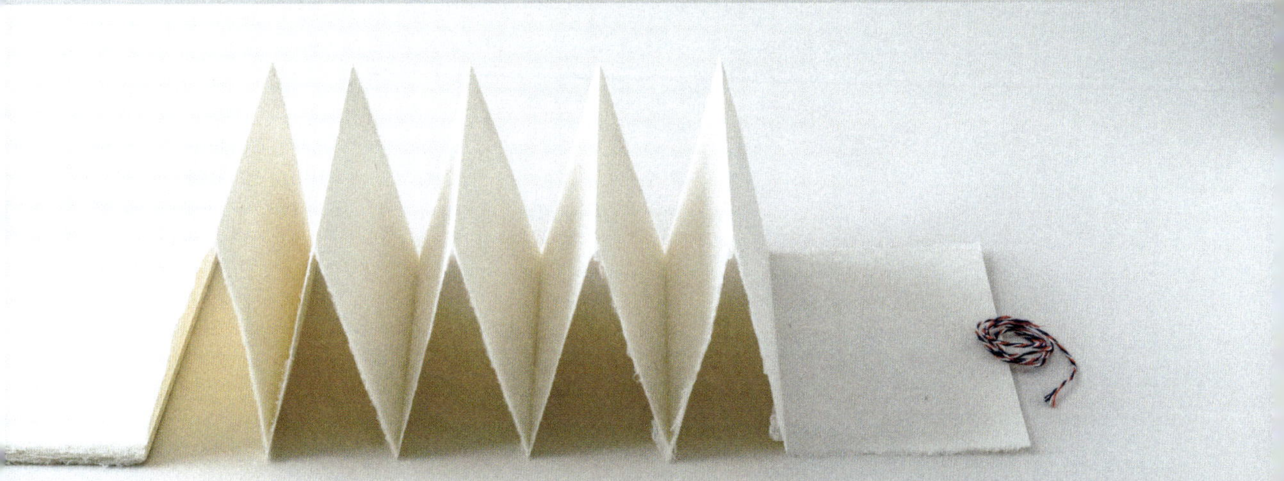

Ein Goshuincho ist ein Buch für Siegelstempel, die Besucher von japanischen Schreinen und Tempeln als Erinnerung an ihre Pilgerschaft erhalten können. In Japan ist dieser Brauch in jüngster Zeit wieder sehr populär geworden. Dieses handgefertigte, elegante Siegelbuch bringt die Textur und den Charakter von Japanpapier sehr gut zur Geltung. Die Ränder erhalten durch Reißen in angefeuchtetem Zustand einen Büttenrand. Da das Buch keinen festen Deckel besitzt und ziemlich empfindlich ist, habe ich gleich einen passenden Schuber dazu gefertigt.

Materialien

- Cover: 2 Bogen Japanpapier, 180 × 345 mm
- Buchblock: Japanpapier, 180 × 230 mm (Gesamthöhe des Buchblocks: 10–15 mm; die Bogen werden in der Mitte gefaltet)
  (Ober- und Unterkanten der Bogen anfeuchten und reißen (siehe S. 16); die beiden Längskanten mit einem Cuttermesser schneiden.)
- Schuber: 1 Bogen Papier (230 g/m^2)
  (Hier wurde Kompositpapier verwendet.)

Größe

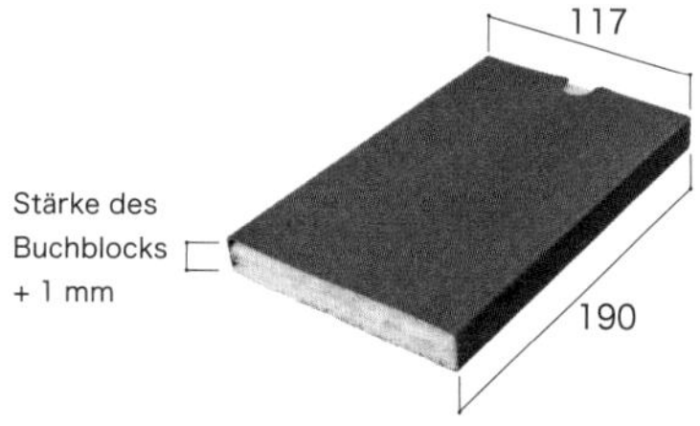

Konstruktionszeichnungen

Abb. A (Buchblock)

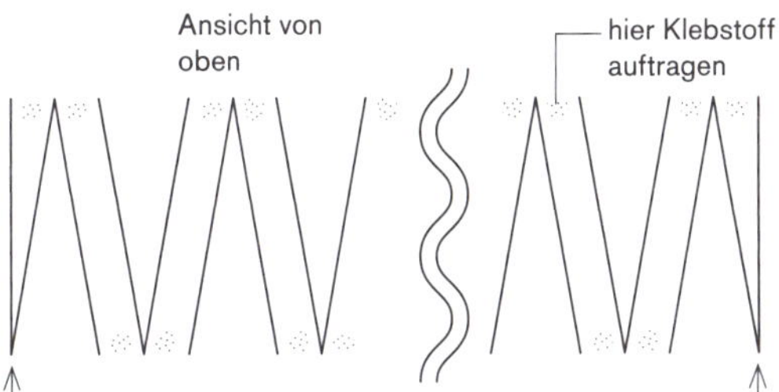

Abb. B (Schuber)

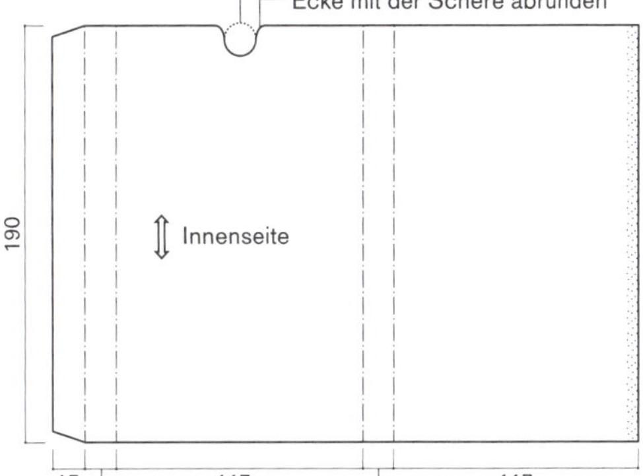

Anleitung

(Japanpapier für das Cover)

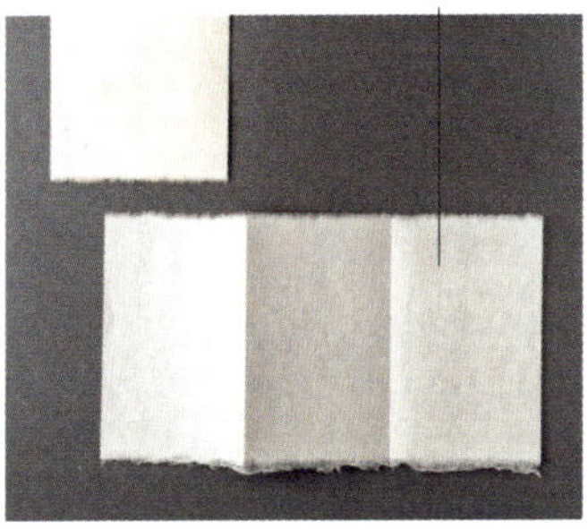

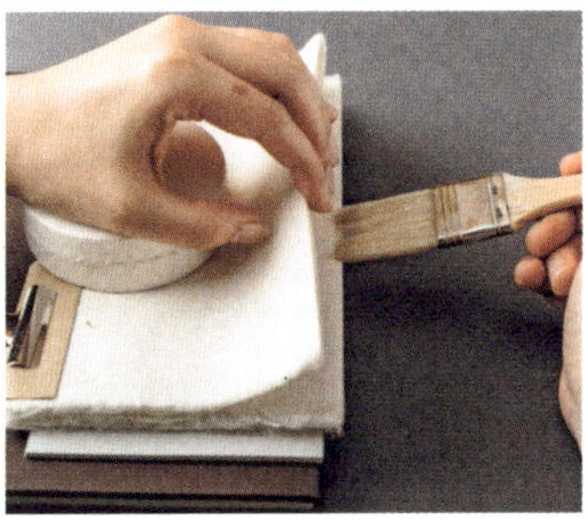

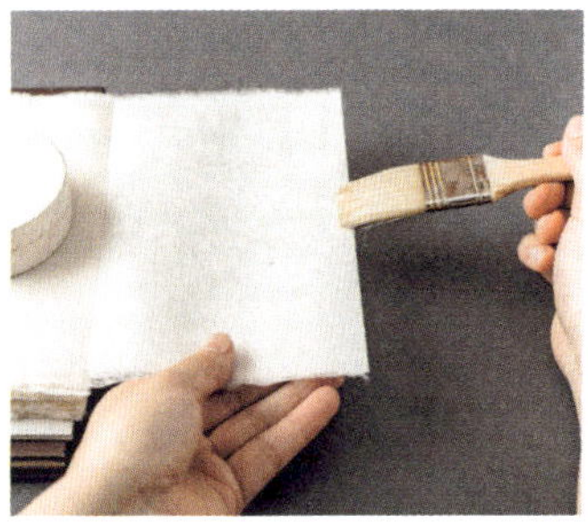

1. Die Bogen für den Buchblock in der Mitte falten. Die Bogen für das Cover zweimal falten wie ein Leporello. Die Blätter ziehharmonikaartig aneinanderlegen (Abb. A).

2. Den Buchblock flach hinlegen. Auf die Kanten über eine Breite von 3 mm Stärkepaste auftragen und die Seiten zusammenkleben (Abb. A).

3. Die Cover so auf den Buchblock kleben, dass sie außen geschlossen sind (Abb. A). Mit einem Gewicht beschweren und über Nacht trocknen lassen.

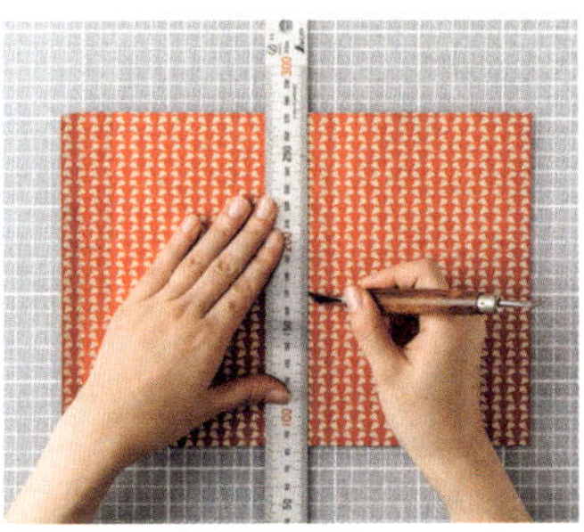

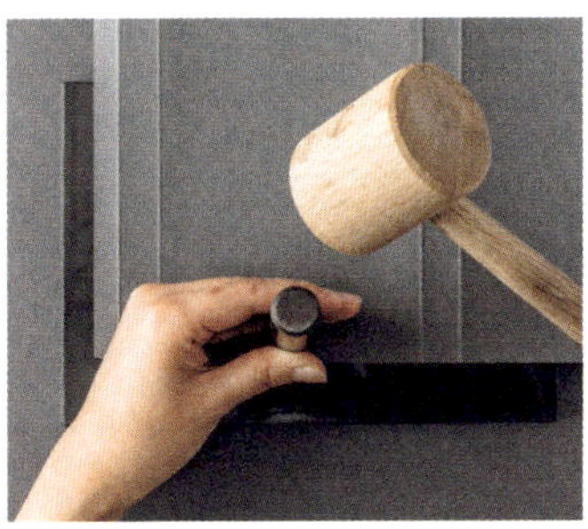

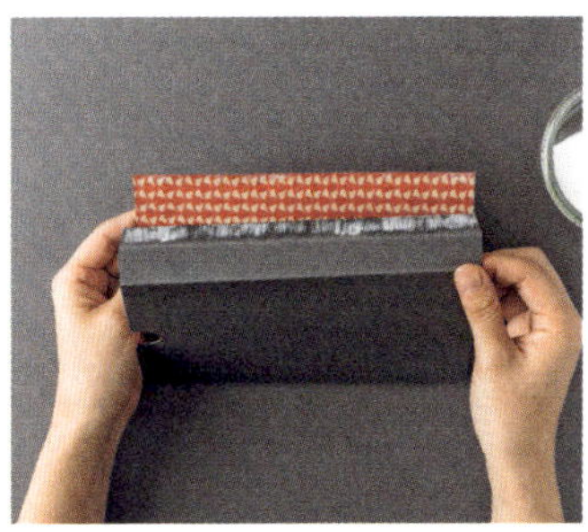

4. Die Dicke des Buches ausmessen und das Papier für den Schuber zuschneiden. Die Falten anreißen und falzen (Abb. B).

5. Eine halbrunde Kerbe in die Oberkante des Schubers schneiden, damit sich das Buch leichter herausziehen lässt.

6. PVA-Kleber auf die Klebelaschen auftragen und den Schuber zusammenkleben. Das Buch einschieben und die Klebenähte glatt streichen.

#29

HERBARIUM

Gepresste Pflanzen schön präsentiert

Ich habe meine Sammlung gepresster Pflanzen in einem ebenso edel wie filigran wirkenden Buch aus Transparentpapier untergebracht. Die Bindung wird mit Lederbändern verstärkt und der Inhalt lässt sich dank der Klappfalten ansprechend präsentieren.

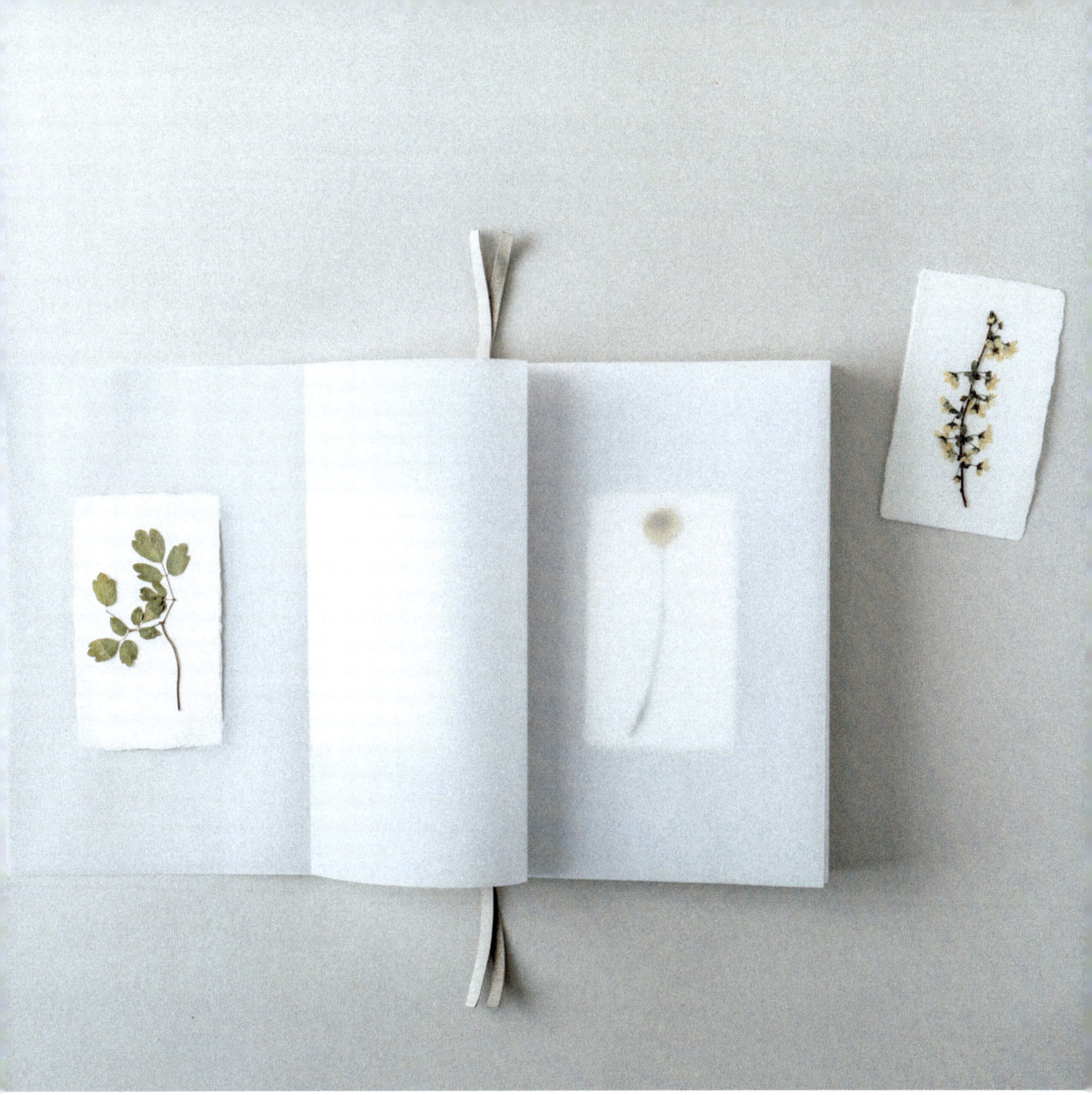

Materialien

- 21 Bogen Transparentpapier, 182 × 260 mm
- Trägerpapier: 20 Bogen Papier, 91 × 55 mm (in der Größe von Visitenkarten)
  (Im Beispiel wurden Visitenkarten aus Japanpapier verwendet.)
- Hanffaden: Höhe des Buchblocks × 3
- 2 Lederbänder, je ca. 280 mm lang, 5 mm breit

(zum Heften zusätzlich eine Unterlage aus Pappe verwenden)

Größe

Konstruktionszeichnungen

Abb. A (vorderes Cover, Buchblock)

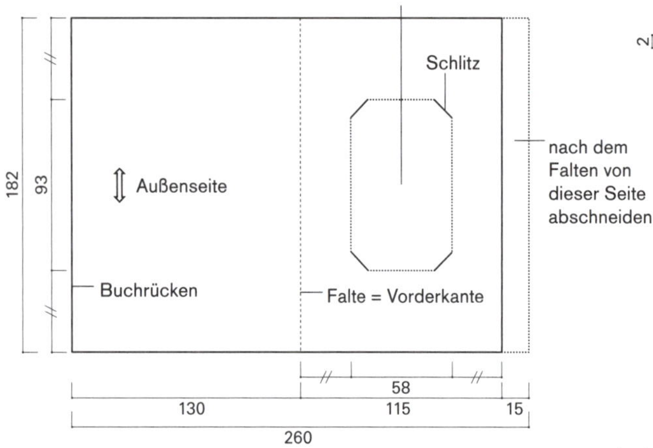

Abb. B (Buchrücken)

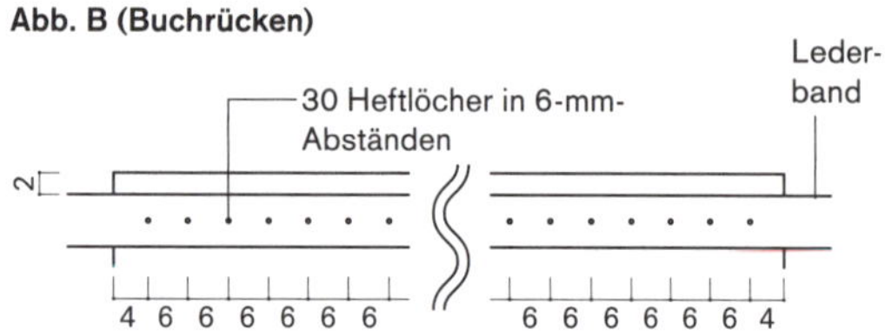

Abb. C (Seitenanordnung)

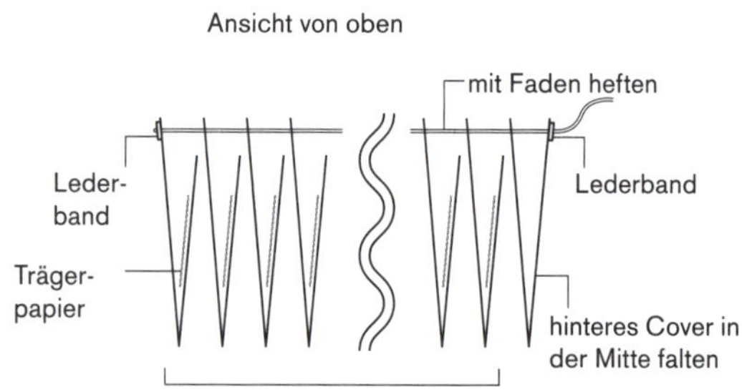

Beim Falten des vorderen Covers und des Buchblocks liegt das Trägerpapier innen (die Blätter vor dem Heften auf- und danach wieder zuklappen).

Abb. D (Heften)

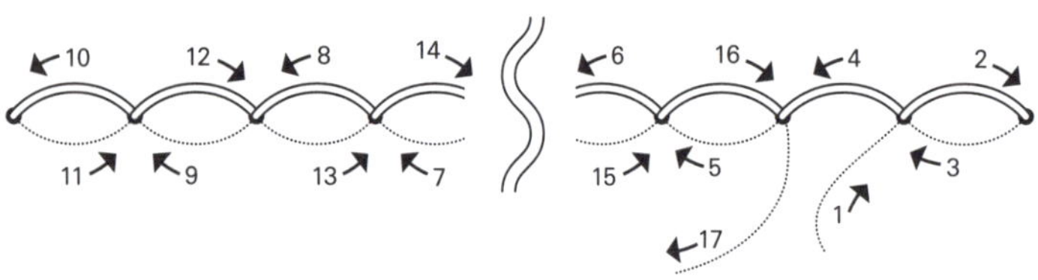

Durch das vorletzte Loch einstechen, durch das letzte Loch ausstechen und durch das vorletzte wieder einstechen. Den Stich dicht neben dem Heftloch mit einem Weberknoten sichern. Mit diesem Heftmuster fortfahren, unabhängig von der Anzahl der Heftlöcher.

Anleitung

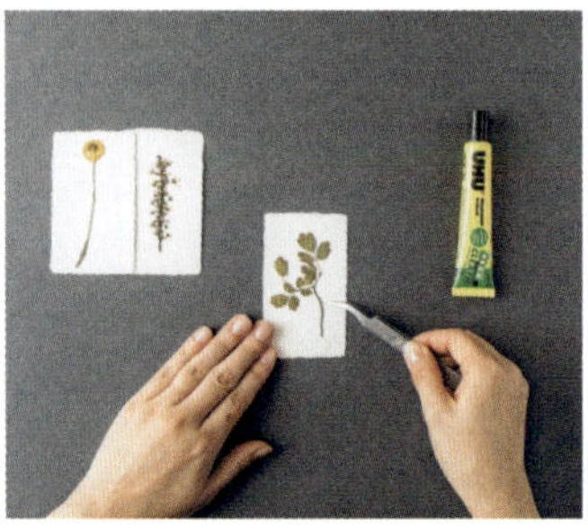

1. Gepresste Pflanzen o. Ä. auf das Trägerpapier kleben.

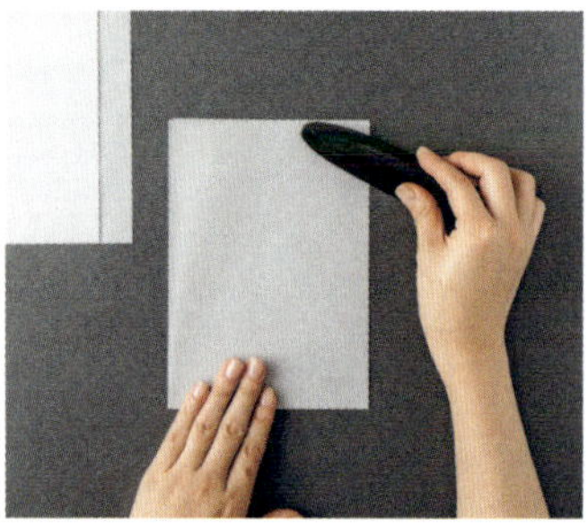

2. Alle Bogen des Transparentpapiers mithilfe eines Falzbeins in der Mitte falten (siehe S. 17).

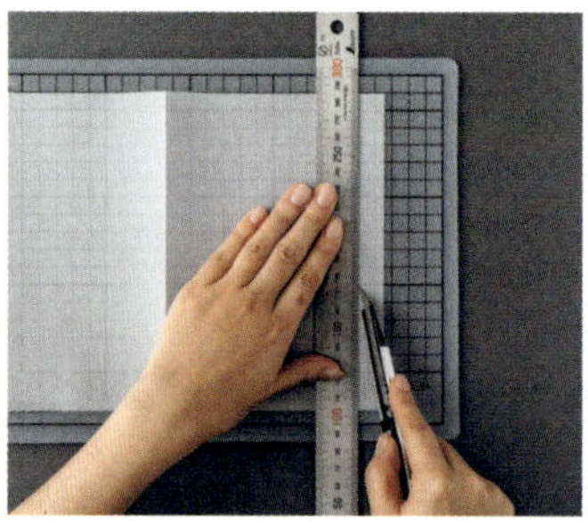

3. 20 Bogen wieder öffnen und vom rechten Rand über die gesamte Länge 15 mm abschneiden (Abb. A). Der letzte Bogen bleibt vollständig und dient als Buchrückseite.

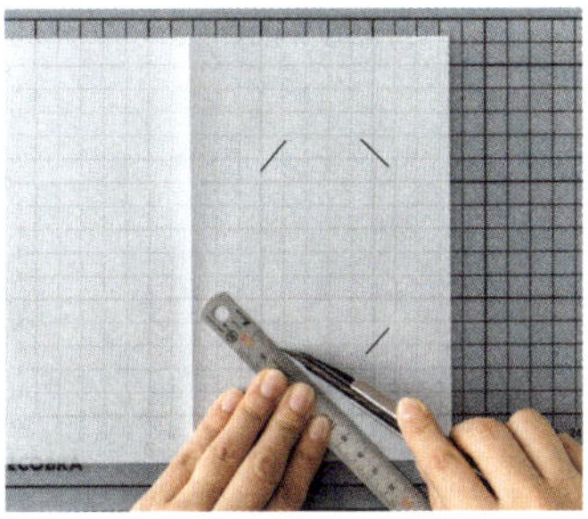

4. Die Schlitze zum Einsetzen des Trägerpapiers in die 20 Blätter des Buchblocks schneiden. Die erste Seite als Schablone verwenden (Abb. A).

(Das Band für das vordere Cover auf die breite, unbeschnittene Seite kleben.)

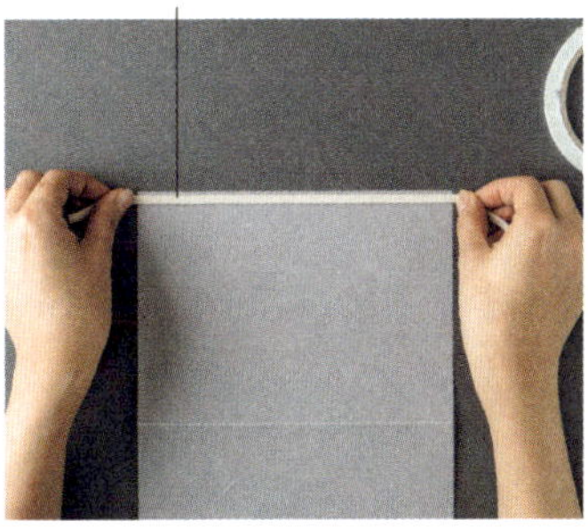

5. An einem der beschnittenen Bogen (dies wird das vordere Cover) und am rückwärtigen Cover mit doppelseitigem Klebeband je ein Lederband mit 2 mm Abstand zur Kante fixieren.

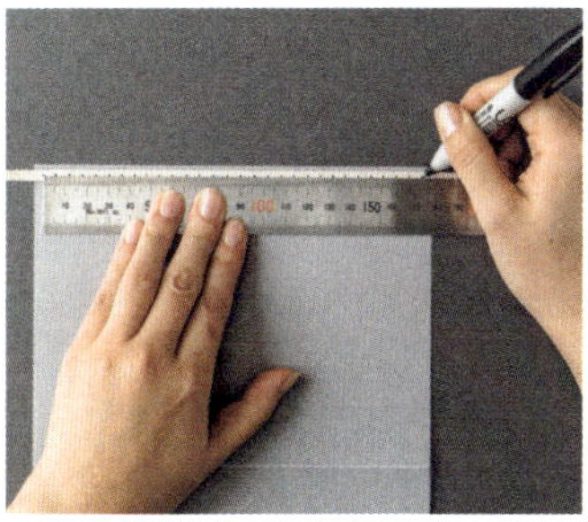

6. Die Positionen der Heftlöcher auf dem Lederband markieren (Abb. B).

(Die Lederbänder rechts und links aus dem Buch herausschauen lassen.)

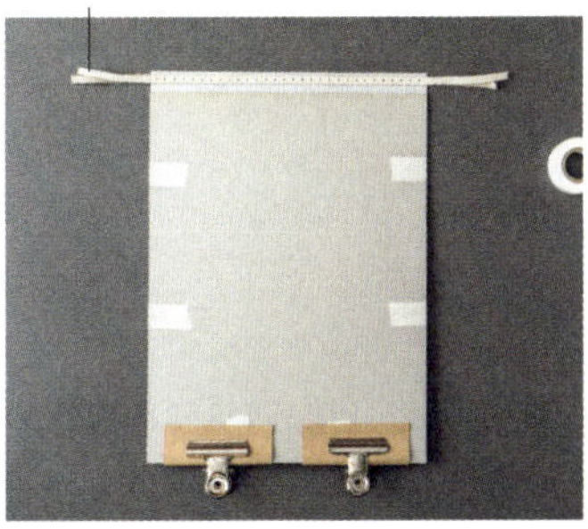

7. Das Buch zusammensetzen: vorderes Cover – Buchblock – hinteres Cover. Die Seiten auffalten und mit Mehrzweckklammern und Kreppband zusammenhalten (Pappe unter- und auflegen, um das Zeichenpapier zu schützen).

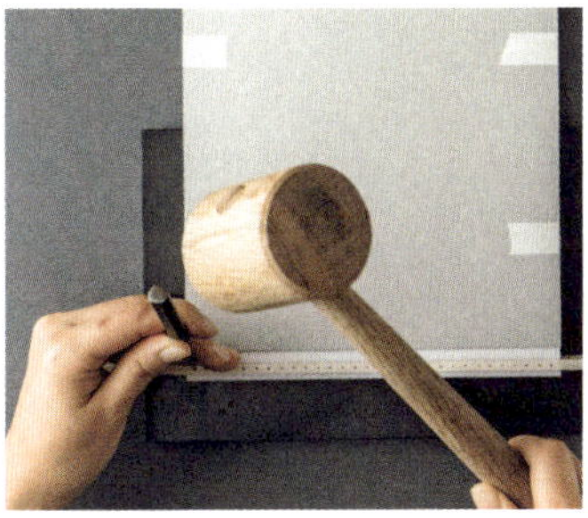

8. Die Heftlöcher mit einer Ahle senkrecht durch Cover und Buchblock stanzen. Dabei darauf achten, dass das Transparentpapier nicht verrutscht.

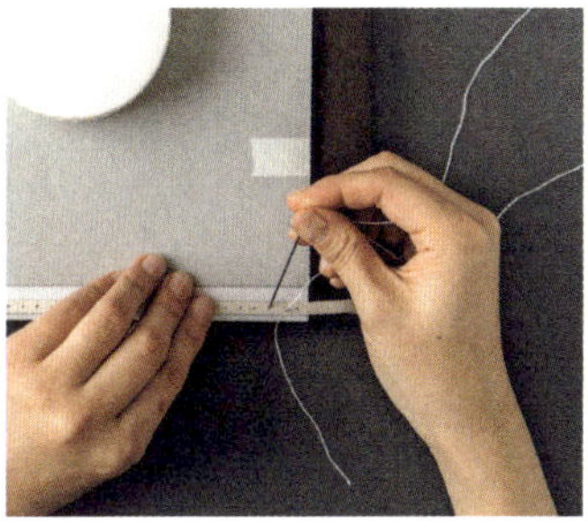

9. Den Rücken heften (Abb. D).

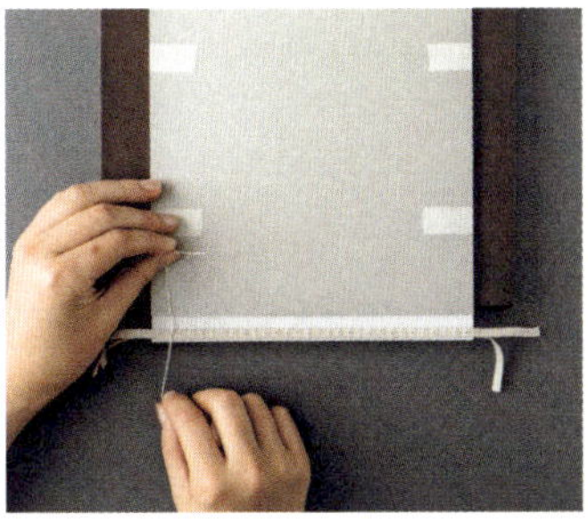

10. Die Naht mit einem Weberknoten sichern und die Fadenenden abschneiden. Etwas PVA-Kleber auf die Spitze der Ahle auftragen und den Knoten und die Fadenenden damit in ein Heftloch schieben.

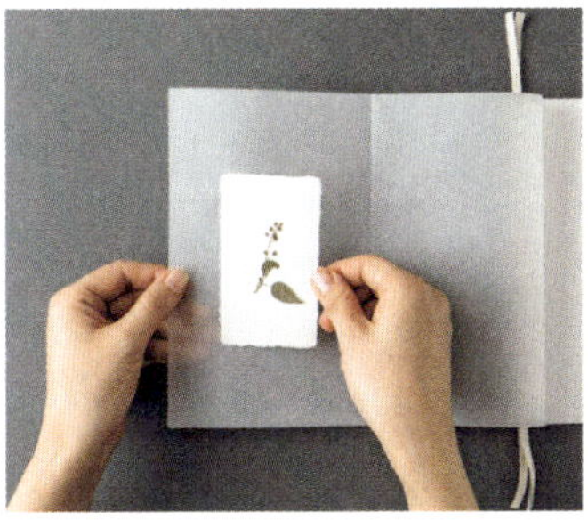

11. Die schützende Pappe entfernen, die Trägerpapiere einsetzen, Cover und Buchblockseiten schließen.

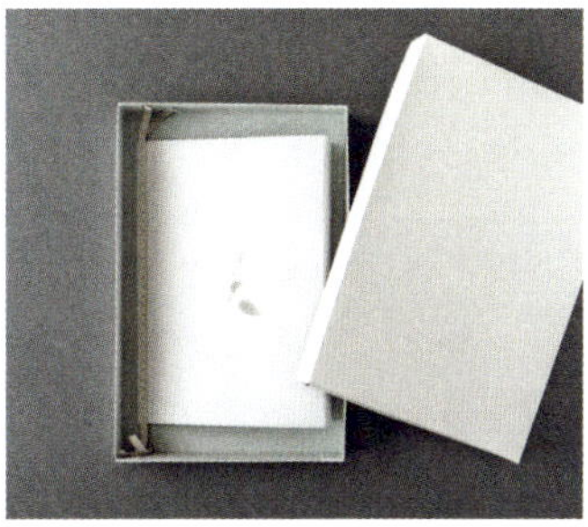

12. Das empfindliche Buch am besten in einer Schachtel (Anleitung siehe S. 97–99) oder einem Schuber aufbewahren.

#30

PRÄSENTATIONSMAPPE

Ein Portfolio mit minimalistischem Design

Diese schlichte Präsentationsmappe enthält meine gesammelten Kunstwerke und Fotos, sodass ich sie wie eine professionelle Künstlerin oder Fotografin präsentieren kann. Das minimalistische, zurückhaltende Design bringt die Werke wunderbar zur Geltung.

Materialien

- Einband: 2 Bogen Papier (115 g/m^2), 200 × 270 mm ⓐ
- Deckel: 2 Bogen Karton, 182 × 249 mm, 2 mm stark ⓑ
- Vorsatzpapier: 1 Bogen Papier (230 g/m^2) ⓒ
- Buchblock: 15–20 Bogen Papier (150 g/m^2), 182 × 257 mm (DIN-B5) (Stärke des Buchblocks: 4–6 mm) ⓓ
- 2 Bogen Papier (35 g/m^2), 182 × 257 mm (DIN-B5) ⓔ
- 1 Streifen Mulltuch ⓕ
- Rücken: 1 Bogen Papier (Packpapier) ⓖ
- 1 Etikett

(Zum Kleben des Rückens benötigen Sie außerdem Packpapier und Pappe.)

Größe

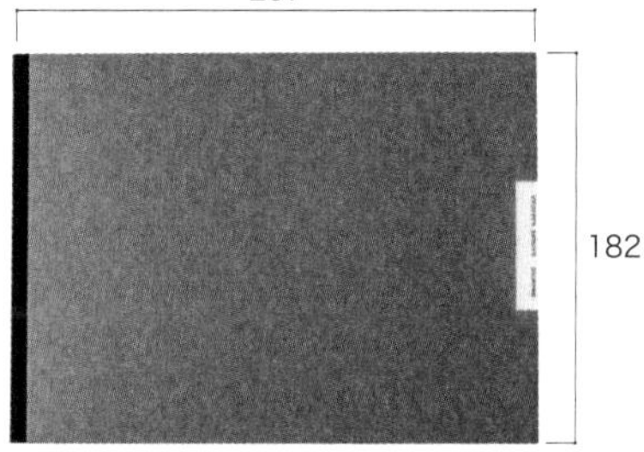

Konstruktionszeichnungen

Abb. A (Mulltuch, Rücken)

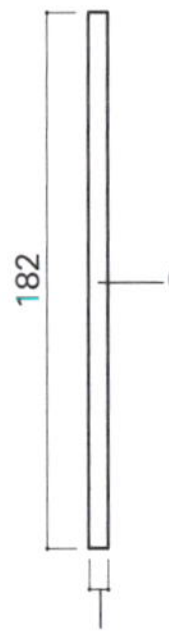

Abb. B (Vorsatzpapier)

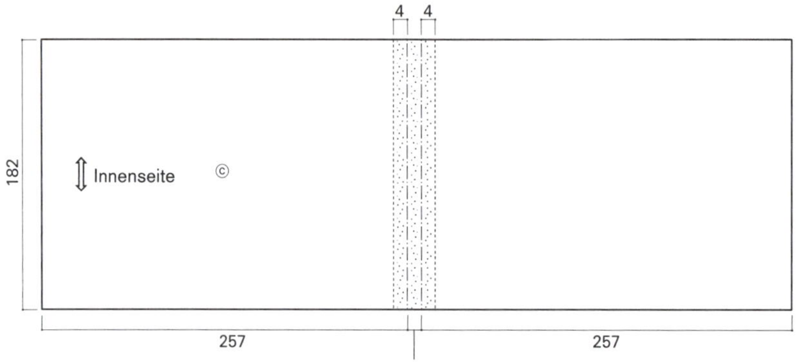

Anleitung

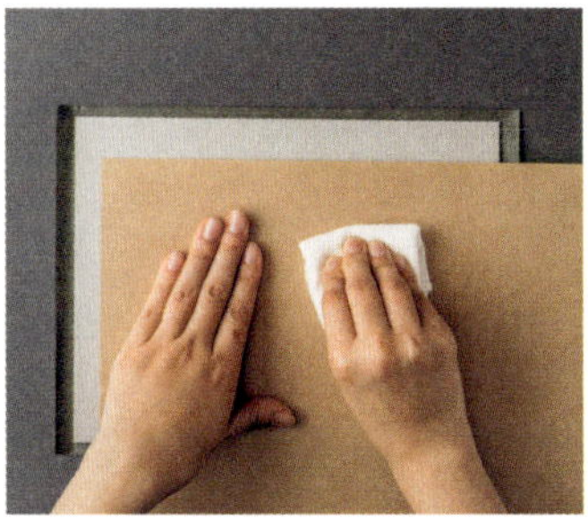

1. Die beiden Buchdeckel vorbereiten: Auf die Rückseite des Papiers für den Einband ⓐ Stärkekleber auftragen und die Deckel ⓑ aufkleben. Fest andrücken, mit einem Gewicht beschweren und über Nacht trocknen lassen.

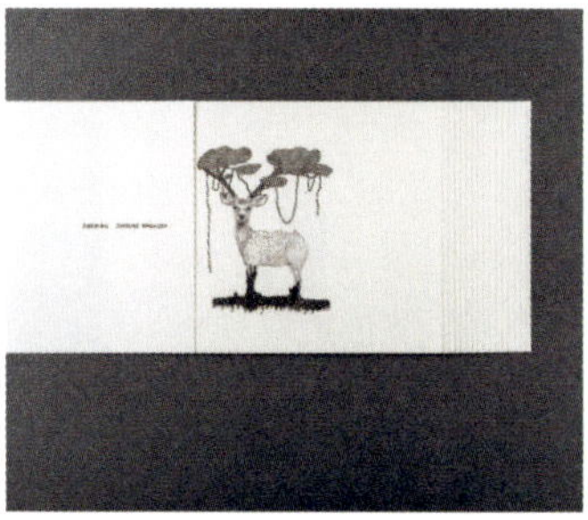

2. Drucken Sie Ihre Werke auf das Papier für den Buchblock ⓓ, und arrangieren Sie die Blätter nach Bedarf. Achtung: Die Kante, an der das Buch gebunden wird, verschwindet später im Falz. Beim Drucken daher einen schmalen Rand lassen.

Die Rückenkante ragt unter dem Pappdeckel hervor.

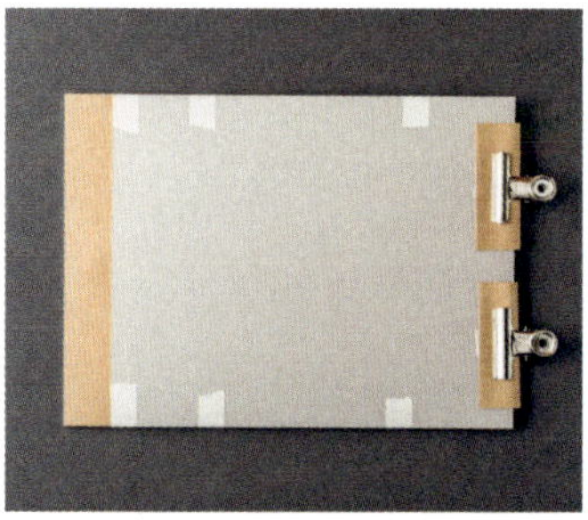

3. Den Buchblock zwischen zwei passend zugeschnittene Bogen Packpapier legen. Alles zusammen zwischen zwei ca. 30 mm schmalere Pappdeckel legen. Dabei die Pappe bündig an den Vorderschnitt anlegen. Die Pappe mit Kreppband und Mehrzweckklammern fixieren.

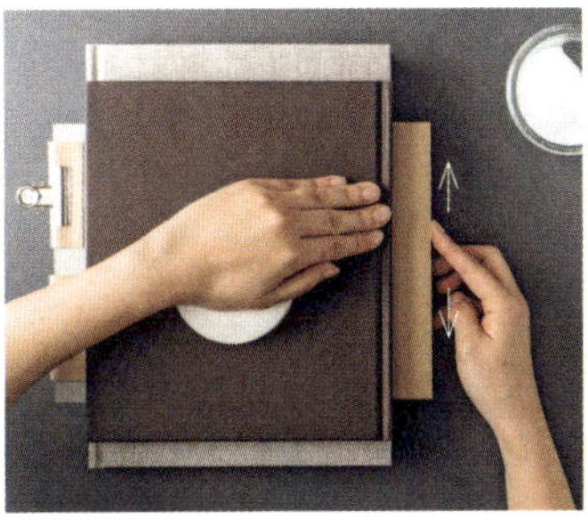

4. Den Buchblock zwischen zwei Bücher oder andere schwere Gegenstände legen und mit dem Finger PVA-Kleber auf den Rücken auftragen. Achten Sie darauf, dass Kopf- und Fußschnitt nicht mit Leim verschmiert werden.

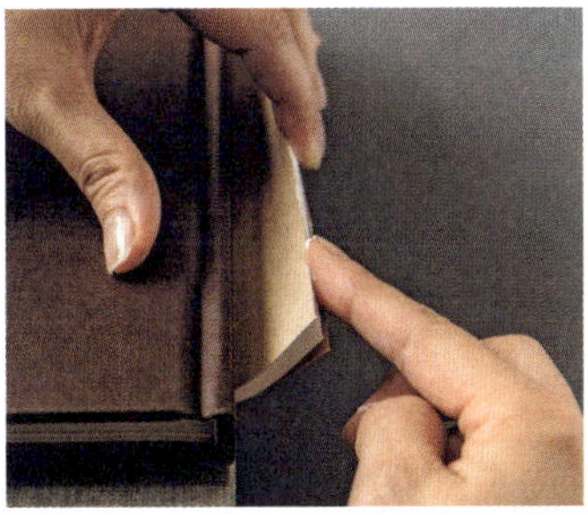

5. Den Rücken nach oben biegen und mit dem Finger PVA-Kleber zwischen die Seiten streichen, ohne sie zu knicken.

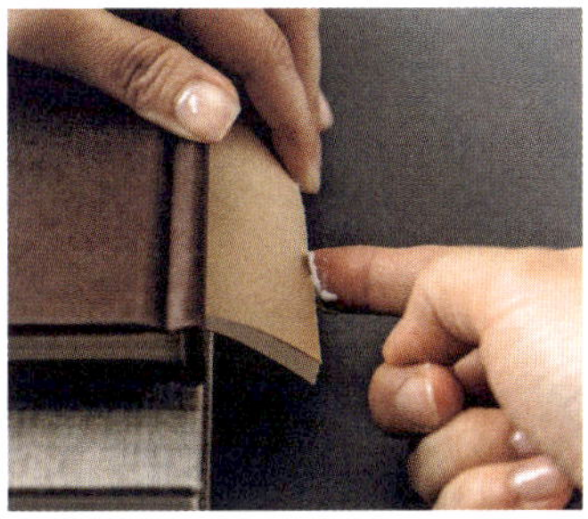

6. Den Rücken sanft in die andere Richtung biegen und PVA-Kleber zwischen die Seiten streichen wie beschrieben.

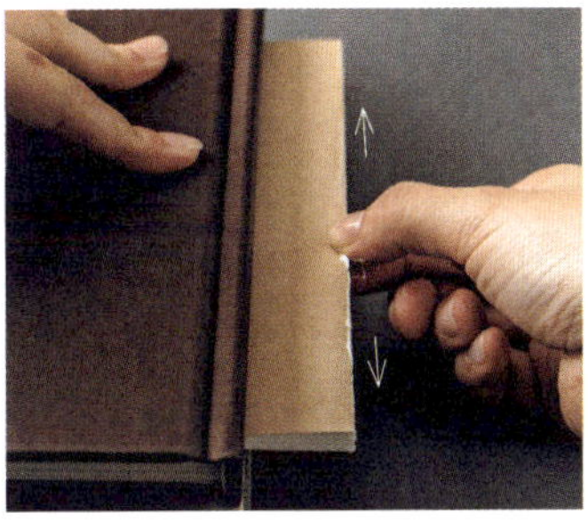

7. Den Rücken wieder gerade ausrichten und von oben nach unten mit PVA-Kleber bestreichen. Zum Schluss überschüssigen Leim mit den Fingern ausdrücken.

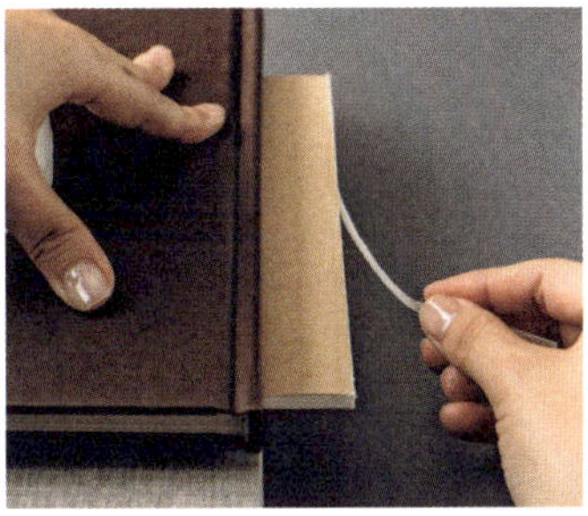

8. Den Rücken ausmessen und das Mulltuch und den Buchrücken auf die passende Größe zuschneiden (Abb. A). Das Mulltuch ⓕ auf den Rücken kleben und mit PVA-Kleber einstreichen. Den Buchrücken ⓖ aufkleben und gut andrücken.

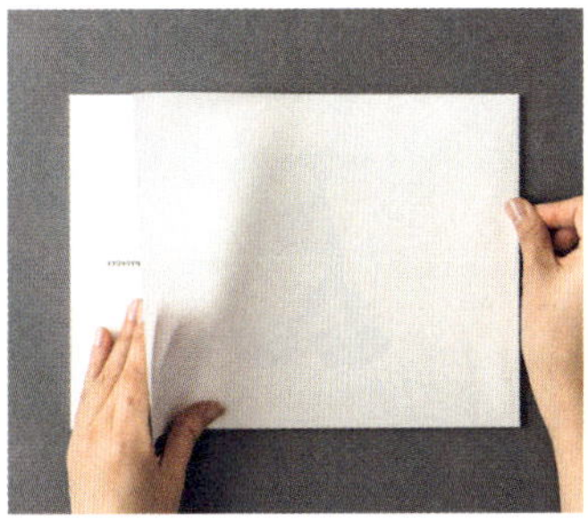

9. Pappe und Packpapier entfernen. An der Rückenkante der ersten und letzten Seite des Buchblocks jeweils einen 3 mm breiten Streifen PVA-Kleber auftragen und das dünne Papier ⓔ aufkleben.

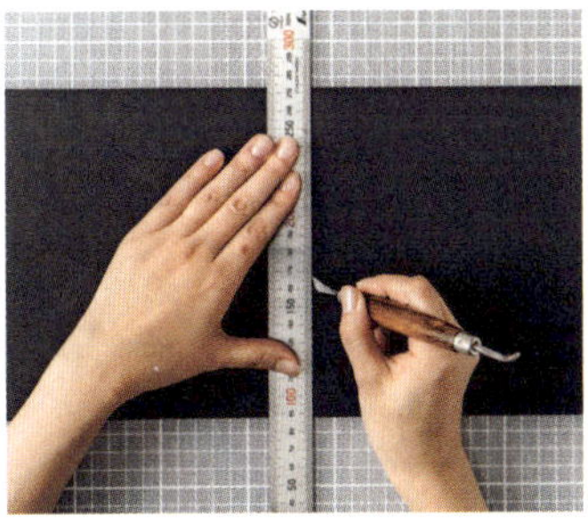

10. Die Stärke des Buchblocks ausmessen, das Vorsatzpapier ⓒ zuschneiden, die Falten anreißen und falzen (Abb. B).

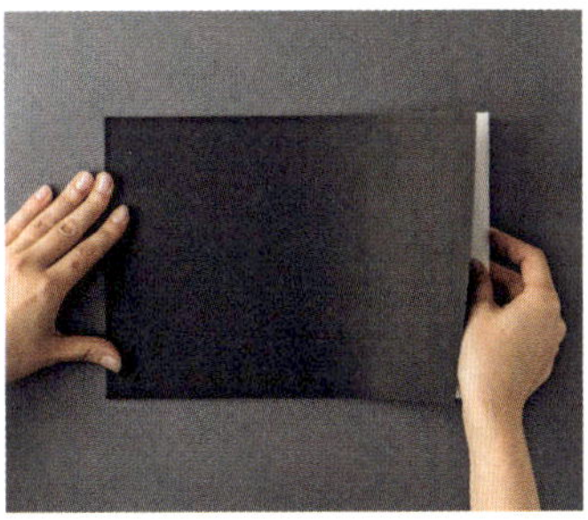

11. PVA-Kleber auf die Klebeflächen des Vorsatzpapiers und auf den Rücken auftragen. Das Vorsatzpapier in U-Form auffalten, den Buchblock mit dem Rücken hineinschieben und festkleben. Hierbei Druck auf den Rücken ausüben, damit er beim Einkleben flach bleibt.

(Am Kopfschnitt und Vorderschnitt ausrichten.)

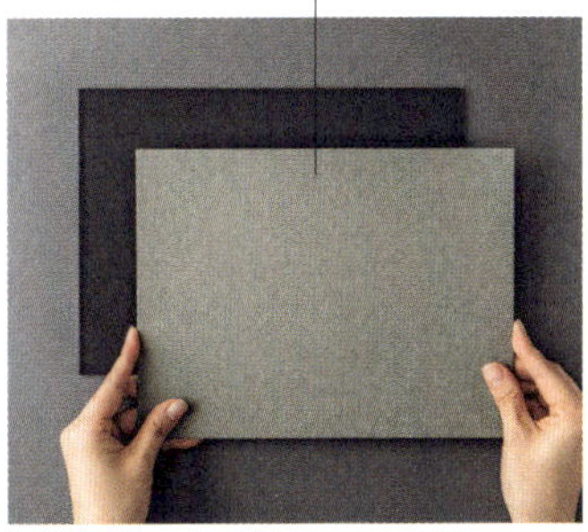

12. Den Einband (Schritt 1) auf die exakte Größe der Buchdeckel ⓑ zuschneiden. Auf die Unterseite der Buchdeckel Stärkekleber auftragen und die Buchdeckel aufkleben. Gut andrücken und glatt streichen, mit einem Gewicht beschweren und über Nacht trocknen lassen.

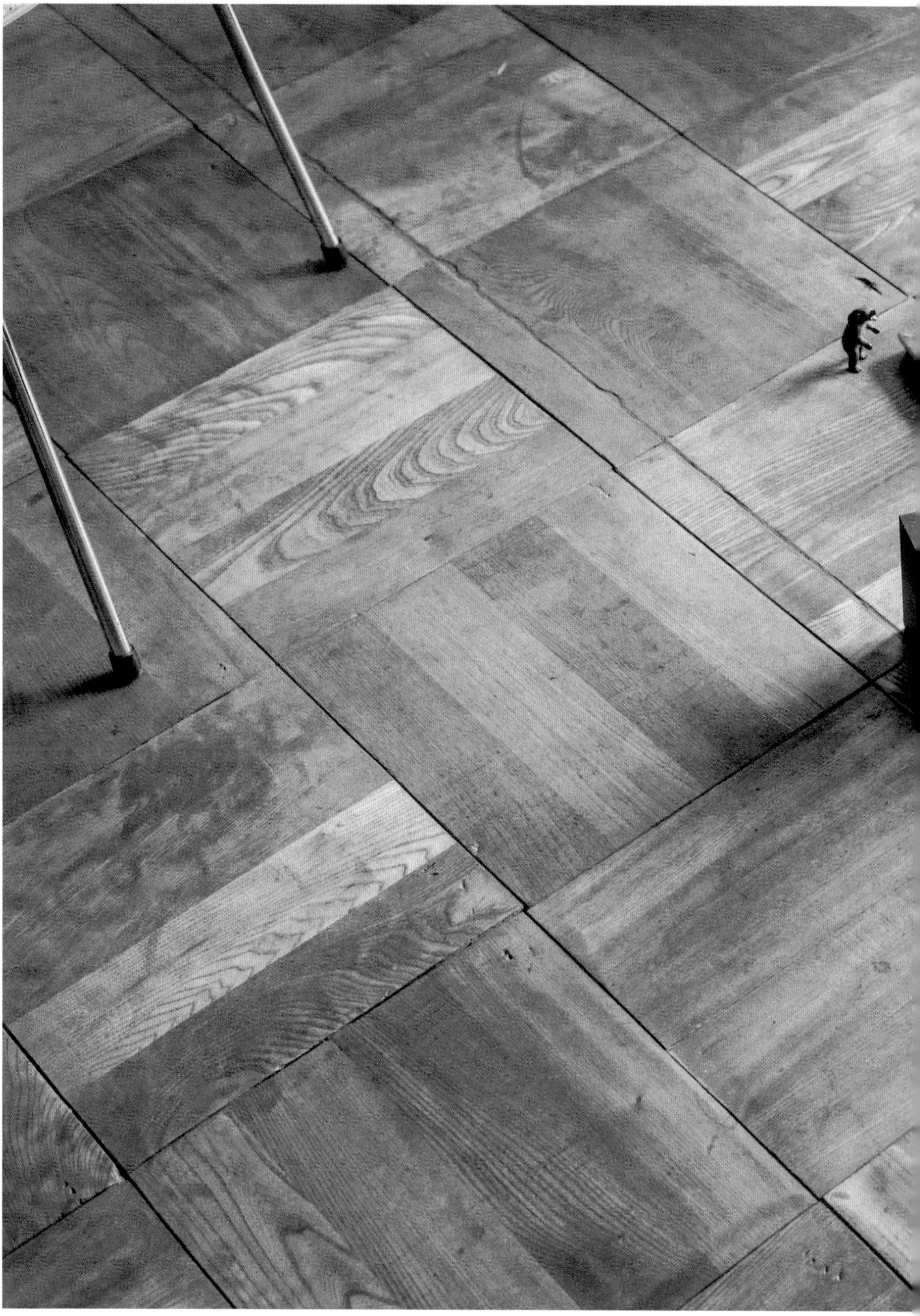

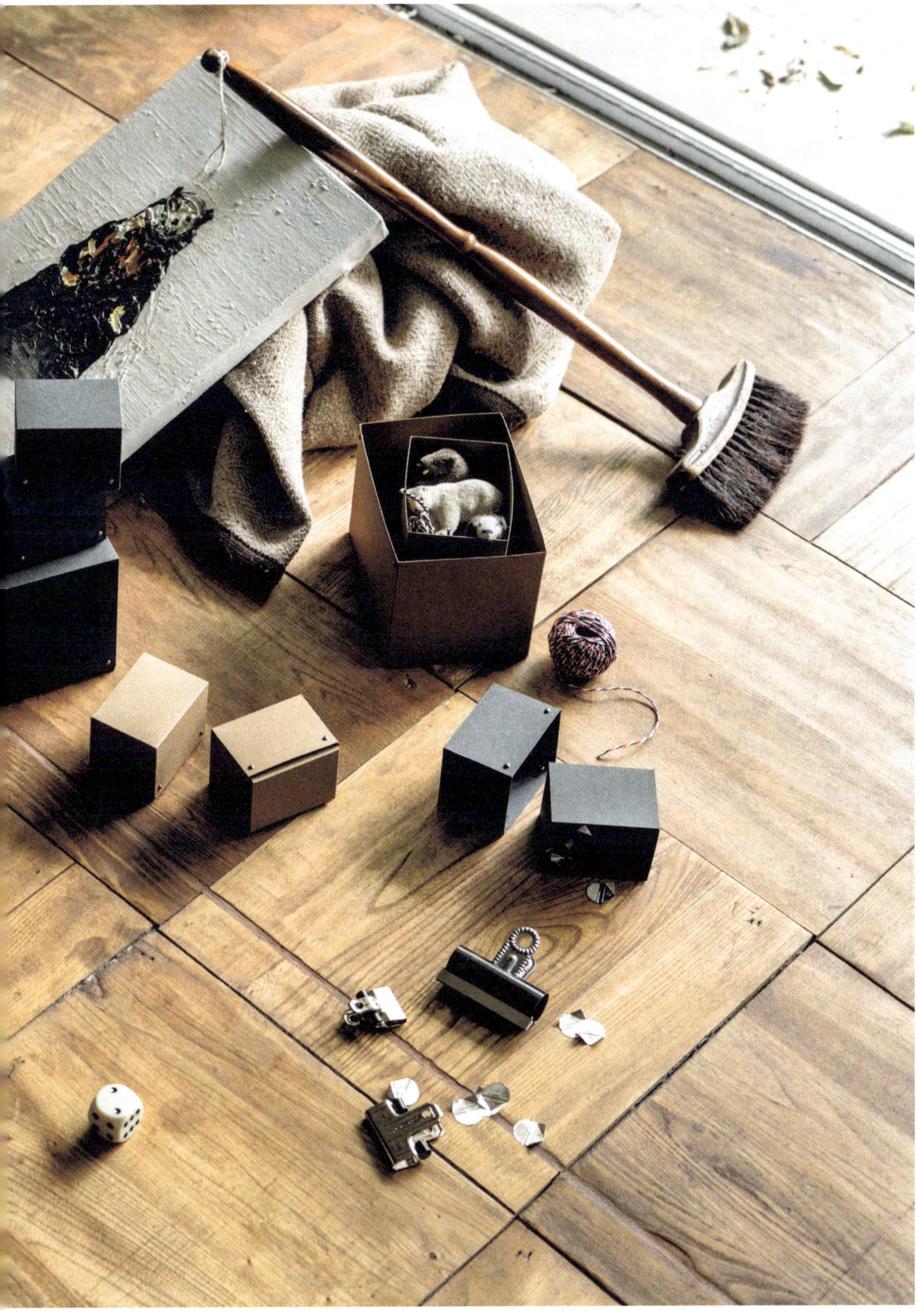

NACHWORT

Ich habe mit der Herstellung von Papierobjekten begonnen, nachdem ich vor vielen Jahren in England einen Buchbindekurs besucht hatte. Der Umgang mit dem Falzbein, das Heften und Kleben des Buchblocks – jeder Handgriff bereitete mir Freude. Der Unterrichtsraum war zu klein für mich, bald breitete ich meine Werkzeuge auch auf dem häuslichen Esstisch aus und arbeitete emsig an meinen Fertigkeiten. Meine älteren Klassenkamerad/-innen, die seit vielen Jahren übten, wagten sich an wesentlich anspruchsvollere Aufgaben mit langer künstlerischer Tradition, z. B., indem sie antiquarische und seltene Bücher in neues, edles Leder einbanden.

Ich war gar nicht so interessiert daran, Kunstwerke zu erschaffen, konzentrierte mich vielmehr voll und ganz auf die Herstellung eines neuen, ein bisschen außergewöhnlichen Notizbuchs, das ich am folgenden Tag im Unterricht verwenden wollte. Die Kenntnisse, die ich beim Buchbinden erworben hatte, konnte ich zur Herstellung von Papeterieware nutzen – praktischen Alltagsgegenständen mit zusätzlichen Funktionen, die das Schreiben, Organisieren und Archivieren erleichterten.

Nach meiner Rückkehr nach Japan erhielt ich die Gelegenheit, als Produktentwicklerin und -planerin für einen Papeteriehersteller zu arbeiten. Japanische Papeteriewaren sind erstklassig. Ich war gezwungen, mich intensiv auf das Design zu konzentrieren und manchmal zwei oder drei Funktionen zu kombinieren, um ganz spezielle Kundenwünsche zu erfüllen. Doch jedes Mal, wenn ich ein neues Produkt entwickelte, dachte ich im Stillen, dass wirklich gute Papeterie viel einfacher sein müsse.

In mir kam der Wunsch auf, eigene Papeterie-Objekte von Hand herzustellen, so wie in London, als ich so fasziniert von der Buchbinderei gewesen war. Es würden keine massenproduzierten Waren sein, sondern einzigartige Gegenstände für den eigenen Gebrauch. An Wochenenden entwarf ich meine Kollektion, und daraus ist dieses Buch entstanden.

Meiner Meinung nach zeichnen sich gute Papeterie-Objekte dadurch aus, dass man an ihnen hängt. Und diese Verbundenheit kultiviert man, indem man Dinge mit Liebe auswählt und lange verwendet – und natürlich, indem man sie mit den eigenen Händen herstellt. Wenn Sie beim Gestalten Ihrer eigenen Papierobjekte mit dem Herzen dabei sind, werden sie Ihnen lieb und teuer werden. Vielleicht bekommen Sie sogar eine Gänsehaut, wenn Sie sie in die Hand nehmen. Das ist viel mehr wert als Zweckmäßigkeit und Bequemlichkeit.

Seit einigen Jahren erlerne ich die Kunst des Buchbindens noch einmal neu, diesmal in Japan. Ich wollte die praktischen Grundlagen dieses Handwerks verstehen, das mich so sehr in seinen Bann gezogen hat. Mit zwanzig Jahren Verspätung trete ich nun in die Fußstapfen meiner ehemaligen Klassenkameraden. Das Studium alter Techniken – so mühselig und zeitaufwendig es ist – heißt, permanent zu überprüfen, was das Arbeiten mit den eigenen Händen bedeutet. Ich kann dies nicht nur beim Buchbinden oder bei meiner Arbeit als Redakteurin, sondern auch in meinem Alltag spüren. Die wahre Schaffensfreude liegt vielleicht gar nicht in der Fertigstellung eines Gegenstands oder seiner Verwendung, sondern in der Erweiterung und Vertiefung des Denkens, die aus der Bewegung der Hände entsteht.

Aya Nagaoka

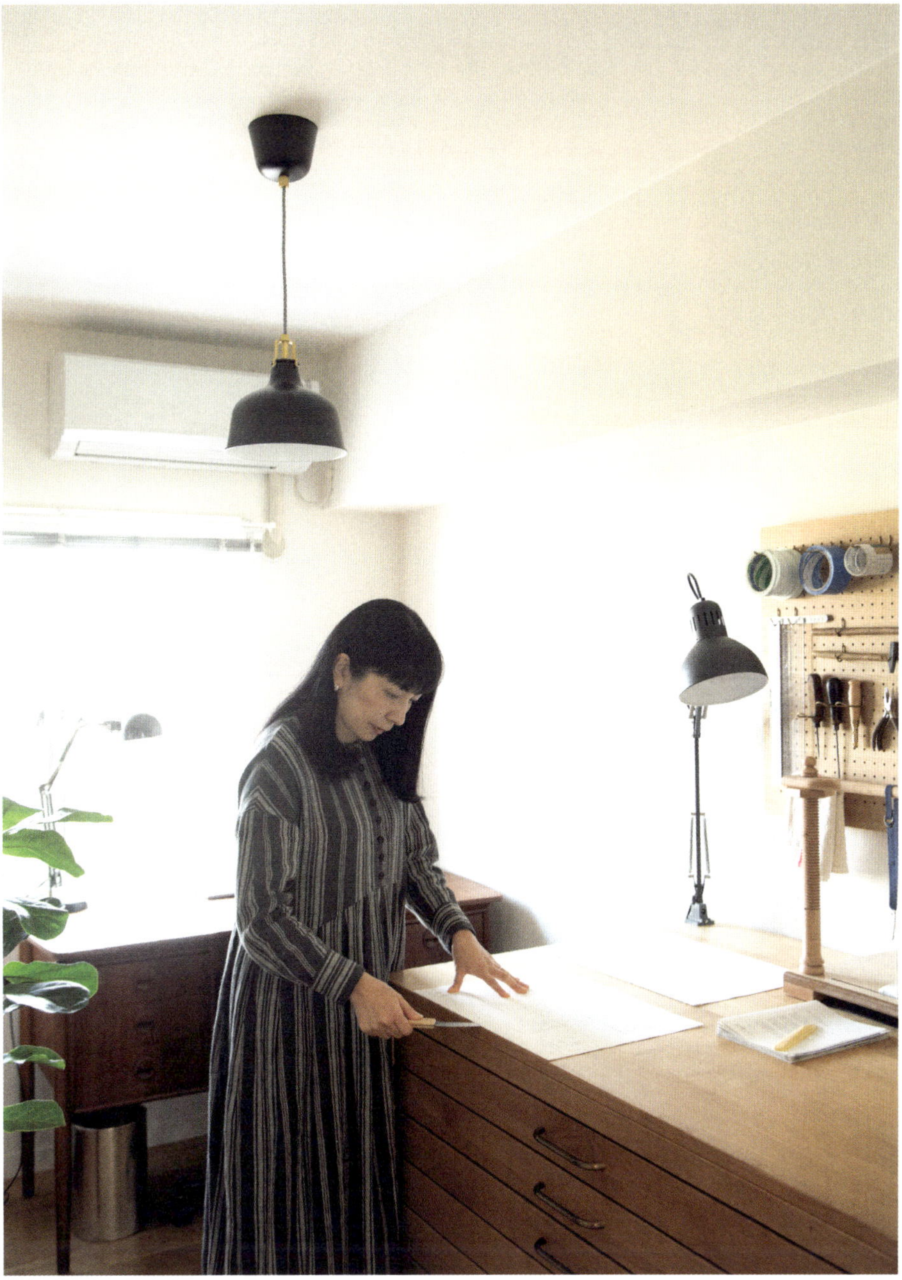

Foto: masaco

REGISTER

1. Auflage: 2022

ISBN 978-3-258-60252-3

Aus dem Englischen übersetzt von Jutta Orth, D-Freiburg
Lektorat der deutschsprachigen Ausgabe: Uta Koßmagk, D-Wiesbaden
Satz der deutschsprachigen Ausgabe: Die Werkstatt Medien-Produktion, D-Göttingen

Die japanische Originalausgabe erschien 2017 unter dem Titel *SHUMATSU DE TSUKURU KAMI BUNGU* von Aya Nagaoka bei Graphic-sha Publishing Co., Ltd

Die englischen Übersetzungsrechte wurden durch die UNI Agency, Inc., Tokio. vermittelt.

Elwin Street Productions
10 Elwin Street
London E2 7BU
Großbritannien

Gestaltung: Fumiyo Moriya
Fotografie: Nao Shimizu
Illustration: Kobushi Nakata
Text: Aya Nagaoka
Projektmanagement: Yuko Miyago
Übersetzung ins Englische: Nathan Collins
Redaktion der englischen Ausgabe: Claire Rogers

Printed in Italy

FSC MIX
Papier aus verantwortungsvollen Quellen
www.fsc.org FSC® C023419

Diese Publikation ist in der Deutschen Nationalbibliografie verzeichnet.
Mehr Informationen dazu finden Sie unter http://dnb.dnb.de.

Der Haupt Verlag wird vom Bundesamt für Kultur für die Jahre 2021–2024 unterstützt.

Wir verlegen unsere Bücher mit Freude und großem Engagement. Daher freuen wir uns immer über Anregungen zum Programm und schätzen Hinweise auf Fehler im Buch, sollten uns welche unterlaufen sein. Falls Sie regelmäßig Informationen über die aktuellen Titel im Bereich Gestalten erhalten möchten, folgen Sie uns über Social Media oder bleiben Sie via Newsletter auf dem neuesten Stand!

www.haupt.ch